PRINCIPIOS FUNDAMENTALES
DEL DERECHO MERCANTIL

PRINCIPIOS FUNDAMENTALES DEL DERECHO MERCANTIL

COLISIÓN ENTRE EQUIDAD Y LIBERTAD

ALBERTO MENDEZ LLACA

Número de Control de la Biblioteca del Congreso de EE. UU.:		2016915833
ISBN:	Tapa Dura	978-1-5065-1677-6
	Tapa Blanda	978-1-5065-1676-9
	Libro Electrónico	978-1-5065-1675-2

Información de la imprenta disponible en la última página.

Fecha de revisión: 12/10/2016

Para realizar pedidos de este libro, contacte con:
Palibrio
1663 Liberty Drive
Suite 200
Bloomington, IN 47403
Gratis desde EE. UU. al 877.407.5847
Gratis desde México al 01.800.288.2243
Gratis desde España al 900.866.949
Desde otro país al +1.812.671.9757
Fax: 01.812.355.1576
ventas@palibrio.com
749947

ÍNDICE

El Estado no crea derechos,
el Estado crea leyes, y
Estado y leyes están sometidas al derecho
Kauffman

A Verónica mi esposa
a Marla y Hector, nuestros hijos
juntos le dan sentido a todo

AGRADECIMIENTOS

Sirva este trabajo como reconocimiento póstumo al Doctor Salomón Vargas García, colaborador en la revisión metodológica de esta obra. El Doctor Vargas fue en vida un increíble pilar que compartió conmigo dichas y sinsabores, triunfos y fracasos, entregando su tiempo, su enorme experiencia y profundos conocimientos en la ciencia del Derecho, de la forma más generosa posible, algo propio de su alta calidad humana, lo extrañaremos, sin duda.

Agradezco al Doctor Rodolfo Luis Vigo el haber compartido conmigo su profunda experiencia y conocimiento en materia de injusticia extrema, y debo reconocer que gracias a sus enseñanzas en el aula es que dibuje mentalmente el camino que hoy culmina.

Agradezco igualmente a la Doctora María del Carmen Platas Pacheco sus invaluables conocimientos transmitidos en las clases del doctorado, mismas que sirvieron de sustento a la base filosófica sobre lógica jurídica que nutre este trabajo.

Agradezco al Doctor Juan Abelardo Hernández Franco el haber compartido con un servidor tan elocuentemente sus invaluables conocimientos en materia de argumentación jurídica.

Agradezco al Doctor Hugo Saul Ramirez García sus clases sobre filosofía del Derecho, quien me acercó por primera vez a las teorías de Robert Alexy y Ronald Dworkin, y me dio las armas para justificar la teoría de los Principios Fundamentales del Derecho.

Agradezco al Doctor Jose Antonio Lozano Diez sus invaluables conocimientos transmitidos durante el doctorado acerca del sentido del derecho, que nutren profundamente la base teleológica de este trabajo.

Agradezco a todos mis maestros tanto en el aula como durante mi vida profesional, quienes de forma directa o indirecta han contribuido a la formación de las ideas expuestas en este trabajo, muy particularmente agradezco al Licenciado Gerardo Martínez Martínez haber compartido conmigo no solo sus profundos conocimientos del Derecho, sino también sus sabios consejos y su experiencia en el ejercicio real de la ciencia jurídica, sin las cuales no sería como soy.

Agradezco a la mejor aliada que tengo, mi compañera tanto en el ejercicio profesional como en la vida, Licenciada Verónica Jiménez, mi esposa, por el gran apoyo y la enorme paciencia con la que me ha distinguido, para la elaboración de esta obra.

Ciudad de México, noviembre del 2014.

INTRODUCCIÓN GENERAL

¿Hasta dónde el Derecho Mercantil tradicionalmente catalogado como "Derecho privado" está inmerso, permeado y orientado por la equidad y la justicia contractual? o por el contrario, ¿hasta dónde ha sido excluido de la exigencia de mantener un equilibro contractual, en pro de la libertad de contratación o autonomía de la voluntad?

La respuesta a esta interrogante nos proporcionará mayores elementos para determinar cuáles son los límites que tiene el lucro comercial más allá de la libertad contractual.

La globalización, la inflación, las constantes crisis financieras internacionales, el cambio de legislaciones tanto a nivel nacional como internacional así como las modificaciones que de forma constante surgen en la práctica comercial nacional e internacional, nos llevan a problemas reales en la aplicación diaria del Derecho Mercantil a los contratos nacionales e internacionales, y en algunos casos, llevan al cambio de circunstancias esenciales en que un contrato mercantil se celebra.

Estos problemas usualmente conllevan a un desequilibrio fundamental en el balance contractual natural o esperado, circunstancia que pone en tela de juicio la justificación del nacimiento de las obligaciones de una de las partes, de forma tal que de haber previsto o conocido tales hechos, no se hubiera celebrado el contrato mercantil, o se hubiera celebrado en forma distinta a la pactada.

Nos encargaremos de analizar este planteamiento desde el punto de vista teleológico, filosófico y estrictamente legal en el Derecho interno Español, Mexicano y Argentino; desde diferentes perspectivas partiendo del análisis de la importancia de la identificación de los aspectos relevantes que identifican los sistemas jurídicos, para después abordar el punto de vista histórico; de la justicia contractual; de la seguridad jurídica contractual y el contexto de todos estos temas en función del Derecho Internacional, para arribar a una conclusión final respecto a las preguntas planteadas al inicio de este apartado.

Para ello necesitaremos ahondar en los temas más fundamentales de la teoría del Derecho, desde qué es el Derecho mismo y las implicaciones de la codificación. Nos detendremos a analizar algunos aspectos relativos a la importancia de comprender al Derecho como un sistema de reglas y de principios.

1) Descripción del Desarrollo.

Iniciamos este estudio, profundizando en las teorías que dan coherencia a los sistemas jurídicos, donde abordamos los puntos de vista del Derecho positivo y del Derecho natural. En este capítulo proponemos dos clasificaciones para identificar los sistemas jurídicos y hacemos un análisis del sistema jurídico mexicano para determinar en qué posición se encuentra en relación con los principios fundamentales del Derecho Mercantil.

Continuamos abordando los aspectos históricos que dieron origen a los principios del derecho y su evolución hasta la codificación y como llegamos a la realidad actual. En esta parte estudiamos los antecedentes de la *lex mercatoria* y del derecho uniforme.

En los siguientes capítulos abordamos el estudio de los principios, reglas y normas, su categorización y diferencia, donde sentamos las bases para sostener la existencia de los principios del Derecho Mercantil, más allá del texto positivo de los Derechos internos de cada nación.

Proponemos una categorización novedosa y propia sobre lo que denominamos *principios fundamentales del Derecho Mercantil*, construida a partir de rescatar la aplicabilidad al Derecho privado, de conceptualizaciones muy complejas a las que Robert Alexy denomina *efecto de irradiación* y *principio de ubicuación* de los Derechos Fundamentales.

Esto nos lleva a replantear algunos aspectos de la teoría de la justicia contractual, particularmente sus paradigmas en el caso de la teoría de la imprevisión, donde nos preguntamos si los contratos deben regirse por el Principio de *pacta sunt servanda* o por la *rebus sic stantibus*, es decir, si los contratos deben cumplirse en sus términos no obstante cualquier cambio de circunstancias que se susciten con posterioridad al mismo, o bien, debe resolverse o restablecerse el equilibrio contractual ante tales circunstancias que desequilibran fundamentalmente un contrato.

Para lo anterior haremos un análisis de derecho comparado sobre los principios del Derecho Mercantil en España, México y Argentina, abordando el punto de vista jurisprudencial y los instrumentos internacionales que recogen la tradición mercantil milenaria a través de la *lex mercatoria* y el *Derecho Uniforme*.

Estudiaremos los *Principios Unidroit 2010* y la teoría del *hardship* o excesiva onerosidad, proponiendo una solución a la forma en que tales hechos deberán trascender a la vida jurídica de un contrato, y el papel que en este tema tienen los principios de equidad contractual y autonomía de la voluntad.

2) Planteamientos.

Lo que en este trabajo se plantea va no sólo en función de reconocer las bondades de una u otra teoría, sino de cuestionarnos hasta donde pueden ser reconocidos en nuestro Derecho, los principios del Derecho como fuente obligatoria para la materia contractual, y hasta donde la *lex mercatoria* puede ser invocada con fuerza obligatoria, a través del reconocimiento de los principios internacionales del Derecho Mercantil, aún no plasmados en tratados internacionales, para restablecer el equilibrio de un contrato mercantil en el Derecho interno.

Consideramos de suma trascendencia definir científicamente un criterio sobre la aplicabilidad de los Principios Fundamentales del Derecho Mercantil a los contratos mercantiles en el Derecho interno y en el Derecho Internacional; y definir claramente los requisitos, criterios y métodos para ello, así como los parámetros y soluciones que se deben aplicar ante el desequilibrio fundamental de un contrato mercantil.

Este estudio nos lleva a una mayor precisión en la determinación del papel de la justicia contractual y servirá para sostener en casos concretos, la aplicabilidad legal real de esta teoría en el comercio nacional e internacional.

También determinará la influencia del Derecho positivo escrito en relación a los Principios Fundamentales del Derecho Mercantil en materia de equilibrio contractual y autonomía de la voluntad.

Todo lo cual, nos permitirá en primer lugar determinar si la situación jurídica actual de la legislación mexicana, española y argentina nos permite llegar a una solución satisfactoria en esta materia. En segundo lugar, nos permitirá sustentar una propuesta de reforma legislativa que subsane las irregularidades que encontramos en la normatividad positiva aplicable.

3) Manejo de fuentes.

Para la realización de esta obra, hemos utilizado como soporte filosófico la bibliografía tradicional del derecho natural y del derecho positivo, por lo que hemos recurrido a las fuentes directas que consideramos más relevantes, para lo cual consultamos los textos de Santo Tomás de Aquino, Hugo Grocio, Gustav Radbruch, Havier Hervada, Paolo Grossi, Robert Alexy, Ronald Dworkin y sus detractores Herbert Hart, y Hans Kelsen.

De forma menos profunda hemos analizado las posturas de Ross, Bobbio y Bentham, Villey, Finnis, Kaufmann, Leibnitz, Geny, Solón, Del Veccio y Bacon.

Sin lugar a dudas el aspecto filosófico fundamental sostenido en esta obra, es resultado del análisis del libro *Los derechos en serio* de Ronald Dworkin, y por supuesto nos hemos apoyado enormemente en la visión expuesta en *Derecho y razón práctica*, así como en libros *Derechos Fundamentales, ponderación y racionalidad*, *El concepto y la validez del Derecho*, y *Sistema jurídico, principios jurídicos y razón práctica* de Robert Alexy.

Me ha servido de inspiración y de sustento la postura de mis profesores del Doctorado, María del Carmen Platas Pacheco y Rodolfo Luis Vigo, de cuyo pensamiento he obtenido una gran parte de los argumentos filosóficos que dan coherencia a la visión de este trabajo, aunque en algunos puntos exista disenso con sus posturas.

Igualmente me ha servido de inspiración, la postura doctrinal de mi querido maestro, colega Corredor Público y director de tesis, Dr. Salomón

Vargas García, cuyos conocimientos en la materia aproveché para salir airado en los puntos más complejos del planteamiento práctico.

Otros textos de influencia fundamental en esta obra, son los de *Introducción a la Filosofía del Derecho* y *Relativismo y Derecho*, de Gustav Radbruch. Finalmente debo reconocer la enorme influencia que me ha generado el pensamiento de Miguel Reale en su *Teoría Tridimensional del Derecho,* así como Michael Joachim Bonell, quien presidió la comisión redactora de los Principios Unidroit, pues a mi humilde parecer es uno de los autores mas especializados en el tema particular expuesto en esta tesis.

CAPITULO PRIMERO

EL SISTEMA JURÍDICO Y LOS PRINCIPIOS FUNDAMENTALES DEL DERECHO MERCANTIL

1.1 Influencia del entorno de los sistemas jurídicos en la conceptualización de los Principios Fundamentales del Derecho Mercantil. 1.2 El sistema jurídico cerrado. 1.3 El sistema jurídico abierto. 1.4 El sistema jurídico mexicano.

1.1 Influencia del entorno de los sistemas jurídicos en la conceptualización de los Principios Fundamentales del Derecho Mercantil.

Para conceptualizar adecuadamente el comportamiento que los Estados suelen tener respecto al reconocimiento y protección de los Principios Fundamentales del Derecho Mercantil, es necesario partir del estudio de los dos grandes tipos de sistemas jurídicos que actualmente encontramos en nuestro universo jurídico, los sistemas jurídicos que denominamos en este trabajo como *abiertos* y los sistemas jurídicos con características opuestas, a los que denominamos *cerrados*.

Sin embargo, es menester reconocer que al hablar del concepto de *sistema jurídico* nos encontramos en una encrucijada, pues el contenido y riqueza jurídica del significado de estas dos palabras combinadas, resultan ser un ambicioso planteamiento en la ciencia del Derecho.

No se trata sólo de concebir la distinción entre los sistemas romanistas y los sistemas anglosajones; no sólo hablamos de la diferencia entre la forma de hacer Derecho entre uno u otro país con sistemas similares, o de la forma en que se hacía Derecho en la era ancestral, en la antigua clásica o la medieval; no, la conceptualización de lo que debe entenderse por *sistema jurídico* ha provocado las más agudas disertaciones entre posturas filosóficas totalmente antagónicas, como el positivismo jurídico y el Derecho natural.

Ha sido el punto de encuentro de las grandes discusiones filosóficas del siglo XX; ha sido también cuna de las disertaciones sobre la más reciente discusión filosófica de la antropología y cosmovisión del Derecho moderno, pues de este concepto depende en gran parte la respuesta al planteamiento formulado por Ronald Dworkin[1] sobre si en el Derecho, existe o no una única respuesta correcta.

Para identificar el entorno de los sistemas jurídicos debemos partir de los dos polos opuestos del pensamiento jurídico, el positivismo jurídico y el Derecho no positivo, también calificado como Derecho natural, pues en estas dos grandes corrientes del pensamiento se derivan las características que nutren a los sistemas jurídicos contemporáneos; y por supuesto, dependiendo de cuál es el que cada nación comparte, es el resultado del tipo de sistema jurídico dominante que podemos encontrar.

En virtud de que a nuestro juicio el concepto de Derecho positivo y el de Derecho natural hacen alusión a una forma de hacer Derecho, es que en este trabajo hemos propuesto un enfoque de la trascendencia práctica en los razonamientos jurídicos contemporáneos y por tal razón es que nosotros buscamos encontrar los rasgos sistémicos en cada una de estas cosmovisiones y no sólo su justificación lógica o filosófica.

Este planteamiento nos servirá para aplicar la tesis débil de la separación y la tesis fuerte de la separación entre reglas y principios, de Robert Alexy[2], aterrizada al campo del Derecho mercantil, para demostrar los puntos de coincidencia que nos permiten formular la división de los sistemas jurídicos en abiertos y cerrados, que en este trabajo se propone.

En el mismo tenor, la cosmovisión jurídica de Robert Alexy[3] del *efecto de irradiación* y el *principio de ubicuación* de los derechos fundamentales, nos

---

[1]   Dworkin, Ronald. *Los derechos en serio*, Editorial Planeta Agostini, Barcelona, España, 1993.

[2]   Alexy, Robert. *Sistema jurídico, principios jurídicos y razón práctica*, (Traducción de Manuel Atienza) Doxa, Alicante, 1998, Pag. 3.

[3]   Alexy, Robert. *Derechos Fundamentales, ponderación y racionalidad*, Edición y traducción de Rubén Sanchez Gil, artículo publicado dentro de la Revista

servirá para sustentar una dimensión más ambiciosa que se permea en todo el Derecho mercantil, basándonos en su correlación con la doctrina filosófica que los nutre.

En ambos casos, el problema medular consiste en reconocer o desconocer la importancia y trascendencia de la moral en el derecho privado, mas particularmente en el Derecho mercantil nacional e internacional, ya que conforme a la respuesta a este planteamiento, es como los sistemas jurídicos estructuran sus reglas y principios.

Por un lado están los que consideran que el Derecho es ajeno a la moral, como la teoría pura del Derecho de Kelsen[4], la teoría de la regla de reconocimiento de Hart[5] o las teorías utilitaristas de Bentham.

La explicación a la pregunta ¿Qué es el Derecho? Ha llevado a los más notables juristas a dilucidar sobre los fundamentos mismos de nuestra ciencia, pero en aras de dar una respuesta lo más precisa y elocuente posible, se han distorsionado las razones para la existencia misma del Derecho.

Véase así, por una parte los positivistas al pretender distinguir entre el Derecho como objeto de conocimiento y como ciencia, y al pretender distinguir la pretensión moral de la norma jurídica, han concluido que el Derecho no tiene ni necesita un contenido moral.

Esto lo justifican diciendo que el resultado de la actividad legislativa conduce a una norma cuyo análisis o juicio se limita a estudiar si dicha norma fue o no creada conforme a los procedimientos de creación, y si en todo caso, dicha norma está o no conforme con la "regla de reconocimiento", es decir, la norma superior de la cual deriva jerárquicamente.

Este análisis limitado implica que la norma solo pueda ser declarada válida o inválida, eficaz o ineficaz, pero nunca justa o injusta, pues según esta

---

Iberoamericana de Derecho Procesal Constitucional número 11, enero junio de 2009, México 2009, pag. 6.

[4] Kelsen, Hans. *Teoría pura del derecho*, Editorial Porrúa, México, 1997.

[5] H.L.A. Hart. *El concepto de derecho* (*The concept of law*), traducción de Genaro R. Carrio, Editora Nacional, Segunda edición, México, 1961, pag. 125

cosmovisión, el contenido de la norma es ajeno al Derecho y sólo atañe a la política o a la moral.

Todo parte del análisis de una frase como esta: "No se debe robar; si alguien roba deberá ser castigado."

Al analizar esta frase, Hart[6], quien es uno de los principales exponentes del positivismo moderno, considera que la primera es una norma moral, que si existe, está contenida en la segunda, que es la única norma genuina, de tal forma que lo único que es parte del Derecho es la segunda norma cuando se incorpora a una ley y se castiga al que roba, sin importar la pretensión moral de que robar es malo, pues en sí, el calificativo moral es intrascendente para el Derecho, a menos que sea consagrado en una norma válida y eficaz.

Esta forma de ver al Derecho hizo que Kelsen, Ross, Bobbio y Bentham tuvieran un impacto tremendo en la ciencia jurídica del siglo XX, al separar el Derecho de la moral, lo que llevó a estos pensadores a refundar el positivismo jurídico decimonónico llevándolo a una nueva y superlativa dimensión, hasta el punto de que muchas naciones incorporaron este modelo en sus sistemas jurídicos, cerrándolos de tal modo que para estos sistemas, sólo el Derecho escrito y positivo es Derecho, es por ello que en este trabajo los llamamos, sistemas jurídicos cerrados.

Esta connotación de cerrado recoge los elementos del sistema sin limitarse a la postura filosófica, sino mas bien, enfocándolo en su resultado práctico, es decir, describimos y estudiamos el lugar al que fue llevado el Derecho con esta visión positiva, al haber influido en los legisladores que conformaron los sistemas jurídicos contemporáneos.

Por el contrario, encontramos la otra corriente que medularmente considera que el Derecho y la moral no están tan separadas como lo pretenden afirmar los positivistas, y apela a 3 elementos y no uno sólo: la función que desempeña el Derecho, los medios de que se sirve y la razón de ser del Derecho, es decir, el fin que persigue[7].

---

[6]   Hart, Ob cit. Pag 2.
[7]   Bobbio, Norberto. Teoría General de la Política, Editorial Trotta, España, 1999, pag. 238.

Dado que este modelo, (aunque sin pretenderlo y de forma solo accidental ha sido principalmente expuesto por Robert Alexy[8], Miguel Reale[9] y Ronald Dworkin[10]), trata de explicar al Derecho como un sistema normativo que no está cerrado o circunscrito a las normas escritas o reconocidas oficialmente por el Estado, y en el que los principios jurídicos constriñen al Juzgador a pesar de no estar incorporados al catálogo de derechos del sistema positivo, se puede considerar un sistema más abierto.

En esta cosmovisión jurídica, el Juzgador está vinculado por el sistema a hacer un análisis más profundo del entorno jurídico, donde no le es suficiente apreciar si la norma es válida o inválida, eficaz o ineficaz.

En este ambiente legal, el Juzgador juega un papel más activo, pues está constreñido a realizar un análisis del contenido y finalidad del Derecho, apreciando si la norma es justa o injusta, haciendo más difícil encontrar donde inicia y donde concluye el Derecho, coincidiendo en algunos aspectos de la concepción de sistemas jurídicos débiles de Alexy.

Para los efectos de este trabajo les llamaremos en adelante, *Sistemas Jurídicos Abiertos.*

Proponemos en conclusión, la distinción de los sistemas jurídicos en dos grandes universos, dos grandes *modelos*, los *sistemas jurídicos cerrados* y los *sistemas jurídicos abiertos.*

1.2 El sistema jurídico cerrado.

El *sistema jurídico cerrado* es la consecuencia práctica o real de la influencia que ha tenido el pensamiento jurídico de las teorías positivas en los sistemas jurídicos modernos, éste sistema concibe al sistema jurídico únicamente como un conjunto de reglas, que se pueden identificar como reglas jurídicas, que

---

[8]   Alexy, Robert. *El concepto y la Validez del Derecho*, Editorial Gedisa, Barcelona, 2004.

[9]   Reale, Miguel. *Teoría Tridimensional del Derecho*, Editorial Tecnos, Madrid, 1997.

[10] Dworkin, Roland. *Los derechos en serio* (título en ingles: *taking rights seriously*), Editorial Planeta Agostini, Madrid, 1977, traducción de 1984.

al decir de Kelsen[11], deben analizarse de forma aislada respecto de cualquier otra pretensión, como la política, excluyendo por supuesto toda noción moral, (teoría pura del Derecho), y que por lo tanto se ubican exclusivamente en el plano de lo que es, y no de lo que debe ser, por lo que ve al Derecho como ciencia jurídica y no como política jurídica y así, la norma sólo puede ser sujeta a un juicio de validez o invalidez y/o eficacia o ineficacia, pero no de valor.

Un sistema cerrado sólo puede concebirse en un entorno *positivo, paternalista, proteccionista, xenofóbico y extraterritorialista*, donde la norma escrita es el principio y fin del Derecho, es decir, el Derecho es sinónimo de regla, pues sólo puede entenderse como un sistema de reglas definidas plenamente por el órgano creador de las normas, de forma tal que el Juzgador queda vinculado al sistema de forma absoluta.

Esta vinculación deriva de la necesidad o deber del Juzgador de aplicar la norma escrita, y dado el carácter imperantemente positivo de su naturaleza, el Juzgador sólo puede hacer un análisis de la validez de la norma a la luz de su forma de creación, y de su eficacia, pero no de su contenido.

Esto impide de suyo que el Juzgador pueda válidamente analizar la aplicabilidad de una norma jurídica por cuestiones que no estén expresamente previstos en el mismo sistema normativo.

Es decir, en el sistema cerrado, el Juzgador sólo está facultado para apreciar si una norma es o no acorde con la norma jerárquicamente superior, por ejemplo, siguiendo la Constitución y de ahí para abajo, y si fue emitida conforme a las reglas procedimentales adecuadas, es decir, por el órgano legislativo facultado para ello y conforme a una iniciativa, discusión, aprobación, sanción, refrendo, promulgación, publicación y vigencia, pero no podrá jamás analizar el contenido de la norma como tal en función de otros factores diversos o ajenos a lo estrictamente normativo.

---

[11]   Kelsen, Hans. Justicia y Derecho Natural, publicado dentro de Crítica al Derecho Natural, Traducción de Elías Díaz, Editorial Taurus Ediciones S.A. Madrid 1966, pag 162.

Esta fórmula implica reducir el sistema jurídico a un conjunto cerrado de normas que sólo se aplican o se incumplen, y sólo pueden ser analizadas conforme a un juicio de validez o invalidez y/o eficacia o ineficacia[12].

A esta norma jerárquicamente primordial, la causa primera, la ley de leyes, Hart la denomina *regla de reconocimiento*, de manera que la identificación en cada sistema jurídico de las reglas primarias de obligación y la distinción entre estas y las reglas secundarias de potestad, constituye la existencia de tal

> "*... regla compleja de reconocimiento, con esa ordenación jerárquica de criterios distintos, que se manifiesta en la práctica general de identificar las reglas mediante dichos criterios...*"[13]

Así, en un sistema cerrado, es imperativo identificar la norma suprema, la *grundnorm*[14] kelseniana, es decir, la regla de reconocimiento de Hart, que determina la validez de las demás normas del sistema, las cuales están subordinadas a dicha regla de reconocimiento, que al decir de Hart[15], puede o no ser escrita, pero en todo caso dicha regla de reconocimiento sirve para determinar qué normas pertenecen a dicho sistema jurídico, de acuerdo a un criterio de identificación. Este criterio de identificación no es otro que el criterio de origen, tan criticado por Dworkin.

En este sistema cerrado de normas, el Juzgador puede hacer descansar su conciencia, pues la finalidad del Derecho no es la justicia, sino la aplicación irrestricta de las normas jurídicas positivas, el juzgador debe "vomitar" la expresión de la ley, como un ser inerte, sin alma[16], en este sistema el poder de los jueces es de alguna manera nulo, pues son *la boca muda que pronuncia las*

---

[12]　Alexy, Robert. *Derecho y razón práctica*, Biblioteca de Etica, Filosofía del derecho y política, México 2002.

[13]　Hart, Herbert Lionel Adolphus. *El concepto de derecho*, (The concept of law), traducción de Genaro R. Carrio, Editora Nacional, Segunda edición, México, 1961, pag. 127.

[14]　Para Kelsen la *grundnorm* o norma fundamental es la norma primaria o básica de la que dependen todos los ordenamientos jurídicos de un sistema, y por esta *grundnorm* se presume el deber de todos los gobernados de obedecer a sus gobernantes.

[15]　Sin embargo debemos aclarar que para Hart, la norma básica de todo ordenamiento no se presume, es un hecho y por eso la denomina regla de reconocimiento.

[16]　Peces-Barba Martínez, Gregorio. *Derecho positivo de los derechos humanos*, editorial debate, Madrid, 1987.

palabras de la ley según Charles Louis de Secondat, Señor de la Brede y Barón de Montesquieu[17], principal exponente de la teoría que posteriormente se transformaría en lo que hoy conocemos como la *teoría exegética del Derecho* y que sirve de génesis a gran parte de las reglas actuales de los sistemas jurídicos cerrados.

Este tipo de sistemas se caracterizan por hacer gala del principio de Soberanía, pues el Estado no reconoce ningún Derecho anterior ni superior al Estado. Es el Estado quien otorga todos los derechos a sus súbditos, de forma tal que lo que no esté expresamente contemplado en el catálogo de derechos otorgados por el Estado Soberano, no forma parte del sistema jurídico. Se lleva al extremo el concepto de soberanía entendido en su aspecto más absoluto, *super omnia*, sobre todos los hombres.

El estado ejerce su soberanía desde el punto de vista positivo, haciendo todo lo que desee, a través de sus órganos puede desplegar la conducta que le plazca sobre sus súbditos, por supuesto, respetando las limitaciones que el mismo estado se impone a sí mismo, como en el Estado de Derecho, en el que para actuar requiere facultades explícitas o implícitas, pero al fin y al cabo estas deben estar reguladas de forma positiva en la norma escrita, de forma que todo lo que no tenga permitido le está expresamente prohibido, al contrario del ciudadano o súbdito que en este sistema se rige por el principio contrario, como es de todos sabido, para el gobernado lo que la ley no le prohíbe expresamente, le es permitido.

Desde el punto de vista negativo, el Estado es invulnerable a la voluntad ajena, esto significa que el Estado puede rechazar el cumplimiento de cualquier mandato emanado de voluntades ajenas al Estado, incluyendo la de otros Estados u organismos internacionales. En congruencia con esta cosmovisión, evidentemente que el Estado soberano renuncia o somete parte de su soberanía a la comunidad internacional por su absoluta y deliberada voluntad, de manera que al someterse a un tratado no vulnera su soberanía, al contrario, la ejerce.

Por esto, en los sistemas cerrados es fácil identificar el principio y fin del Derecho; el principio está desde luego en la Constitución, y su parte final, en

---

[17]   Montesquieu, Charles Louis de Secondat, Señor de la Brède y Barón de. *Del espíritu de las Leyes*, Grupo Editorial Exodo, México, 2009.

la norma escrita jerárquicamente inferior, como podría ser a guisa de ejemplo, un bando municipal.

Se considera parte del sistema jurídico cerrado a todas las normas internacionales que expresamente sean incorporadas al sistema jurídico mediante la aprobación del mismo Estado conforme a sus reglas internas, aún así, tales normas forman parte del sistema como una ficción jurídica asimilándose al Derecho interno, esto compone un sistema jurídico cerrado.

Teóricamente un sistema jurídico cerrado comparte la característica apuntada por Alexy de un sistema jurídico fuerte, en cuanto a que no tiene poros o agujeros, normativamente está plenamente definido.

No obstante, este no es el punto de inflexión que a nuestro entender le da sustancia a los sistemas jurídicos cerrados, sino la irrestricta repulsión a aceptar la existencia de un poder normativo superior o externo al Estatal, y que lo llevan a negar la existencia de derechos humanos o fundamentales fuera del texto de la "regla de reconocimiento" o norma suprema.

Los sistemas jurídicos cerrados absolutos difícilmente se encuentran en la realidad, por lo que es aceptable hablar de sistemas cerrados cuando sus principios rigen de forma regular, aunque con excepciones, a todo un Estado.

1.3 El sistema jurídico abierto.

En el extremo opuesto del entendimiento jurídico encontramos a los sistemas jurídicos que reconocen la existencia de derechos supraestatales, es decir, fuera del Estado, anteriores al Estado, e incluso porque no, superiores al Estado. En este sistema, la moral y el Derecho no son disciplinas totalmente separadas.

Como expusimos con anterioridad, el *sistema jurídico abierto* es el resultado práctico de la influencia de las corrientes naturales que explican al Derecho como algo más que un simple sistema de normas, como algo más que un texto incorporado al catálogo de prerrogativas que un Estado confiere a sus súbditos.

Creer que el Derecho positivo emanado de la *regla de reconocimiento* o norma suprema, es lo único que es Derecho, sin que exista la posibilidad de confrontarlo con nada que no sean normas positivas, nos lleva a callejones sin salida, cuando llevamos este pensamiento al extremo, es decir, cuando analizamos la existencia de regímenes estatales totalitarios y aberrantes.

Tal es el caso del Estado totalitario de la Alemania Nazi, o el régimen del muro de Berlín de la República Democrática Alemana[18], donde las conductas de los militares se ajustaron totalmente al Derecho positivo, y donde un análisis exclusivamente positivo nos llevaría a decir cosas tan ridículas como que el holocausto judío o la matanza realizada por los guardianes del Muro de Berlín fueron "legales" y por lo tanto, no sólo irreprochables, sino deseables por su juridicidad.

Si se sostiene el argumento positivista y se lleva al extremo, tendríamos que admitir que los actos despóticos del rey Luis XVI de Francia fueron legales, y por lo tanto no hubiera existido la revolución francesa.

Ningún régimen totalitario, ningún dictador, ningún tirano podría ser cuestionado siempre que incorporara sus acciones injustas al catalogo de derechos del Estado, y con ello quedaría legitimada cualquier injusticia por reprochable e insoportable que fuera para la sociedad.

Esta idea genera el nacimiento del concepto del *no-derecho*, es decir, una norma impuesta por el legislador constituyente con positivismo jurídico, pero que viola manifiestamente los principios constitutivos del Derecho, y que por lo tanto su contradicción con la justicia es tan profunda e insoportable que la norma en sí misma debe ser considerada nula *ab initio*, de manera que no se vuelve Derecho, no obstante ser incorporado al catalogo de normas positivas, ni por ser aplicado u obedecido.[19]

La concepción del *no-derecho* de Alexy tiene su fundamento en la *fórmula de Radbruch*[20], que sostiene que el Derecho extremadamente injusto no es Derecho.

---

[18] Muro que dividió la socialista República Democrática Alemana de la República Federal Alemana desde el 13 de agosto de 1961 hasta el 9 de noviembre de 1989.
[19] Alexy, Robert. *El concepto y la validez del Derecho*, (título original en alemán, *Der Begriff un Geltung des Rechts*) Editorial Gedisa, Barcelona, 2204, pag. 15.
[20] Radbruch, Gustrav. *Introducción a la Filosofía del Derecho*, Fondo de Cultura Económica, México, 1955, *passim*.

Radbruch, filósofo alemán, sentó las bases de una filosofía del Derecho con un profundo contenido anti positivista, con la existencia de un "Derecho supralegal" que sirvió de fundamento al Tribunal Supremo Federal de Alemania para resolver las sentencias contra los guardias fronterizos de la República Democrática Alemana.

Esta teoría, ahora conocida como *fórmula Radbruch,* fue usada por primera vez en los juicios de Núremberg, cuando se discutía si podían ser condenados y juzgados los jueces y funcionarios nazis que habían aplicado el monstruoso Derecho arbitrario del nacionalsocialismo Nazi.

Al final el Tribunal Militar Internacional condenó penalmente a los dirigentes, funcionarios y colaboradores del régimen nacionalsocialista de Adolfo Hitler por los diferentes crímenes y abusos contra la Humanidad cometidos en nombre del III Reich Alemán, a partir del 1° de septiembre de 1939, hasta la caída de ese régimen en mayo de 1945 [21], no obstante que los condenados habían aplicado *Derecho positivo* alemán.

La Asamblea General de las Naciones Unidas le solicitó a la Comisión de Derecho Internacional que:

> *"...formule los principios del Derecho internacional reconocidos en la Carta de los Juicios de Núremberg y en las determinaciones del tribunal..."* [22]

Durante el curso de sus deliberaciones sobre este tema, surgió la pregunta si la comisión debía determinar o no, y hasta que punto, los principios contenidos en la carta; y hasta qué punto los citados principios y el juicio correspondiente, constituyen Derecho internacional.

La *fórmula Radbruch* trascendió enormemente, pues no sólo sirvió de base para estos juicios, sino que además, la tipificación de los crímenes y abusos realizada por los tribunales y los fundamentos de su constitución con base en los *principios de Núremberg,* representaron un enorme avance jurídico

---

[21]   A partir del 20 de noviembre de 1945, el Tribunal Militar Internacional Juzgó y condenó a 24 de los principales dirigentes supervivientes del gobierno Nazi capturados.

[22]   Resolución número 177 (II), párrafo (a) de la Asamblea General de las Naciones Unidas.

anti positivista, que llevaría al desarrollo de una jurisprudencia específica internacional en materia de guerra de agresión, crímenes de guerra y crímenes en contra de la humanidad, y serían el antecedente que a la postre llevaría a la constitución del Tribunal Penal Internacional permanente.

Radbruch deriva su fórmula del neokantismo, que postula que hay una ruptura entre ser (*Sein*) y deber ser (*Sollen*). El deber ser no implica necesariamente el ser, lo que tiene que ser no es necesario que sea. El núcleo de la filosofía del Derecho de Radbruch consiste en la separación entre Derecho positivo y la idea del Derecho. La idea del Derecho se define mediante la trilogía: justicia, utilidad y seguridad.

La *teoría de Radbruch* sostiene que cuando la ley escrita sea incompatible con los principios de justicia sustancial, a un nivel intolerable, o cuando la ley estatuaria se encuentre explícitamente en abierta contradicción con el principio de igualdad que constituye el fundamento de toda justicia, el juez debe de abstenerse de aplicar esa ley, por razones de justicia sustancial.

Con esta teoría como sustento, los tribunales alemanes decidieron condenar a los guardianes del muro de Berlín, quienes fundándose en la Constitución Alemana privaron de la vida a entre 125 y 270 personas que pretendían escapar de la República Democrática Alemana, a su contraparte occidental.

Para defenderse los guardianes del Muro argumentaron que obedecían el *Derecho positivo* alemán, y que además estaban cumpliendo órdenes de sus superiores jerárquicos, lo que a su criterio les daba una excusa absolutoria o causa excluyente de incriminación. No obstante fueron condenados bajo el principio de que la injusticia extrema no es Derecho.

Radbruch considera que:

> *"... En un enfrentamiento entre seguridad jurídica y justicia, surgido entre una ley impugnable por su contenido, pero de carácter positivo, y un Derecho justo, pero no acuñado en forma de ley, hay un conflicto de la justicia consigo misma, esto es entre justicia aparente y justicia real. El conflicto entre justicia y la seguridad jurídica debió resolverse con la primacía del Derecho positivo sancionado por el poder, aun cuando por su contenido sea injusto o inconveniente, a no ser que la contradicción de la*

ley positiva con la justicia alcance una medida tan insoportable,
que deba considerarse como "falso Derecho" y ceder el paso a la
justicia..." [23]

El problema de la injusticia extrema sin embargo, tiene un origen anterior, lo encontramos en los sistemas jurídicos post monárquicos de la Francia del Siglo XVIII y por supuesto el sistema legal de lo que fue la colonia Inglesa de Virginia, y estos sistemas han influenciado un sinnúmero de sistemas jurídicos contemporáneos y modernos.

La corriente de pensamiento vigente en Francia era la Ilustración, cuyos principios se basaban en la razón, la igualdad y la libertad. Este mismo movimiento había servido de impulso a las Trece Colonias norteamericanas, especialmente al nacimiento de la Constitución de Virginia, para su movimiento de independencia. Tanto la influencia de la Ilustración como el ejemplo de los Estados Unidos de América sirvieron de ideológico para el inicio de la revolución en Francia, según tratamos más adelante.

Como podría justificarse el movimiento revolucionario francés con la visión positiva del Derecho? No podría. Necesariamente debemos creer que existe algún Derecho superior al Estado antes de pensar en juzgar las acciones del Tirano precisamente como injustas, pues sólo creyendo que existe un atributo de debitud respecto a un bien no reconocido por el Estado, se justificaría el movimiento francés o el de Virginia.

Estos abusos cometidos por regímenes al amparo de la norma positiva, han llevado a replantear la postura del positivismo jurídico incorporada por los sistema jurídicos cerrados, y ha hecho resurgir lo que Charmont[24] llama, *"...el renacimiento del Derecho Natural..."* que ahora inspira a los sistemas jurídicos abiertos.

Aquí entramos en terreno pantanoso, pues el Derecho natural ha tenido diferentes vertientes, básicamente dos grandes posiciones, una que identifica al Derecho natural con las atribuciones que dios o un ser supremo ha otorgado a los hombres; y otra, la que considera que la misma naturaleza ha atribuido

---

[23]   Radbruch, Gustav. *Relativismo y Derecho*, Editorial Temis, Bogotá, 1999, pag. 35.
[24]   Charmont, J. *la renaissance du droit naturel*, Editorial Duchemin, 2ª edición, Paris, 1927.

a los hombres con ciertos bienes en su patrimonio, por el solo hecho de ser personas; como la vida.

El discurso del Derecho inmanente al hombre otorgado por un ser divino o supremo ha sido el principal objeto de ataque de sus detractores, dada la seducción que genera la fácil y simple negación de la existencia de ese ser, por quienes prefieren debatir con base en la ciencia.

Es decir, sus detractores no tienen más que negar, atribuyendo la carga de la prueba de la existencia divina a los iusnaturalistas, dando una falsa apariencia de "ciencia" a su negativa, cuando esta negativa carece del mismo rigor científico que el que atribuyen al iusnaturalismo.

Tan es cierto que no es posible probar la existencia divina, como cierto es que tampoco es posible probar su inexistencia. En ninguna de las dos afirmaciones cabe la ciencia.

Según apunta Javier Hervada [25,] esta trampa de la corriente positivista generó un repudio generalizado de la teoría naturalista de origen divino, sustentada por San Agustin, Santo Tomas de Aquino y Hugo Grocio[26] entre otros; al grado que algunos incluso culpan a este último de la animadversión contra el iusnaturalismo, imputándole que lejos de ayudar a su causa, es culpable de la reticencia generalizada a las corrientes naturales.

Imputación injusta si recordamos que fue Hugo Grocio precisamente quien desvinculó al Derecho natural de la Teología, con la hipótesis *etiamsi daremus*[27].

---

[25]   Hervada, Javier. *Historia de la Ciencia del Derecho Natural*, Ediciones Universidad de Navarra SA, segunda edición, 1991, pag 102.

[26]   Hervada Javier. *Escritos de Derecho natural*, Editorial Ediciones Universidad de Navara SA, segunda edición, Pamplona, 1993, pag 446.

[27]   A Hugo Grocio se le atribuye la hipótesis *etiamsi daremus*, por la que la ley natural dejo de depender de la teologia, desarrollada en su libro *De iure belli ac pacis*. Según esta hipótesis, Grocio niega la analogía *entis*, según la cual el Derecho natural es, por esencia, un analogado, cuya existencia no es inteligible de modo pleno, sino a la luz de dios y sostiene la tesis contraria, que la concepción del Derecho natural aparece plenamente inteligible, en sí y en sus fundamentos, sin referencia - ontológicamente necesaria – a Dios.

A diferencia de otros filósofos, Santo Tomas tuvo la virtud de dar una explicación racional del fenómeno natural y situarse en la subsunción de lo natural y lo sobrenatural.

La dimensión sobrenatural del hombre, afirma Santo Tomas, no pertenece al género de las substancias, es un enriquecimiento no sustancial del género de los accidentes, de forma que lo sobrenatural perfecciona – eleva – lo natural, pero no lo cambia ni lo destruye.

Esto supone que la naturaleza humana mantiene íntegras sus exigencias de orden y de justicia. La razón natural es capaz de conocer dichas exigencias, lo cual permite el conocimiento de un derecho natural universal, común a creyentes y no creyentes, cristianos y gentiles.[28]

Para Santo Tomas de Aquino, la justicia difiere de las demás virtudes en tres puntos. Primero, mientras las virtudes se refieren a las pasiones, la justicia se refiere a las acciones. Segundo, a diferencia de las virtudes que atienden a lo interior, la justicia atiende a lo que el hombre obra exteriormente. Tercero, en cualquier otra virtud, lo medio o punto justo deseable se da entre dos vicios, pero la justicia no es lo medio entre dos malicias.

La justicia es cierta virtud perfecta, no en absoluto, sino con relación a otro. Como lo que es perfecto, no sólo es en sí mismo sino también con relación a otro, es mejor, por eso, se dice generalmente que la justicia es la más excelsa de todas las virtudes.

De aquí viene el proverbio que dice que *ni el Héspero[29] brillante estrella de la tarde, ni el Lucero, luminosa estrella de la aurora, brillan como la justicia*[30]

Esta afirmación suele ser criticada apasionadamente por los hombres, al decir de Hugo Grocio[31], sobre todo por los más favorecidos por el poder y la

---

[28]   Aquino, Tomas de. *Comentario a la Etica a Nicómaco de Aristóteles*, Traducción Ana Malla, Ediciones Universidad de Navarra SA, primera edición, Pamplona, 2000, pag 183.

[29]   *Héspero* entre los griegos es *Vénus* entre los Romanos.

[30]   Aquino, Tomas de. *Ob cit. Pag 187.*

[31]   Grocio, Hugo. *Mare liberum*, (Leiden, 1610) traducción de V. Blanco Garcia y L. Garcia Arias, editorial Civitas, Madrid, 1979, pag 53.

riqueza, quienes incurren en el error tan antiguo como detestable de pretender persuadir que lo justo y lo injusto derivan de la opinión y costumbre de los hombres, y no de la naturaleza.

Según este pensador, la enfermedad común del género humano radica en las zalamerías de los aduladores que se hallan cobijados bajo la protección de aquellos que han nacido en la cúspide del rango social, quienes usualmente son los que crean las leyes y por su posición, suelen medir el derecho por su voluntad, y ésta por la utilidad. Persuaden la opinión pública del concepto de equidad convencional, a todo aquello que reprima las disensiones y tumultos de aquellos que según su punto de vista, han nacido destinados a obedecer.

En concordancia con lo anterior, Paolo Grossi[32] afirma que el derecho es expresión de la sociedad y no del Estado, pues el nacimiento del derecho puede verificarse hasta en la más efímera realidad social. El derecho no está necesariamente vinculado a una entidad social y políticamente autorizada, y tampoco tiene su referente obligado en aquel formidable aparato de poder que es el Estado Moderno, aun cuando la realidad histórica nos muestre el monopolio del Derecho creado por los Estados.

El iusnaturalismo moderno es el nombre que recibe la corriente del derecho natural que analiza el fenómeno desde el punto de vista de la ciencia del derecho, alejado de la teología y su nervio central está formado por Pufendorf, Thomasio, Wolff, Hobbs, Leibniz, Locke y Rousseau entre otros. Modernamente sus principales exponentes son John Finnis, Robert Alexy y Ronald Dworkin.

Para comprender esto se requiere profundizar en la forma en que nació el derecho positivo.

Curiosamente fue en el derecho natural donde se gestó el nacimiento del positivismo jurídico, pues las diferentes corrientes naturales enfrentadas generaron dos grandes vertientes, como se expuso anteriormente, el derecho natural divino y el llamémoslo así, racional. Al desarrollarse el derecho natural no religioso se llegó a su vez a dos caminos, el racionalismo natural propiamente

[32]   Grossi, Paolo, *Prima lezione di Diritto*, traducción de Clara Alvarez Alonso, editorial Marcial Pons, Madrid, 2006, pag 25.

tal, y una nueva corriente dual, que entendía la existencia de dos tipos diferentes de derechos, el natural y racional.

En este pensamiento, mientras el derecho entonces vigente aparecía como el derecho de la sociedad estamental del antiguo régimen, el derecho natural racionalista representaba – el derecho propio de la era de las luces -, que debía sustituir al arcaico derecho de raíces medievales.

Este sistema de leyes racionales podía regular la totalidad de las conductas humanas, de forma que el derecho natural podía ser a su vez positivo, y por ende innecesario. Este nuevo derecho sólo tendría que ocuparse de recoger el derecho natural y plasmarlo en un documento escrito fácil de difundir e interpretar.

De ahí que el ideal racionalista del siglo XVIII dio impulso al movimiento codificador, y éste a su vez, al positivismo jurídico, que después con las ideas absolutistas de la teoría pura del derecho y sus similares, paso a desconocer a su progenitor, el derecho natural. El iusnaturalismo racionalista llevaba en su vientre la concepción positivista del derecho.[33]

Pero nadie podía asegurar que el contenido del derecho positivo fuera precisamente el orden natural y debemos reconocer que para el gobernante resulta muy cómodo que el derecho y la ley que crea el poderoso, sean lo mismo.

De este modo les resulta incomoda la existencia de ese segundo derecho que carece de la aprobación del poder público y más fácil es desconocerlo, sobre todo si cuenta con filósofos a los que les resulta muy sencillo negar lo que no pueden ver o tocar, como Kelsen[34], Bobbio[35] y Bentham[36]. Este último sostenía que la idea del Derecho natural era un disparate en zancos.

---

[33]   Hervada, Javier. *Historia de la Ciencia del Derecho Natural, ob. Cit. Pag 257.*

[34]   Kelsen, Hans. *Justicia y Derecho Natural*, publicado dentro de Crítica al Derecho Natural, Traducción de Elías Díaz, Editorial Taurus Ediciones S.A. Madrid 1966, pag 98.

[35]   Bobbio, Norberto. *Algunos argumentos contra el derecho natural*, publicado dentro de Crítica al Derecho Natural, Traducción de Elías Díaz, Editorial Taurus Ediciones S.A. Madrid 1966, pag. 221.

[36]   Bentham, Jeremy. Los principios de la moral y la legislación, editorial Claridad, Buenos Aires, 2008, pag. 73.

De una manera brillante, Dworkin[37] plantea una nueva forma de *Derecho no positivo*, uno que no es exactamente natural, pues no cree en la existencia de un conjunto de principios unitarios, universales e inmutables; pero en cambio, utilizando un modelo reconstructivo, parte del supuesto de que el razonamiento moral se caracteriza por la construcción de un conjunto consistente de principios que justifican y dan sentido a nuestras intuiciones, reinstaurando la relación intima entre el razonamiento moral y el razonamiento jurídico.

El razonamiento moral o la filosofía moral es un proceso de reconstrucción de los principios fundamentales mediante la disposición de juicios concretos en el orden correcto.

Coincidimos con Dworkin, en cuanto a que empleando la técnica del equilibrio se logra llegar a la teoría de la coherencia de la moralidad, es decir, una realidad moral objetiva que no ha sido creada sino descubierta por los hombres o las sociedades tal como se descubren las leyes de la física.

El instrumento principal para lograr tal descubrimiento es la facultad moral que producen las intuiciones concretas de la moralidad política, tal como la intuición de que la esclavitud es injusta.

Dworkin toma como referencia la teoría de Hart, la que considera es la versión más depurada del positivismo y en este tenor, su principal ataque al positivismo se basa en una distinción lógica entre normas, directrices y principios, cuando el modelo positivista sólo toma en cuenta las normas, dado que como se expuso con anterioridad, es eminentemente normativista.

Dworkin destruye el concepto de *norma clave* o *regla de reconocimiento*[38] de Hart, considerando que no es más que un *test de su pedigree* o *test de origen* que sería válido sólo si el Derecho fuera únicamente un conjunto de normas, pero como no lo es, el *test de pedigree* resulta invalido por esencia lógica, al ser incorrecta por incompleta la visión unilateral de la que parte.

---

[37]   Dworkin, Ronald. *Los derechos en serio*, Editorial Planeta Agostini, Barcelona, España, 1993, pag. 247.

[38]   Hart, Herbert Lionel Adolphus (H.L.A.). *El concepto de Derecho*, (The concept of law), traducción de Genaro R. Carrio, Editora Nacional, Segunda edición, México, 1961, pag. 130.

En cambio, junto a las normas, existen principios y directrices políticas que no se pueden identificar por su origen, sino por su contenido.

Es decir, el Derecho es una realidad mucho más amplia que las normas escritas incorporadas al Derecho positivo, y su identificación no depende de esa incorporación.

La validez de este Derecho contenido en principios y reglas o directrices, no deriva de estar o no de acuerdo con la *regla de reconocimiento* pues es su contenido y su fuerza argumentativa la que determina su existencia y validez, de ahí que no pueda ser sujeto de un *test de origen*.[39]

Dworkin critica la función judicial positivista y la postura del positivismo jurídico ante los casos difíciles, basados en la negación del teorema de la incerteza.

El teorema de la incerteza se plantea ante un caso difícil. Un caso es difícil si existe incerteza ya sea porque en el sistema existen varias normas que determinan sentencias distintas por ser contradictorias, o bien, por no tener una respuesta expresa en las normas del sistema, esto es, las aparentes lagunas de la ley.

El teorema de la incerteza es uno de los puntos flacos o débiles del Derecho positivo, el que basado en las *reglas de reconocimiento* de Hart, o en la norma fundamental de Kelsen, no tiene una solución científica ni resuelve el problema de los casos difíciles de manera uniforme.

El positivismo pretende resolver el *teorema de la incerteza* simplemente afirmando que el Juzgador, al no estar vinculado por una norma que le obligue a resolver en determinado sentido, puede hacer lo que le plazca.

Afirman los positivistas que al no existir un *test de origen* ni una norma suprema sobre la cual sopesar la validez o invalidez de la norma, el mismo sistema atribuye al juzgador facultades para hacer lo que le plazca y resolver

---

[39]   Dworkin, Ronald. *Los derechos en serio*, Editorial Planeta Agostini, Barcelona, España, 1993, pag 73.

lo que considere pertinente, sin que en uno u otro caso su resolución sea antijurídica.

Esta solución implica que el positivismo por definición sostiene que no existe una única respuesta correcta, al ser ambas igualmente válidas.

Esta solución no deja contentos a muchos, pues el ejercicio de las acciones supone la existencia previa de un derecho, y conforme al *teorema de la incertidumbre*, al iniciar el juicio, ninguno tiene derecho, pues cualquiera puede ganar si el juez resuelve discrecionalmente.

En este sentido, el positivismo jurídico queda entrampado con la lógica kelseniana de la pirámide de jerarquías, pues llevando la idea al extremo, la única forma de aceptar esta teoría sería afirmar que es el juez y no la norma quien con la sentencia constituiría el derecho del ganador, al preferir su argumento al del contrario, derecho que no tenía al iniciar el juicio; lo que carece de lógica.

Dworkin critica al positivismo en este tema, afirmando su famosa *teoría herculiana del derecho*, que consiste en partir de la base de que el derecho no es sólo un conjunto de normas positivas, sino que también está conformado de principios y directrices no escritas, inmanentes, y que el material jurídico emanado de las normas, los principios y las directrices es suficiente para encontrar una única respuesta correcta a los casos difíciles.

De forma tal que ante éstos el Juez debe aplicar los principios, pero no de forma arbitraria, sino que debe balancear los principios y decidirse por el que tiene más peso, mediante un ejercicio lógico de reconstructivismo que conduce a la búsqueda incesante de criterios objetivos. Este Juez es - *el célebre Hércules* - un juez omnisciente que es capaz de encontrar la única respuesta correcta.[40]

En conclusión, existen derechos anteriores al Estado? O sólo el Estado confiere esos derechos? Si una determinada conducta no es protegida por el Estado, no es derecho? Esto es, existen atribuciones al ser humano ajenas al poder constituido?, el concepto de debitud como analogado, necesariamente nace con el reconocimiento que el Estado hace del mismo?

---

[40] Dworkin, Ronald. Ob. Cit., pag. 205.

En base a los argumentos expuestos con antelación, podemos concluir que la respuesta a esta interrogante es fácil de aceptar afirmativamente si nos colocamos en una máquina del tiempo ficticia y vemos el problema desde su génesis en los antecedentes de la formación de un Estado.

Es muy difícil justificar la existencia de un derecho anterior al Estado, si partimos de un Estado como hoy lo concebimos, constituido, fuerte, soberano, poderoso.

Como propusimos en líneas precedentes, aceptar la existencia de estos derechos se facilita con un ejercicio lógico muy simple: para que el Juez tenga derecho a juzgar, antes alguien tuvo que darle ese derecho, y para que ese alguien haya tenido la facultad de darle al Juez el derecho a Juzgar, a su vez otro alguien debió darle ese derecho y así sucesivamente hasta llegar a la regla de reconocimiento, a la *grundnorm*.

Pero esta norma no escapa del mismo cuestionamiento: ¿y con qué facultades se creó esa *grundnorm*? ¿Quien le dio derecho a las personas el carácter de Constituyentes?, ¿las facultades para declarar la primer Constitución de una nación? y sobre todo, ¿Quién los facultó para independizarse de la nación que mantenía a todo un pueblo sometido a conquista?

El ejemplo perfecto no lo tenemos muy lejos, ni siquiera tenemos que cambiar de continente, México. El pueblo Mexicano tenía derecho a la libertad y la independencia del Estado Español conquistador?

Claro que lo tenía, quien podría negarlo; su condición humana le atribuyó de suyo la condición de libertad, su autodeterminación viene atribuida con su capacidad de pensar, su derecho a la supervivencia está atribuido por el simple hecho de estar vivo, atribuciones todas que generan una *debitud* de respeto *erga omnes* frente a todo el mundo.

Pero la Constitución Española no reconocía estos derechos que incluso estaban en contra del derecho positivo español, derecho que estaba vigente, era válido y eficaz en nuestro territorio, y sin embargo, contrario a los derechos inmanentes atribuidos a nuestros antepasados por la razón práctica, por la misma naturaleza del hombre, por el sentido común, por su condición humana.

El derecho a la libertad de nuestros antepasados existía, era real, pero no estaba plasmado en documento alguno ni reconocido, al contrario, negado por el positivismo jurídico, y sin embargo, existía.

Nuestro pueblo por supuesto que tenía el derecho a la libertad, tan lo tenía que hoy somos libres. Esto sólo puede explicarse de una manera: nuestro pueblo ya tenía el derecho a ser libre y aunque el Estado conquistador no lo reconociera en su catalogo de derechos positivamente incorporados al plexo normativo, el pueblo de hecho, lo tenía.

Como una bofetada al positivismo, surge la siguiente conclusión, aunque el Estado conquistador no lo reconociera en su catálogo positivo, en su regla de origen, en su norma *grundnorm*: el pueblo conquistado tiene derecho a ser LIBRE, pero ese derecho requiere autotutela, es decir, debe tomarse por la fuerza, de ser necesario.

Esto demuestra la primera regla que nutre a los sistemas jurídicos abiertos: el derecho no está solo en las normas escritas.

También confirma la segunda regla: existen derechos anteriores al Estado.

Por último, confirma la regla más difícil de aceptar en un sistema jurídico: existen derechos superiores al Estado.

Contrariamente al sistema jurídico cerrado, el sistema jurídico abierto no encuentra fácilmente un principio y un fin en las normas, es más, usualmente no lo tiene, y esto no es un problema. En este sistema jurídico, la experiencia jurídica se nutre de elementos normativos, pero también de elementos ajenos a las normas escritas.

Se compone de elementos subjetivos como los valorativos o axiológicos, donde se forjan los principios jurídicos, responde igualmente a elementos objetivos, es decir, los fácticos y por supuesto, también se compone fundamentalmente de elementos normativos.

También al contrario de lo que acontece en un sistema cerrado, en un entorno abierto el sistema jurídico no le permite al Juzgador hacer descansar su conciencia, pues está constreñido o sujeto por el sistema a realizar un análisis perpetuo sobre la calificación del contenido de la norma escrita, no sólo de su validez o eficacia.

Este modelo considera que el contenido del derecho debe cumplir la función fundamental de brindar la paz social y la supervivencia del ser humano, y los medios de que se vale no pueden trasgredir esta función, por lo que no se limitan al Derecho escrito, sino al Derecho contenido en los principios del Derecho.

También reconoce la existencia de derechos anteriores al estado, pues el Estado no es el encargado de otorgar todos los derechos, sólo se encarga de reconocerlos.

Se funda en el reconocimiento de un orden inmanente similar al derecho natural que le da pilar o sustento, pero no sólo en la existencia de dicho sistema implícito en los principios del derecho, sino en la razón práctica, el sentido común y a la moral legalizada como elementos que conforman una pretensión moral justificada, que constituye una *atribución* y su consecuente *debitud* implícita en el patrimonio de todos los seres humanos por el sólo hecho de ser precisamente eso, "humanos", antes, durante y después del Estado.

La postura fundamental de este sistema parte de reconocer el principio destacado por *Kaufmann*:

> *"...El Estado no crea derechos, el Estado crea leyes, y Estado y leyes están sometidas al derecho..."*[41]

Antes de la existencia del Estado se dieron los derechos entre los hombres, derechos que incluso fueron la base para el nacimiento del Estado, pues los hombres tenemos derecho a asociarnos y con base en este derecho, es que constituimos tales Estados.

Tenemos derecho a delegar nuestra voluntad, nuestras decisiones en sujetos que representan esta voluntad general, de forma que el derecho es una realidad anterior al Estado.

---

[41] Kaufmann, Erich. *Die Gleinchheit bor dem Gestz* (1927) citado por Grossi, Paolo, *Prima lezione di Diritto*, traducción de Clara Alvarez Alonso, editorial Marcial Pons, Madrid, 2006, pag 9.

En conclusión, el sistema jurídico abierto se distingue por 3 elementos:

a). - la función que desempeña el derecho;
b). - los medios de que se sirve; y
c). - la razón de ser del derecho, es decir, el fin que persigue.

También en conclusión podemos afirmar que el sistema jurídico abierto se caracteriza por lo siguiente:

a). - El sistema entiende al derecho y a la ley como cosas distintas; el derecho no está sólo en las normas escritas.
b). - El sistema reconoce que existen derechos anteriores al Estado.
c). - El sistema reconoce derechos indisponibles, superiores al Estado y su deber de establecer mecanismos para su protección.

1.4 El Sistema Jurídico Mexicano.

Debemos partir este estudio dejando claro que la postura que nosotros sostenemos es que no importa lo que el derecho interno de cada nación determine al respecto, en esencia siempre tendrá un sistema jurídico abierto, aunque de hecho la Nación sostenga lo contrario, al estatuir en sus normas positivas la negación de un derecho ajeno a dichas normas.

Esto, dado que su sistema siempre podrá ser confrontado con los principios del derecho, la razón práctica, el sentido común y a la moral legalizada como elementos que conforman una pretensión moral justificada, que constituye una *atribución* y su consecuente *debitud* implícita en el patrimonio de todos los seres humanos por el sólo hecho de ser precisamente eso, *humanos*.

Así, a nuestro entender, el derecho Mexicano no es la excepción, y sin importar lo que ha sucedido en las diversas *grundnorm* o *regla de reconocimiento* en nuestro país, su sistema jurídico siempre ha sido abierto.

No obstante, a continuación abordaremos el estudio de la cosmovisión que ha tenido nuestra nación respecto a su ubicación como sistema jurídico, a como se han auto catalogado consciente o inconscientemente las normas positivas mexicanas a lo largo de su historia como nación independiente.

Nuestro país no siempre ha seguido el mismo tipo de sistema jurídico, pues históricamente las diversas constituciones que ha tenido México han motivado la adopción de diferentes dogmáticas filosóficas y con ello, una multitud de puntos de vista respecto a la problemática de los derechos fundamentales, de forma que hemos pretendido tener diversos *modelos de sistemas jurídicos* conforme se analiza a continuación.

El nacimiento de México como País independiente el 27 de septiembre de 1821, tuvo sustento en los Tratados de Córdoba, un documento firmado en la ciudad de Córdoba, Veracruz, el 24 de agosto de 1821, entre Juan de O'Donojú y Agustín de Iturbide, que aunque no tiene las características propiamente de una constitución, constituye el eje fundamental que reconoce la independencia de la Nueva España, transformándola en la gran Nación que hoy conocemos.

Está compuesto por diecisiete artículos que son una extensión al Plan de Iguala, y que conjuntamente con el Acta de Independencia del Imperio Mexicano firmada el 28 de septiembre de 1821, constituyen el fundamento jurídico para la independencia de México.

No podemos pasar por alto que la motivación que llevó a la celebración de este instrumento fue evitar que la Constitución Española de Cádiz de 1812 volviera a tener vigencia en la Nueva España, pues fue una de las mas progresistas y liberales de su tiempo, y generó el temor entre la clase Noble de perder sus privilegios, de que se llegara a la abolición de la monarquía, con la consecuente y temida declaración de igualdad entre los hombres.

Dado que con este documento México se consolida como un imperio y aunque su corto contenido no permite definir muchos elementos de su formación, podríamos concluir que México nace con la intención de ser un sistema político monárquico moderado, autoritario y despótico. Dicho instrumento de forma literal expresa lo siguiente:

"... ACTA DE INDEPENDENCIA DEL IMPERIO MEXICANO, pronunciada por su Junta Soberana Congregada en la Capital de él en 28 de Septiembre de 1821."

"La Nación Mexicana que, por trescientos años, ni ha tenido voluntad propia, ni libre el uso de la voz, sale hoy de la opresión en que ha vivido.

"Los heroicos esfuerzos de sus hijos han sido coronados y está consumada la empresa, eternamente memorable, que un genio, superior a toda admiración y elogio, amor y gloria de su Patria, principió en Iguala, prosiguió y llevó a cabo, arrollando obstáculos casi insuperables."

"Restituida, pues, esta parte del septentrión al exercicio de cuantos derechos le concedió el Autor de la Naturaleza, y reconocen por inenagenables y sagrados las naciones cultas de la tierra; en libertad de constituirse del modo que mas convenga a su felicidad; y con representantes que puedan manifestar su voluntad y sus designios; comienza a hacer uso de tan preciosos dones y declara solemnemente, por medio de la Junta Suprema del Imperio que es Nación Soberana e independiente de la antigua España, con quien, en lo sucesivo, no mantendrá otra unión que la de una amistad estrecha, en los términos que prescribieren los tratados; que entablará relaciones amistosas con las demás potencias executando, respecto de ellas, cuantos actos pueden y están en posesión de executar las otras naciones Soberanas; que va a constituirse, con arreglo a las bases que en el Plan de Iguala y Tratado de Córdova estableció, sabiamente, el primer Jefe del Exercito Imperial de las Tres Garantías; y en fin que sostendrá a todo trance, y con el sacrificio de los haberes y vidas de sus individuos, (si fuere necesario) esta solemne declaración, hecha en la Capital del Imperio a veinte y ocho de septiembre del año de mil ochocientos veinte y uno, primero de la independencia Mexicana·[42]

---

[42] Documento redactado en el Palacio Nacional de la Ciudad de México, por Juan José Espinoza de los Monteros, entonces Secretario de la Suprema Junta Provisional Gubernativa, y firmado el 28 de septiembre de 1821 por 33 de los 38 integrantes de dicha Junta. Curiosamente fueron firmados dos ejemplares, la primera copia se destruyó en el incendio de 1909 en la Cámara de Diputados, y la segunda copia tuvo una vida muy compleja, pues fue robada y vendida en 1830, recuperada por Maximiliano de Hadsburgo pero sacada del país por Agustín Fischer y entregada al anticuario Gabriel Sánchez, quien la vendió al historiador Joaquín García Lcazbalceta, este a su vez la heredó a Luis García Pimentel quien la vendió a Florencio Gavito. A la muerte de Gavito, su hijo la entregó a Adolfo López Mateos. Se han hecho dos exámenes que comprobaron la autenticidad del documento. Actualmente se exhibe en el Palacio Nacional de la Ciudad de México.

La primer Constitución de México de 1824 no contenía una parte dogmática pues no hacía declaración alguna de los derechos fundamentales, salvo la libertad de imprenta[43], ni establecía los elementos para su regulación.

En cambio en sus 171 artículos sólo contenía elementos orgánicos donde sus principios fundamentales eran en primer lugar la independencia de España, en segundo término la obligatoriedad y perpetuidad de la religión católica, apostólica romana, después la división de poderes en legislativo, ejecutivo y judicial, estableciendo una forma de gobierno republicana, representativa, popular y Federal. El poder ejecutivo preveía la existencia de un vicepresidente. Dividió al país en 21 estados y 5 territorios, de entre los que destacan Tejas, Alta California y Santa Fe de Nuevo México.

Curiosamente, esta Constitución se declaró firmada el día 4 de octubre de 1824, 4to de la independencia, 3ro de la libertad y 2do de la federación.

Dado que esta constitución fue eminentemente territorialista, y por la xenofobia generada por el temor de los intentos de reconquista, podemos concluir que durante la vigencia de esta Constitución, México buscó mantener un sistema jurídico cerrado, con una clara contradicción de principios, al sustentar la independencia con base en la negación de la soberanía Española sobre territorio Mexicano, que finalmente es propio de los sistemas abiertos.

La Constitución de 1835 se formó por las Siete Leyes constitucionales promulgadas el 30 de diciembre de 1836, aunque la primera de ellas se promulgó en el mes de diciembre de 1835, la segunda en abril de 1836 y el resto el 30 de diciembre de 1836. Fueron impulsadas por Antonio López de Santa Anna en su segundo periodo presidencial pero promulgadas por el Presidente Interino José Justo Corro, producto del enfrentamiento entre los federalistas y los centralistas.

El centralismo impuso condiciones, orientado por ideas conservadoras, monárquicas y defensoras de los antiguos privilegios de la aristocracia, eliminaron la Constitución de 1824 y crearon una nueva conocida como las Siete Leyes, por la que el país fue dividido en departamentos, y estos a su vez

---

[43]   De manera muy somera se estableció la libertad de imprenta en los artículos 50 fracción III y 171 de la Constitución de 1824.

en distritos, estableciendo un cuarto poder, el "Supremo Poder Conservador" formado por cinco ciudadanos y solo responsable ante Dios, con facultades para anular leyes e incluso declarar la incapacidad del Presidente y la clausura del Congreso.

Entre otras cosas, amplió el plazo del mandato Presidencial a 8 años, se suprimieron las legislaturas de los estados para convertirlos en departamentos gobernados por juntas departamentales, lo que provocó la declaración de independencia de Texas, Tamaulipas y Yucatán.[44]

Durante la vigencia de esta constitución, necesariamente el sistema jurídico mexicano sufrió una contractura y por supuesto fue la más profunda forma de sistema jurídico cerrado que ha vivido nuestro país.

La Constitución de 1843 se llamó oficialmente Bases Orgánicas de los Estados Unidos Mexicanos de 1843, pero en realidad se trató de una verdadera Carta Magna, que fue producto del reproche centralista al proyecto de constitución de Mariano Otero, quien había propuesto volver a un gobierno republicano, representativo, popular y federal, con un sistema de representación de las minorías.

Esta propuesta generó diversos enfrentamientos que condujeron a la disolución del Congreso y a la promulgación de esta nueva Constitución también centralista que entre otras cosas, suprimió el Supremo Poder Conservador, pero instauró la pena de muerte y restringió la libertad de imprenta, continuando el modelo cerrado de su predecesora.

El acta constitutiva y de reformas de 1847 modificó el régimen centralista a federal, motivado por la guerra México Estadounidense, pues la constitución fue modificada el 21 de mayo de 1847, cuando la Ciudad de México cayó en manos del ejército de Estados Unidos, reviviendo la vigencia de la constitución federal de 1824.

Antonio López de Santa Anna fue nombrado nuevamente presidente en 1853, durante ese período abolió el sistema federal, y terminó nuevamente con

[44]   Gonzalez Pedrero, Enrique. *País de un solo hombre: el México de Santa Anna*, Fondo de Cultura Económica, México 1993.

los congresos locales, solo que ahora el Congreso Federal también entró en receso. A este periodo se le llamó "dictadura de Santa Anna".

Aún con la promulgación de la Constitución de 1857, el discurso federalista vs liberal y el centralista vs conservador subsistió hasta 1867, después de la *guerra de reforma* y de la *segunda intervención francesa* cuando se restauró la República.

Estas reformas establecieron las garantías individuales, se suprimió el cargo de vicepresidente y se adoptaron las elecciones directas para diputados, senadores, presidente de la república y magistrados de la Suprema Corte.

Se facultó al Congreso para anular las leyes de los estados que implicaran una violación al pacto federal, se establecieron los derechos de petición y de amparo, la libertad de culto y la educación laica, la abolición de la esclavitud y la defensa de las ideas, con un claro espíritu liberal propio de los más avanzados modelos de sistemas abiertos de su época.

Esto desde luego no fue aceptado de forma unánime, pues la intervención del imperio y el malestar de los conservadores por la abolición de la esclavitud y la libertad de culto, llevaron a la proclamación de las Cinco Leyes derogatorias, estableciendo un gobierno paralelo.

La sección primera del primer Título de la Constitución de 1857 se llamó "de los derechos del hombre", y en 29 artículos reconoció algunos de los más elementales derechos fundamentales como la libertad de trabajo, el derecho de petición, la libertad de asociación, la libertad de tránsito, el principio de no retroactividad, de audiencia, de legalidad, la propiedad privada, y muchos más, casi todos los que hoy encontramos en la Constitución vigente.

De forma expresa, la Constitución de 1857 señalaba en su artículo primero que:

> "*...El pueblo mexicano **reconoce**, que los derechos del hombre son la base y el objeto de las instituciones sociales. En consecuencia, declara: que todas las leyes y todas las autoridades del país, deben respetar y sostener las garantías que otorga la presente Constitución...*"

Con esta declaración, se hizo positivo el "modelo" de sistema jurídico abierto, pues el Estado Mexicano de forma expresa declaró en esta Constitución, que su papel se limita a *reconocer* la existencia de los derechos del hombre y no solo a *otorgarlos*, lo que implica de suyo el reconocer que los derechos son anteriores al Estado mismo, uno de los postulados más importantes que estructuran un sistema jurídico abierto.

Así, podemos concluir que esta Constitución declaró que lo que el estado *otorga* son las garantías para proteger los derechos del hombre que son *reconocidos* en el texto constitucional.

Recordemos que el concepto de garantías a que originalmente se refería esta Constitución de 1857 no son lo que conocemos como *garantías individuales* sino las *garantías constitucionales* es decir, los mecanismos de defensa de los derechos fundamentales, verbigracia, el juicio de amparo.

La Constitución actual de 1917 tomó como base la constitución de 1857, pero se añadieron todas las demandas que dieron origen a la revolución mexicana, como las exigencias en materia agraria, laboral y educativa. Por su amplio contenido social, en su momento fue considerada como una de las constituciones más avanzadas del mundo, sin embargo, en materia del *modelo de sistema jurídico* tuvo un gran tropezón que significó un lamentable retroceso comparado con su predecesora.

En su artículo primero declaró lo siguiente:

> *"... En los Estados Unidos Mexicanos todo individuo gozará de las garantías que otorga esta Constitución, las cuales no podrán restringirse ni suspenderse, sino en los casos y con las condiciones que ella misma establece..."*

Con lo cual retrocedió a los tiempos de los sistemas jurídicos cerrados, pues de forma implícita está excluyendo del sistema jurídico mexicano, todos aquellos derechos que no estén expresamente plasmados en la misma, es decir, con ello el Estado no reconoce ningún derecho anterior ni superior al mismo Estado.

Es el Estado quien otorga todos los derechos a sus súbditos, de forma tal que lo que no esté expresamente contemplado en el catálogo de derechos otorgados por el Estado Soberano, no forma parte del sistema jurídico, llevando al extremo el concepto de soberanía entendido en su aspecto más absoluto, *super omnia*, sobre todos los hombres.

También comete el conocido error de confundir la garantía de los derechos constitucionales con el contenido de los derechos protegidos, al cambiar la denominación del primer título de la Constitución de 1857 y llamarle "de las garantías individuales".

Algunos Constitucionalistas consideran que este error deriva de la exigencia del artículo 16 de la Declaración Francesa de los Derechos del Hombre y del Ciudadano de 1789, que dispone:

> "... *Artículo 16.- Toda sociedad en la cual no esté establecida la garantía de los derechos, ni determinada la separación de los poderes, carece de Constitución...*"

Así, confundiendo la importancia de garantizar los derechos fundamentales con el concepto *garantía de los derechos* se le atribuyó la denominación de *garantías individuales* a los primeros 29 artículos de la Constitución de 1917.

Sin embargo, en el año 2011 cambió de *modelo* el sistema jurídico mexicano, pasando de nuevo a ser reconocido positivamente como un sistema abierto, cuando con un afortunado acierto, el legislador permanente reformó el artículo primero para quedar así:

> "...*Art. 1o.- En los Estados Unidos Mexicanos todas las personas gozarán de los derechos humanos **reconocidos en esta Constitución y en los tratados internacionales de los que el Estado Mexicano sea parte**, así como de las garantías para su protección, cuyo ejercicio no podrá restringirse ni suspenderse, salvo en los casos y bajo las condiciones que esta Constitución establece.*
>
> *Las normas relativas a los **derechos humanos se interpretarán de conformidad** con esta Constitución y **con los tratados internacionales de la materia** favoreciendo en todo tiempo a las personas la protección más amplia. ...*"

Con esta sencilla modificación que para el bisoño del derecho podría pasar inadvertida, se produce un profundo cambio en la forma de ver al derecho en México, de forma tal que con su aprobación, México adquiere uno de *modelos* de sistema jurídico abierto más profundo y trascendente del mundo, cuyo alcance hoy parece insondable.

En México nuestro sistema jurídico permite entonces, que los derechos fundamentales estén consagrados en cualquier tratado internacional y con ese reconocimiento, México está declarando que el Estado Mexicano sólo reconoce derechos, pero no los crea, no los declara, no los constituye, porque ya están en nuestro patrimonio.

No sería descabellado afirmar que bajo ciertas hipótesis muy estrictas, los derechos fundamentales puedan estar por encima de la propia Carta Magna.

A partir de esta reforma, podemos válidamente decir que conforme al "modelo" de sistema jurídico mexicano positivo, la respuesta a la pregunta: ¿existen derechos anteriores al Estado? Encuentra un contundente SI como respuesta.

Una determinada conducta sí puede ser derecho aunque no esté protegida por el Estado. Esto es, existen atribuciones al ser humano ajenas al poder constituido y el concepto de *debitud como analogado*, no necesariamente requiere el reconocimiento que el Estado Mexicano haga del mismo.

CAPÍTULO SEGUNDO

HISTORIA DE LOS PRINCIPIOS FUNDAMENTALES DEL DERECHO MERCANTIL.

2.1 Introducción; 2.2 Los principios del Derecho Mercantil antes de la codificación; 2.3 Los principios del Derecho mercantil con la codificación; 2.4 Los principios del Derecho mercantil conforme a la hermenéutica jurídica posterior a la Codificación.

2.1 Introducción.

La idea de lo que es el Derecho como objeto de conocimiento, no siempre ha sido concebida de la misma manera. La forma en que se hace Derecho hoy en día es muy distinta a la forma en que se hacía Derecho en la antigüedad, antes de la codificación.

Para comprender mejor el alcance que tienen los *principios fundamentales* del Derecho Mercantil es conveniente hacer un análisis histórico sobre este tema, a efecto de subrayar la mecánica que hizo funcionar al Derecho en sus orígenes, mucho antes de que fueran concebidos los códigos o cualquier otra fuente documental rígida, como hoy la conocemos.

Hemos de hacer una advertencia preliminar, pues si bien el tema de estudio de este apartado está enfocado al ámbito del Derecho Mercantil, no es aplicable en forma aislada ni exclusiva a dicha rama de la ciencia del Derecho, pues en mayor o menor medida se encuentra relacionada o inmersa en el contexto global del fenómeno jurídico, tal como advierte Paul Rehme, al concluir que:

> "...El Derecho Mercantil no tiene una existencia aislada; ni la ha tenido en el pasado ni la tiene hoy. No ha sido nunca más que un elemento en la totalidad del Derecho vigente de cada época..."[45].

Recordemos que en la antigüedad, los comerciantes no gozaban de una cohesión profesional que les atribuyera una distinción de clase, como la que hoy en día existe.[46]

Como hemos visto anteriormente, el Derecho es una realidad mucho más amplia que las normas escritas incorporadas al Derecho positivo, y su identificación y existencia no depende de esa incorporación; el Estado no crea derechos, el Estado crea leyes, y Estado y leyes están sometidos al Derecho.

No obstante estamos tan acostumbrados a los Códigos que hemos perdido de vista la verdadera naturaleza del Derecho.

En nuestra opinión, sólo retrocediendo a la formación del Derecho, es decir a sus bases más elementales, para después analizar el cambio que sufre el Derecho con el fenómeno codificador, es como podemos apreciar su esencia, la razón misma de la existencia del Derecho, la justificación práctica y teleológica de sus principios más elementales y podemos comprender la evolución que justifica el lugar que ocupan dichos principios en el sistema jurídico actual.

Tal como sucede cuando vemos una imagen de una distancia tan corta que no apreciamos su contenido, nos pasa ahora que vemos al Derecho codificado de una forma tan objetiva, que nos impide apreciar algunos aspectos de su esencia.

Así, partimos de reconocer que históricamente el Derecho es anterior al Estado, y por supuesto que también es anterior a los códigos, pues es coetáneo al nacimiento de las primeras civilizaciones de la humanidad.

Para mayor referencia, debemos comenzar este análisis por delinear su alcance, ya que la intención del mismo no es profundizar en el nacimiento

---

[45]   Rehme, Paul. *Historia Universal del Derecho Mercantil*, Editorial Revista de Derecho Privado, Madrid, 1941, pág. 12.

[46]   Salvo las *curia mercatorum* vigentes en Piza.

histórico del Derecho, mucho menos hacer un análisis exhaustivo de la nutrida doctrina sobre la historia del Derecho Romano, sino exclusivamente detenernos en el aspecto que nos interesa, que es sobre la formación de las costumbres ancestrales que por la experiencia milenaria de los juristas y estudiosos, lograron la condición de *máxima inveterada de la lógica y de la experiencia de aceptación general, veracidad irrefutable y aplicación universal.*

González Díaz[47] propone con gran sensatez, el reconocer lo que denomina la *dimensión histórica* del Derecho, como una vertiente que sirve a la formación de la demás dimensiones del derecho, normativa, valorativa y fáctica.

Esta idea que compartimos sobre la dimensión historia del Derecho, nos lleva a proponernos dividir el conocimiento de lo jurídico mediante dos grandes momentos históricos, el estudio del Derecho antes de los códigos como hoy los conocemos y el Derecho a partir de la codificación, para continuar analizando las perspectivas de los principios del Derecho a la luz de las corrientes o escuelas de hermenéutica jurídica posteriores a la codificación.

2.2 Los principios del Derecho Mercantil antes de la codificación.

El Derecho Mercantil por supuesto que ha sido siempre una de las primeras ramas de nuestra ciencia en evolucionar, siendo de las más prolíficas en las etapas iniciales del desarrollo de la humanidad.

Desde la época neolítica el Derecho Mercantil hizo su aparición con la forma más acabada de agricultura planificada, que llevó a los animales a acercarse a las concentraciones humanas en busca de alimento; se logró un sistema de caza y recolección de frutos de mayor tecnología[48] y produjo los excedentes de producción que dieron origen a la figura del trueque.

---

[47]   González Díaz Lombardo, Francisco Xavier. *Compendio de Historia del derecho y del Estado.* México: Editorial Limusa, 1979, pag 14.

[48]   Alvarado, Javier y Sánchez, Ma. Dolores. *Temas de Historia del derecho y de las Instituciones.* Obra en coautoría de Javier Alvarado Planas, Jorge J. Montes Salguero, Regina Ma. Perez Marcos y Ma. Dolores del Mar Sánchez, Universidad Nacional de Educación a Distancia, Segunda Edición, Madrid, 1999, pag. 40.

Posteriormente nacieron las primeras generaciones de bienes que por su durabilidad y movilidad, fueron elegidas por los neolíticos para hacer las veces de *dinero*.

2.2.1 La época primitiva.

Las ideas de equidad, libertad, individualidad, bien común y finalmente, dignidad, son comunes en todos los pueblos de la historia, si bien no totalmente definidos.

Según destaca Peces Barba[49], los encontramos al menos en forma incipiente en textos antiguos pre-romanos, desde la *Epopeya de Gilgamesh* de Sumeria, *el Kojiki* en Japón, el *Popol Vuh* Maya, el *Sutra del Diamante* y el *Dao de Jing* en China o el *Rig-Veda* de la India, entre otros, hasta el *Deuteronomio*.

El pensamiento jurídico Mercantil primitivo evolucionó a partir de 3 elementos muy definidos: la *imitatio dei*, la imitación de lo sagrado o pretensión moral de atribuir lo divino como bueno, posteriormente lo bueno como divino y por lo tanto, deseable; el *cosmogonic ritus* o rito cosmogónico como ley primordial, que sostiene que el rito de creación de dios no puede ser imperfecto y por lo tanto lo que hay en la naturaleza es divino y perfecto; y la *isomorphy* conforme al cual, la ideas jurídicas del hombre se basan en la naturaleza isomorfa del universo.

Es decir, asume que el entendimiento del universo es similar al del ser humano, de forma que el Derecho es un *analogado* del orden universal por inferencia lógica y sigue sus principios.

Así, en su origen el pensamiento jurídico primitivo pudo definir claramente que cualquier conducta que no se ajuste a estos elementos, se considera *Chaos*, caos o desorden, y por ello "no se ajusta" a lo deseable, es decir es *in-justo*.

La historia del pensamiento jurídico en Egipto se ha perdido casi en su totalidad, pero de algo podemos estar seguros, en Egipto se desarrolló el Derecho *in illo tempore* como en ninguna otra parte del mundo.

---

[49]   Peces-Barba Martínez, Gregorio. *Derecho positivo de los derechos humanos*, editorial Debate, Madrid, 1987, pags. 22 y 23.

Aunque no todos los historiadores concuerdan con esta idea, como Fernández Barreiro[50], quien estima que sólo en Roma se desarrolló un ordenamiento jurídico técnicamente evolucionado.

En uno de sus viajes a Egipto, el famoso sabio griego Solón, logró rescatar una gran parte de esa cultura jurídica a través de entrevistas con los sacerdotes Egipcios, y sorprendido por la increíble precisión y avances de este sistema jurídico, la llevó a Grecia; a partir de ella perfeccionó la Constitución Atenea.

Según afirma Plutarco[51], para Solón las ideas de *paz común* y *libertad común* eran superiores a los intereses particulares, por lo que se privilegió el concepto de seguridad como bien jurídico tutelado.

A nuestro entender, el pensamiento jurídico de Solón constituye la gloria de la Grecia clásica; estaba basado en el principio supremo de la justicia que era concebido como un orden divino, natural y auto-regulado.

La libertad era otro eje rector de su Derecho, pues fue Solón quien cambió la forma de ejecución forzosa de las obligaciones mercantiles, derogando la esclavitud como forma de pago de deudas, con lo que logró que los atenienses nunca se redujeran a esclavitud por este motivo.

2.2.2 El Derecho Romano Arcaico.

Según Emilio Costa[52] no existen fuentes directas del conocimiento del Derecho Romano arcaico, pues no existe ningún documento contemporáneo, ni testimonio que se remonte a una edad cercana al periodo más arcaico del Derecho Romano.

En concepto de este historiador, ni siquiera Aristóteles o Herodoto dan alguna luz sobre el tema, sin embargo, las instituciones jurídicas de Roma

---

[50]   Fernandez Barreiro, Javier Patricio. *Historia del derecho Romano y su Recepción Europea*, Centro de Estudios Ramón Areces, Madrid, 1997, pag.24.

[51]   Plutarco. La vita di Solone, editorial Fondazione Lorenzo Valla, traducción de Mario Manfredini y Luigi Piccirilli, Milan, 1977.

[52]   Costa, Emilio. *Historia del derecho Romano Público y Privado*, traducción del italiano por Manuel Raventos y Noguer, Editorial Reus, Madrid, 1930, pag. 32 y 33.

primitiva fueron descritas por primera vez, por *Fabio Pittore* y *Cincio Alimento*, en el siglo VI de la ciudad.

Todo el conocimiento que nos ha llegado hasta hoy proviene de ellos, directa o indirectamente; la mayoría narrado por los historiadores que directamente se valieron de ellos, y en menor medida, proveniente de los historiadores que consultaron a éstos últimos.

Según apuntan Bernal y Ledezma[53], conforme a la tradición oral, las instituciones de Roma primitiva ya se hallaban basadas en la soberanía del pueblo, constituido por los hombres libres pertenecientes a las "gentes", cuya agrupación constituía la *curiae* en grupos de 10, y estos a su vez en grupos de diez, para formar las tres "tribus" originales que fundaron Roma: *Rammenses, Titienses* y *Luceres.*

Fuenteseca[54] resalta que el poder del gobierno residía en el cuerpo de ancianos llamado *senatus* constituido por los *patres* de las gentes y el poder ejecutivo por supuesto, descansaba en el *rex*, elegido por el pueblo con la adhesión de los *patres, auctoritas patrum.*

Los consorcios gentilicios de los tres pueblos fueron los que rigieron la vida jurídica de Roma con la fundación de esta nueva ciudad, estas normas eran transmitidas de generación en generación y se les conocía como *mores maiorum* mismas que después fueron propuestas por el Rey al pueblo reunido en los *comisios curiados*, y eran votadas; les llamaron *leges regiae*[55] seguidas de las *leges rogatae* o leyes rogadas en torno a la lucha de clases.

A nuestro entender, estas fueron las primeras formas de Derecho escrito de la era monárquica del Derecho Romano arcaico; sin embargo, cabe hacer notar que desde este momento, este Derecho estuvo inspirado y nutrido por las *mores maiorum*, "costumbres ancestrales" que recogen la experiencia de todo un pueblo, y constituyen los principios elementales que recogen sus necesidades, sentimientos y aspiraciones, ordenados y sistematizados por la lógica de los

---

[53]   Bernal, Beatriz y Ledezma, José de Jesús. *Historia del derecho Romano y de los derechos neoromanistas*, Porrúa, México, 1999, pag. 82

[54]   Fuenteseca, Pablo. *Lecciones de historia del derecho romano*, Universidad Autónoma de Madrid, Madrid, 1978, pag. 26.

[55]   Costa, Emilio. Op. Cit, pag. 231.

estudiosos del Derecho de la antigüedad, aceptados dogmáticamente como verdades irrefutables e incuestionables.

Esas *mores maiorum* son esencialmente máximas de la lógica y de la experiencia con pretensión de validez universal y uso inveterado, que constituyen el rasgo que caracterizaría al Derecho desde la época más arcaica del Derecho, hasta la codificación.

Es precisamente Solón quien tuvo a su cargo la gracia de compartir el conocimiento jurídico Ateneo y Egipcio a los romanos, pues el *senatus* comisionó una magistratura especial extraordinaria integrada por diez magistrados para ir a Atenas a aprender las leyes de Solón, estos diez magistrados recibieron el nombre de *decemviri consulari imperio legibus scribundis* mejor conocido como "decenvirato".

Dichos magistrados regresaron a Roma conocedores de las famosas leyes de Solón y fundaron la *ley decenviral*; formada originalmente por diez tablas de leyes, colocadas públicamente en la plaza de Roma a la vista de todo el mundo, y fue tal su obligatoriedad que los niños las aprendían de memoria.

Espitia Garzón[56] afirma que al paso del tiempo se añadieron dos tablas más para formar la *lex XII tabularum* o "ley de las XII tablas".

Ambos documentos, la *ley decenviral* y su posterior evolución, la *lex XII tabularum,* estuvieron notablemente influenciados por los principios fundamentales del Derecho Mercantil proveniente tanto de las *mores maiorum* del Derecho arcaico, como de los mismos principios de justicia, equidad, libertad, igualdad, seguridad y bien común que inspiraron las leyes de Solón.

Como sabemos, las etapas del Derecho Romano se dividen en: *Arcaica, Clásica, Postclásica y Justinianea.* La Arcaica que va desde el Siglo VIII al año 130 A.C; se subdivide en legendaria (Siglo VIII al 450 A.C), hasta la Ley de las XII tablas; y antigua (450 A.C. a 130 A.C.); la etapa clásica va del 130 A.C al 230 D.C. y se divide en el periodo preclásico (130 A.C. a 30 A.C.); central (30 A.C. a 130 D.C.) y tardía (130 a 230); la postclásica se divide en *Diocleciana,*

---

56   Espitia Garzón, Fabio. *Historia del derecho romano*, Universidad Externado de Colombia, Colombia, 2004, pag. 82.

Constantiniana y *Teodosiana*; la *Justinianea* comprendió el trabajo compilador de este emperador y terminó con la dominación de los bárbaros.

La obra de Justiniano, como de todos es sabido, se compuso de cuatro partes:

La *Digesta Sive Pandectae*, una antología de escritos de jurisprudencia romana clásica; el *Códex Repetitae Praelectionis* también conocido como *Codex Iustiniani*, una colección de constituciones imperiales a partir de Adriano[57].

Las *Institutas*, texto dirigido al conocimiento de lo jurídico con fines académicos.

Y las *Novellae Constitutiones*, formada por las constituciones dictadas por Justiniano a partir del año 534. Arangio Ruiz[58] afirma que este instrumento fue publicado cinco años después del primer *Codex* que tuvo lugar el 9 de abril del año 529 mediante la constitución *Summa Reipublicae* y entró en vigor el 16 del mismo mes, señalando que esta obra fue modificada cuatro años después, por lo que la original no llegó a nosotros.

Triboniano fue el encargado de redactar el nuevo código, para lo cual constituyó una comisión redactora a la que denominó *Commes Sacrorum Largitationum* compuesta por cuatro profesores, *Teófilo* y *Cratino* de Constantinopla y *Doroteo* y *Anatolio* de Berito, quienes tuvieron el apoyo de once reconocidos juristas de Constantinopla, y entre todos ellos consultaron 2000 libros ancestrales, algunos rarísimos que no se conocían en las universidades, que pertenecían a la colección de *Triboniano*, concluyendo su encargo en tres años, el 16 de diciembre del 533, y la obra fue publicada esta vez mediante una constitución Bilingüe denominada *tanta* y *ad omnes populos* publicaba el Digesto el cual entraría en vigor el 30 de diciembre del año 533.

Las *novellae* no fueron recopiladas directamente por Justiniano, sino en compilaciones privadas como la *epitome novellarum* realizada por Juliano[59];

---

[57]   Publio Elio Adriano, emperador romano que gobernó del 24 de enero del año 76 al 10 de julio del año 138, durante su mandato se hizo llamar *impareator Caesar Divi Traiani Filius Traianus Hadrianus Augutus y Divus Adrianus*.

[58]   Arangio Ruiz, Vicente. *Historia del Derecho Romano*, traducción de la segunda edición italiana por Francisco de Pelsmaeker e Ivañez, Reus, Madrid, 1974, pág. 453.

[59]   El Juliano referido fue aparentemente un - hasta entonces desconocido - profesor de la Universidad de Constantinopla que siguió el método cronológico del Códex.

que consiste en una recopilación de 123 constituciones (más una duplicada); el *corpus authenticum* o "auténticas", consistente en 134 constituciones compiladas que abarcan hasta el año 556.

La mayor de todas las recopilaciones es la que recoge tanto las anteriores como las griegas, conocida como las *novellas griegas* consistente en 165 novelas recopiladas cerca del año 578 bajo el reinado de Justiniano II y Tiberio II, de las cuales 158 son constituciones de Justiniano, 4 de Justiniano II y 3 de Tiberio II.

Documentos todos que directa o indirectamente recogieron esas costumbres ancestrales o *mores maiorum*, modificadas por supuesto por los edictos imperiales, menos pulidos en su contenido jurídico.

En el bajo imperio, a partir de Diocleciano, los principios fundamentales del Derecho Mercantil sufren un gran giro, pues se adopta una tendencia desfavorable hacia el comercio, al verse influenciado por corrientes humanistas contra la explotación comercial.

Al decir de Rehme[60], este movimiento comenzó con la disminución del tipo legal de interés, la impugnabilidad de la venta por *laesio enormis* (lesión), la exigibilidad de la *expressa causa debendi*, la *querela de numeratae pecuniae* y la tasación legal de precios y salarios, cuyo clímax tuvo lugar con la *lex anastasiana*[61] contra la especulación de créditos, que prohíbe al cesionario exigir al deudor, mayor cantidad de la que le pagó al cedente.

2.2.3 Los pueblos germanos.

La tendencia del bajo imperio se vio bruscamente interrumpida por el periodo de dominación de los reinos bárbaros germánicos: los *Godos*, pueblo bárbaro proveniente originalmente de la península de Escandinavia, los Godos del este u *Ostrogodos*, los Godos del oeste o *Visigodos* y los *Burgundios* que poco

---

[60]   Rehme, Paul. *Historia Universal del Derecho Mercantil*, Editorial Revista de Derecho Privado, Madrid, 1941, pág. 59.

[61]   La *Ley Anastasiana* fue promulgada por el Emperador Anastacio. Fue confirmada por Justiniano en el Libro 4, Título 35 del *codex*, y después recogida en el artículo 1669 del Código de Napoleón.

a poco fueron infiltrándose más en territorio romano, hasta llegar a dominar el norte del mar negro y posteriormente dividirse.

Dominación que comenzó formalmente a partir del Rey Visigodo Fritigerno, quien venciera y diera muerte al emperador Valente en la famosa *batalla de Adrianópolis*, en la que masacró al último ejercito romano en usar legiones.

Los otrora pueblos latinos se rigieron en un inicio por el incipiente Derecho bárbaro germánico, que se basaba fundamentalmente en tradiciones, usos y costumbres no escritos, según afirma Alvarado Planas[62].

La enorme técnica y evolución del Derecho Romano dejó sentir su influencia hasta lograr una progresiva fusión entre las costumbres latinas y bárbaras, y el precio que tuvieron que pagar por sus ambiciones de conquista, fue la desaparición tanto de su Derecho como de su lengua, pues desde antes de la caída del imperio romano ya habían aprendido una forma de latín mas vulgarizado, idioma que se extendió con rapidez.

Durante la dominación germánica, los pueblos romanizados se rigieron por distintas legislaciones alto medievales, como el *Código de Eurico*, promulgado por el Rey Visigodo Eurico y por el cual los bárbaros comenzaron a tener Derecho escrito; la *Lex Romana Burgundionum* de los *Burgundios* que se asentaron en la región que hoy es *Bourgogne*, hasta que fueron conquistados y aniquilados por los Francos en el año 534.

La *Lex Romana Visigothorum*, fue conocida también como *Brevario de Alarico* por ser la que el Rey Visigodo Alarico II puso en vigor para regresar a la aplicación del Derecho Romano clásico, mediante interpretaciones formuladas a las pandectas por juristas que no estaban muy versados en su contenido ni su alcance, y no en pocos casos desconocían totalmente el sentido de sus normas.

Alvaro D´Ors afirma que el Brevario de Alarico en realidad no tuvo aplicación práctica pues tenía carácter docente. Bermudez[63] destaca en contraste,

---

[62] Alvarado Planas, Javier. *Fuentes del Derecho Visigodo*, dentro de la obra: *Temas de Historia del derecho y de las Instituciones*. Universidad Nacional de Educación a Distancia, Segunda Edición, Madrid, 1999, pag. 187.

[63] Bermudez, Agustin. *En torno a los modos y actos de iniciación del proceso en nuestro derecho histórico*, Universidad de Alicante, Publicado en las Actas de la II Jornada

que la *Lex Romana Visigothorum* contemplaba el principio del Derecho escrito para el planteamiento de la demanda

El *Codex Revisus* o Código de Leovigildo aparentemente restauró la aplicabilidad de costumbres godas preteridas por el Código de Eurico, sin que exista certeza al respecto pues de este código no llegó a nuestra era ningún ejemplar.

El Rey Visigodo *Recesvinto* promulgó en el año 654 el famoso *Liber Iudiciorum*, un texto en latín vulgar constante en 12 libros ampliamente ordenados y sistemáticos; se hizo muy popular por su prohibición de aplicar definitivamente el Derecho Romano en cualquier juicio, mediante la ley 2.1.10.; este cuerpo legal fue de gran trascendencia para el Derecho Altomedieval, su influencia le llevó a regir durante largos siglos a tal grado que en 1241 por orden de Fernando III se hizo su traducción al romance bajo el nombre de *Fuero Juzgo*.

Un principio interesante incluido en el *Liber Iudiciorum* fue el "principio de integración de las normas" contemplado en el libro 2, título 1, ley 13, al establecer que ante una causa no prevista en las leyes, el Juez debía abstenerse de resolver, y en cambio debía remitir el caso al rey para que lo resolviera e insertarse esta sentencia en la legislación.

2.2.4 El alto medievo.

Durante el alto medievo se llevaron a cabo las primeras obras compiladoras del Derecho Canónico, en el siglo VI se elaboró la *Collectio Dionysio* por orden de *Dionisio el Exiguo*.

Durante el alto medievo los derechos locales de los feudos requerían de la confirmación por escrito de este Derecho local, por lo que usualmente comenzaba a regirse por leyes privadas denominadas *privilegios* hasta que su contenido era ratificado mediante cartas del rey. Las primeras cartas que fundaban una población se denominaban *cartas pueblas* y los derechos concedidos en ellas constituían los *fueros* de cada feudo.

---

de Historia del derecho, publicaciones de la Universidad de Jaen, Andalucía, 1997, pag. 21.

El rey usualmente buscaba reducir el poder de estos señores feudales, otorgando derecho a sus subiditos muchas veces contra el propio *privilegio* mediante el pago de impuestos, a estas cartas les denominaban *cartas francas* o *franquicias*.

El *Liber Iudiciorum* o *Fuero Juzgo* antes comentado, junto con el *Código de las Siete Partidas* de Alfonso X[64] en Castilla y los fueros de León, Sepúlveda, Sahagún, Logroño, Toledo y Cuenca, constituyeron la fuente del Derecho medieval en la península ibérica.

Todos caracterizados por su fuerte influencia en el *Liber Iudiciorum* Visigodo y que en mayor o menor medida consistían en modificaciones a aquel y en el mejor de los casos, en regular cuestiones preteridas en su fuente de inspiración.

Cosa distinta fueron las *partidas* que tuvieron una fuerte influencia de los *decretales pontificios*, el *Decreto de Graciano*, la *Summae de Godofredo de Trano y Monaldo*[65] y el *libri feudorum*, una colección de costumbres y leyes privadas feudales.

2.2.5 El bajo medievo.

En el resto de Europa, el redescubrimiento del Derecho Romano en el siglo X y su correspondiente expansión por conducto de la escuela de los glosadores del Siglo XI, los comentaristas del siglo XII y la reforma del papa Gregorio VII que impuso la unidad del Derecho Canónico universal, constituyó la base jurídica de la escolástica del bajo medievo.

Durante este periodo del bajo medievo surgieron dos obras fundamentales, el "Decreto de Graciano" y el *Liber Decretalium*.

El primero se llamó también *Decretum Gratiani o Concordia Discordantium Canonum* elaborado en 1142 por el Monje Graciano, teólogo de la Universidad de Bolonia, pero influenciado por el glosador Irnerio, y es la primera de las seis

---

[64]   Rey de Castilla-León entre 1252 y 1284.
[65]   Obra de derecho canónico de carácter académico.

partes del *Codex iuris canonici;* y por lo tanto, al decir de Grossi[66], la fuente más importante del Derecho Canónico hasta 1917.

El *Liber Decretalium* elaborado por Raimundo de Peñafort en 1227, después pasó a conocerse como el *Decretales de Gregorio IX*, en honor al Papa que lo sistematizó y finalmente como *Liber Extravagandum* por su característica recolección de los *decretales pontificios* que quedaron "vagando" después de la compilación de Graciano[67].

Ambas obras son la fuente directa del *Código Pio -Benedictino* de 1917 y fuente indirecta del actual *Codex iuris Canonici* o Código de Derecho Canónico de 1983.

2.2.6 La lex mercatoria.

Por su parte y concomitantemente al resto de las legislaciones ya citadas del bajo medievo, las corporaciones de los que ejercían profesionalmente industrias o comercios se sumaron como un elemento de la mayor envergadura para la constitución de las emergentes ciudades, y conjuntamente con las viejas corporaciones cuya fundación se remontaba al imperio, marcaron el surgimiento de una renovada conciencia de clase en la península itálica.

La reunión de las distintas corporaciones (*curias*, *ordos* y *ars*) se formaron para integrar la *curia mercatorium*, que incluía 28 corporaciones; misma que gestó a la postre la unión de las siete artes: *notarii, fabri, coriarii, tabernarii, caltholai, pellipari* y *vinari.* [68]

---

[66]   Grossi, Paolo. *El orden jurídico medieval,* traducción de Francisco Tomás y Clara Alvarez, editorial Marcel Pons, Madrid, 1996, pág. 204.

[67]   Montes Salguero, Jorge y Planas Alvarado, Javier. *Fuentes del derecho Medieval,* publicado dentro de *Temas de Historia del derecho y de las Instituciones.* Obra en coautoría de Javier Alvarado Planas, Jorge J. Montes Salguero, Regina Ma. Perez Marcos y Ma. Dolores del Mar Sanchez, Universidad Nacional de Educación a Distancia, Segunda Edición, Madrid, 1999, pag. 309.

[68]   Notario, fabricante, curtidor, relativo a la taberna y vinicultor.

Estas corporaciones de mercaderes tuvieron tal relevancia que constituyeron una nueva conciencia de clase, que según expone Cadena[69], fue conocida como *societas mercatorum* e influenciaron notablemente el desarrollo del Derecho consuetudinario del comercio, que se caracterizó por ser un derecho no escrito.

A nuestro entender, los estatutos corporativos constituyeron compilaciones generales referentes a los colegios de mercaderes y al ejercicio del comercio.

Paul Rehme[70] afirma que a partir del Siglo XV van pareciéndose cada vez más a verdaderas codificaciones.

En un principio sólo tuvieron injerencia en los negocios corporativos, pero poco a poco ampliaron su jurisdicción hasta entrar en conflicto con la jurisdicción ordinaria de la ciudad.

Este Derecho consuetudinario comenzó a compilarse, redactarse y recogerse en textos escritos; encontró entonces un terreno llano para convertirse en una rama especial de nuestra ciencia y transformarse en el Derecho mercantil medieval conocido como *lex mercatoria*.

De entre las primeras codificaciones de Derecho consuetudinario privado que constituyeron la *lex mercatoria*, encontramos la *capitulae nauticum* de Venecia en 1255; la *tábula amalfitana*, en Amalfi entre los siglos XIII y XIV; la *breve curiae maris* de Piza en 1305; así como diversas compilaciones genéricas conocidas como *usus mercanti, consuetudo mercatorus* y *usancia*.[71]

2.2.7 El mos italicus.

La corriente del *mos italicus* nació en Italia con el "modo italiano" de estudiar al derecho, siendo sus principales exponentes *Bartolo de Sassoferrato, Baldo de Ubaldi, Alberico da Rosate, Juan Andres el abad Panorminato y Nicolás Tudeschi.*

---

[69]   Cadena, Afanador. *La nueva Lex Mercatoria. Un caso pionero en la globalización del Derecho*, revista Papel Político, número 13, Pontificia Universidad Javeriana, Bogotá, 2010, pág. 105.

[70]   Rehme, Paul. Op. Cit. Pág. 67.

[71]   Ídem, pág. 69.

Su método consistió en acercar el Derecho Romano al Derecho vigente, abandonando la idea de aquel clásico Derecho Romano profesoral y buscando su *praxis* o integración práctica a la realidad jurídica de la época, mediante la integración al Derecho común de todo aquello que era Derecho particular y vigente.

Con el *mos italicus*, la administración de justicia bajomedieval se vio influenciada por un método de aplicación del Derecho a los casos prácticos muy lejana a la tradicional fundamentación exhaustiva basada en los principios jurídicos derivados del Derecho Romano, por el contrario, sus sentencias eran absolutamente carentes de fundamentación, el Juzgador únicamente se limitaba a relatar los hechos que el Juez estimaba verdaderos, y el fallo se limitaba a absolver o a condenar conforme a la íntima convicción del Juzgador, pero no requería en la praxis mayor justificación.[72]

Esto llegó a ser una práctica tan común, que incluso Bartolo en uno de sus comentarios, argumentó que *"...aquella sentencia que no recoge la causa de la misma no se vicia porque basta que decida sobre el contenido del pleito..."*[73]

En el *mos italicus* encontramos referencias similares con la obra de Juan Gutierrez *Practicarum Questionium Circa Legis Regia Hispaniae* donde acepta como principio general que los jueces no expresen en sus sentencias los fundamentos en los que se basan para pronunciarlas, por el temor al error y a su impugnación, incluso de forma peyorativa considera que es una presunción la conducta contraria.

El *mos italicus* fue la corriente dominante de la última etapa del bajo medievo, hasta el surgimiento del *mos gallicus* con la ilustración, que será abordada en el siguiente apartado, por su profunda relevancia con el movimiento codificador.

En general podemos decir con cierto grado de certeza, que el Derecho hasta este momento no estaba totalmente centralizado o Estatizado[74], lejos de ser un

---

[72] Sainz Guerra, Juan. *La justicia y sus razones desde la recepción a la codificación del derecho*, Publicado en las Actas de la II Jornada de Historia del derecho, Publicaciones de la Universidad de Jaen, Andalucía, 1997, pag.65.

[73] Ídem, pág. 66.

[74] Peces-Barba Martínez, Gregorio. *Tránsito a la modernidad y derechos fundamentales*, editorial Mezquita, Madrid, 1982, pag. 9.

Derecho de leyes, era más bien un Derecho de juristas, con una insondable aspiración jurisprudencial.

Las leyes no fueron para nada similares a lo que hoy entendemos como tales, pues desde sus orígenes más ancestrales, las leyes no encontraron la necesidad de describir el contenido del Derecho que recogían, pues lo daban por "supuesto".

Así, ni la *lex XII tabularum* ni sus sucesoras se preocuparon por definir, verbigracia, la *mancipatio*, el *nexum* o la *nuncupare*,[75] sino a regular su efecto, pues daban por supuesto que tal tarea definitoria correspondía a los juristas, al campo del *Derecho* y no a la *ley*. Hasta este punto de la historia, es imposible confundir ambos conceptos.

2.3 Los principios del Derecho mercantil con la codificación.

El concepto de *codificación* podría encontrar su origen en la palabra c*odex* que en su acepción más pura evoca la idea de la escritura. Designa el tronco de un árbol y recuerda tanto las tablas, sobre las cuales se escribía una vez, como el libro compuesto por las distintas tablas.

Así, al decir de Pio Caroni, el c*odex* es sinónimo de *"...colección de reglas jurídicas escritas y convalidadas, compartidas por la comunidad que les da nacimiento..."*[76].

Este c*odex* da a la norma un efecto inmovilizador y alienante que implica el recuperar los valores perdidos en el momento de la fijación escrita de una regla transmitida hasta ahora oralmente.

El concepto de *código* no designa arbitrariamente cualquier libro que recoja y elabore reglas jurídicas, pues aspira además a la plenitud, su finalidad última es la organización y sistematización de una rama del conocimiento jurídico,

---

[75]   Guzman Brito, Alejandro. *Historia de la Interpretación de las normas en el derecho Romano*, Suprema Corte de Justicia de la Nación, México, 2011, pag. 4.

[76]   Caroní, Pio. *Lecciones Catalanas sobre la Historia de la Codificación*, Editorial Marcial Pons. Madrid, 1996, pag 22.

de una forma pretendidamente integral y unificadora. Entonces los elementos esenciales de todo código son 3, que es escrito, pleno y unificador.

Pero ¿Cómo evolucionó el Derecho para llegar a la codificación?, a continuación estudiaremos los fenómenos sociales y jurídicos que llevaron al mundo a anhelar el modelo planteado por el código civil francés, y partiendo de ahí veremos su estructura filosófica.

Curiosamente, fue el iusnaturalismo racionalista el que sentó las bases para el movimiento codificador, que sin pretenderlo, gestó en su seno al monstruo que acabaría por tratar de destruir toda noción iusnaturalista del Derecho.

El hombre renacentista enfrentó un repudio a la sumisión escolástica medieval, que le imposibilitaba moverse libremente y sintió la necesidad de descubrir un sistema unitario, mas o menos universal, cognoscible por la sola razón y exento del autoritarismo del sistema medieval, lo que dio nacimiento al periodo del Derecho natural racionalista de los siglos XVI y XVII, que a la postre sería el precursor del movimiento codificador de los Siglos XVIII y XIX. [77]

Los nuevos descubrimientos científicos del renacimiento requirieron de una teorización y sistematización que le permitieran profundizar el estudio de los fenómenos recién descubiertos, lo que dio nacimiento al método científico teorizado ejemplarmente por Francis Bacon[78].

Este nuevo método científico superó rápidamente las dificultades que presentaba la anquilosada escolástica medieval que se basaba en la coordinación entre fe y religión para llegar a la revelación de la verdad, siempre bajo la óptica religiosa, sin buscar nuevos conocimientos, sino integrando el conocimiento ya adquirido de forma separada por el razonamiento de la filosofía griega y la revelación cristiana.

Con el nominalismo voluntarista de Guillermo de Occam[79] surgieron las exigencias de pensamientos universales individualistas, que allanaron el

---

[77]   Gallardo Guzman, Luis Angel. *Notas para la Historia de la Codificación en México*, México: Universidad Panamericana, 1988, pag 2 y 3.

[78]   Bacon, Francis. *Ensayos sobre moral y política*, UNAM, México, 1974. Pag 165.

[79]   Occam, Guillermo de. *Tratado sobre los principios de la teología*, Aguilar, Buenos Aires, 1957. Pag 37 y 45.

camino de algunas teorías nominalistas modernas como el instrumentalismo, el pragmatismo, la semántica y el positivismo lógico.

Así, los movimientos renacentistas llevaron al desmoronamiento de un sinnúmero de sistemas totalitarios, rompiendo la unidad y tranquilidad acostumbrada por siglos y siglos de aplicación de los principios del Derecho ancestrales estudiados en el apartado que precede, lo que generó que las nuevas organizaciones políticas pronto se vieran insatisfechas ante la aplicación de un Derecho que representaba las necesidades, costumbres e intereses de otros pueblos del pasado y que no estaban sustentadas por el método científico, lo que ahora hacía parecer al Derecho como un conocimiento de segunda categoría, un conocimiento carente de valores universales; en síntesis, no científico.

Así, de pronto el mundo parecía regulado por un Derecho carente de unidad legislativa, dotado de exagerada discrecionalidad por parte de Juzgadores quienes a su conveniencia hacían constante referencia a fuentes legislativas históricas de sistemas jurídicos obsoletos y ajenos a la idiosincrasia de los pueblos a los que servían, lo que provocó un sentimiento de inseguridad generalizada que terminó por buscar desesperadamente soluciones que se adaptaran a la nueva realidad social.

Leibniz, considerado el padre del movimiento codificador occidental, al redactar el prefacio del *Corpus Iuris Reconcinatum,* afirmaba:

> *"...lo imperfecto de la naturaleza humana y el paso del tiempo han ocasionado en los procesos judiciales oscuridades tales que raramente se juzga una causa de alguna importancia sin que en ella surjan intrincadas discusiones entre los propios expertos..."*[80]

Continúa afirmando Leibniz, que en provincias enteras los distintos tribunales llegan a disentir en cuestiones fundamentales y usuales del Derecho, a tal grado que los jueces se encontraban tan inseguros del resultado de un juicio, como si de una partida de dados se tratara; dictaban sentencias diferentes, según el maestro que cada uno tuvo en su juventud, de forma que los angustiados litigantes quedaban expuestos a artimañas y triquiñuelas

---

[80] Leibniz, Gottfried Wilhelm, Freiherr von. *Escritos de filosofía jurídica y política,* Biblioteca Nueva, Madrid, 2001, pag. 157.

de todo tipo. Las fortunas e incluso la vida de muchos, se encontraba en situación crítica por la incertidumbre de su resolución de forma tal que si se deliberaba 10 veces sobre una misma causa, se podían esperar 10 sentencias distintas.

Los mismos jueces no sabían con total precisión cual disposición era la abrogada y cual la que revoca. El Código cambió muchas disposiciones del *Digesto*, pero las *Novellas* estaban no solo en contradicción con el *Digesto* y el Código, sino que también se contradecían entre sí. Las *Novellas* se consideraron de autoridad incierta, lo mismo que las *Auténticas* surgidas de aquellas.

Leibniz apunta que las mismas cosas se disponen en diferentes lugares y por razones opuestas, algunas sin el ánimo de formar ley sino de interpretarla.[81]

Comúnmente los interpretes se atribuían la autoridad de ampliar la sentencia dictada por la ley y eran prestos a reclamar la habilidad de encontrar la intención que el legislador tuvo al redactarlas, argumento que por definición no puede ser sometido a un juicio de veracidad.

Leibniz afirmaba que existe y es posible identificar una regla especial aplicable a todo el Derecho, regla a la que llamó *la suprema regla del Derecho*, y a su entender, esta regla consistía en que *debe hacerse lo que es útil para la comunidad*.

Finalmente Leibniz afirma que las cosas buenas y malas deben repartirse entre los hombres de tal modo que de ello se siga el menor mal, o el mayor bien para la comunidad, se considera al bien común como la suma de los bienes de cada individuo, de modo que el mayor bien común será el que sea lo mayor posible y lo mas grande posible el número de bienes que cada uno obtiene o que a cada uno caben en suerte. [82]

Es aquí donde a nuestro entender, interviene el *iusnaturalismo racionalista*, pues siempre que un sistema jurídico pierde eficacia y credibilidad, ocurre una curiosa sustitución del Derecho positivo por la filosofía del Derecho, ante la inminente necesidad de encontrar una solución a las exigencias de justicia

---

[81]   Idem. Pag. 158
[82]   Ídem, pag. 137.

y seguridad jurídica que el sistema positivo es incapaz de solventar, como correctamente apunta Gallardo Guzmán[83].

Ahora nos impera precisar muy brevemente el concepto *iusnaturalismo racionalista* para con ello dar pauta a una mejor comprensión del fenómeno codificador.

Recordemos que el pensamiento naturalista ha experimentado tres grandes etapas:

El antiguo Derecho Natural, que abarca la antigua Roma y Grecia; El Derecho Natural cristiano, representado por la escolástica medieval; y el Derecho Natural racionalista o profano de la edad moderna.

Este último constituye un fenómeno filosófico que comparte de sus predecesores la pretensión de validez universal e intemporal de sus normas, sin embargo se distingue por marcar su distancia con la teología moral, surgiendo ahora una disciplina autónoma que da nacimiento a una completa teoría general del Derecho, como una realidad sistemática iluminada por la razón y basada en el axioma de la dignidad de la vida humana.

De este movimiento surgieron diversos ejercicios codificadores incipientes que comenzaron una revolución jurídica mundial, tanto en Francia, como Baviera, Prusia y Austria, entre otros.

En Austria, buscando unificar los territorios heterogéneos repartidos a lo largo del territorio del Estado, se promulgó el *Corpus Iuris Reconcinatum* cuya redacción fue encomendada a Leibniz[84], considerado por muchos como el padre del movimiento codificador moderno.

En Baviera se promulgo el *Códex juris Baveracci Criminalis*, el *Códex juris Baveracci Judiciari* y el *Códex juris Maximilianeus Bavaracci Civilis*.

---

[83]   Gallardo Guzman, Op. Cit. Pag 13.

[84]   Leibniz redactó en 1672 este Código por encargo de Johann Christian Fhreiherr Von Boyneburg.

Prusia por su parte contribuyó con el *Código General para los Estados Prusianos* y su famoso *Derecho Común Territorial para los Estados Prusianos*, que fue celebre por ser el primero desde el *Corpus Iuris* de Justiniano en codificar todo el Derecho de manera homogénea.

Los juristas Austriacos influenciaron enormemente el movimiento codificador, promulgando diversos ordenamientos adicionales, como el *Constitutio Criminalis Theresiana*, el *Codex Theresianus* que nunca fue aprobado; el *Código Josefínico*, el *Código de Galitzia Occidental* y finalmente el *Código Civil General para los Países hereditarios Alemanes de la Monarquía de Austria*.

El clímax del movimiento codificador llegaría con la imposición de los códigos provenientes de la unificación jurídica de Francia. Esta unificación tuvo un proceso muy complicado, pues el país se dividía en dos zonas jurídicas: La del norte o septentrional, con mayor influencia franca y que vivía un Derecho consuetudinario de base germánica; y la del sur, o meridional, la cual estaba más influenciada por los *Visigodos* y *Burgundios* romanizados y cuyo Derecho era más escrito que consuetudinario y de base romana vinculada a la *Lex Romana Visigothorum* y a la *Lex Romana Burgundionum* comentadas en el apartado precedente.

Uno de los documentos que tuvo más influencia en Francia, fue la *Costume de París*, que fue una recopilación de costumbres redactada entre 1510 y 1580, y el otro era su contraparte románica, la jurisprudencia del parlamento de París.

La división de Francia en dos zonas llegó a ser tan profunda que en la región septentrional se conocía a Francia como un *pays de droit coutumiere* y en la región meridional como *pays de droit écrit*, de forma que el proceso de recopilación de costumbres fue diferente en cada una.

En la zona romanizada, fue fácil admitir el *ius commune* pero el norte del país nunca había recibido este Derecho.

La solución fue simple, se impuso el *ius commune* romano a todo el país, por lo que en la zona norte también rigió esta tradición romanista, pero no por vigencia del Derecho Romano, sino por considerar la universalidad de aquel en base a sus cualidades científicas intrínsecas que le hacían merecedor de una noción de reconocimiento *per se*, de aplicabilidad universal al que debía recurrirse obligatoriamente en defecto de las costumbres locales y provinciales septentrionales.

A este fenómeno se le conoce con el nombre de *ratio scripta* esto es, el Derecho Romano no rige por haber sido promulgado, sino por su intrínseca perfección y racionalidad que vincula la mente.

La monarquía por su parte, en su proceso de consolidación, generó diversas leyes y ordenanzas que sentaron los cimientos de la unificación francesa, mediante las *Ordennance du Commerce* de 1673 y la *Ordennance de la Marine* de 1681, que lograron la unificación parcial de la legislación en materia comercial y procesal civil. Posteriormente se lograron unificaciones parciales en materia de donaciones, sucesiones y sustituciones fideicomisarias mediante las ordenanzas de 1731, 1735 y 1748, respectivamente.

Curiosamente como afirmamos al inicio de este estudio, fue el Derecho Natural el que empujó la unificación del Derecho Francés, a partir del célebre y tradicional método *mos gallicus iura docendi ac discendi* (práctica de la enseñanza y el aprendizaje de los derechos franceses) mejor conocido simplemente como *mos gallicus* vigente en ese momento histórico, también conocido como *humanismo jurídico*[85].

Fue una corriente metodológica jurídica francesa del Siglo XVI, que pretendió superar al método tradicional de concebir al Derecho medieval post romano también conocido como *mos italicus*.[86]

Así, el humanismo pasó a lo jurídico mediante un ataque contra las ideas de la jurisprudencia medieval y todo el Derecho de los cuatro siglos anteriores al humanismo. Los principales ataques se dirigieron contra de *Azo* y *Acursio* entre los glosadores y después contra los comentaristas.

Los humanistas impugnaron por completo el universalismo del Derecho Romano, su pretensión de condicionar la lectura, la interpretación y la aplicación

---

[85]   Villey, Michael. *Compendio de filosofía de derecho*, Editorial Eunsa, Pamplona, 1979-1981.

[86]   Guzman Brito, Alejandro. "*Mos Italicus y Mos Gallicus*". Universidad Católica de Valparaíso, Universidad de Santiago de Chile, pag. 12.

de toda fuente jurídica extraña a la tradición romanista.[87] Basándose en la liberación del hombre de las autoridades intelectuales y las ideas escolásticas medievales que le tenían atado, se gestó un desplazamiento de los valores religiosos, de modo que el hombre metodológicamente estaba solo en el universo, y en base a esta idea reordena todo el conocimiento jurídico.

El humanismo jurídico fue llevado a Francia por *Alciato*, un italiano que no pudo enfrentar la enorme influencia de los glosadores y comentaristas de su país natal y mudándose a Francia fundó la escuela que a la postre daría lugar al *mos gallicus*.[88]

Fueron las obras cumbre del movimiento humanista de Hotman, *Antitribonian* y *Francogalia,* las que desembocaron en el movimiento codificador al impulsar la democracia representativa, pues en ellas propone un gobierno representativo y una monarquía electiva. Afirma que la corona de Francia no es hereditaria, sino electiva, y que el pueblo tiene derecho a deponer y crear a los reyes. *Hotman* soñaba con una compilación global que reuniese todo el Derecho vigente, tanto el público como el privado.[89]

Como es de todos sabido, las ideas de la ilustración y el humanismo de juristas como *Jaques Cujaz* y el mismo *Hotman*, llevaron al *mos gallicus* a su siguiente estadio de evolución mediante los grandes pensadores como *Diderot*, *Montesquieu, Rousseau* y *Voltaire,* y desembocaron en la fundamentación ideológica de la Guerra de Independencia de los Estados Unidos entre 1775 y 1783, que liberó las trece colonias Inglesas y dio nacimiento a la Constitución de Virginia de 1776 la cual declaró por primera vez los derechos fundamentales del hombre.

Esta es la base ideológica que aunada a las situaciones fácticas que se vivían en Francia, (donde el salario de una persona apenas le alcanzaba para comprar una pieza de pan), dio lugar al estallido social que culminó con la Revolución Francesa y su famosa *Declaración de los derechos del hombre y del ciudadano* el 26 de agosto de 1789.

---

[87]   Caroni, Pio. Op. cit, pag. 32
[88]   Brito Guzman, Op. Cit. pag 31.
[89]   Caroni, Pio. Vid. Supra.

Surgieron entonces tres proyectos de Código Civil entre 1793 y 1796 elaborados por la *Comité de Legislation* de la nueva República, pero fueron rechazados y por lo tanto la unificación tuvo lugar hasta después del golpe de Estado de Napoleón Bonaparte por el que el 9 de noviembre de 1799, empleando la fuerza del ejército francés al cual comandaba como General de Brigada desde los 24 años de edad, tomó el poder destituyendo al Directorio Ejecutivo que gobernaba Francia, convirtiéndose posteriormente en Primer Cónsul para proclamarse después Emperador de Francia y Rey de Italia.

En 1800, Napoleón[90] designó una comisión de cuatro miembros[91] para redactar el Código Civil, mismo que fue sancionado el 20 de marzo de 1803 y publicado el 21 de marzo de 1804, al que se conoce como *Código de Napoleón* y que por cierto, aún está en vigor.

A nuestro entender, fue un excelente código en términos jurídicos, incluso superior a los códigos alemanes que le precedieron, así al estar nutrido de las ideas revolucionarias, liberales, ilustradas y democráticas de la Revolución Francesa, tuvo una amplia aceptación en el pueblo Francés y con el enorme poderío militar y económico que es de todos sabido ejercía Francia, éste seguía sus conquistas.

Napoleón impuso su Código prácticamente a toda Europa continental, pero su influencia traspasó a otros continentes, llegando a gran parte de los países del mundo. Los ideales de la Revolución Francesa alcanzaron su máximo esplendor, y también la era de la codificación.

Le siguieron el Código de Comercio en 1806, el Código de Procedimientos Civiles en 1807, el Código de Instrucción Criminal de 1808 y el Código Penal de 1810, juntos forman el *Cinq Codes Napoleónicos*.

A partir de este momento la doctrina tomó rumbos radicalmente distintos, dando lugar al nacimiento de dos escuelas que dieron una nueva dimensión a la palabra *hermenéutica*, por un lado la *ecole del exegese* o escuela de la exégesis, y por el otro, la corriente que se separa de ésta, la *ecole de la libre recherche*, o escuela de la libre investigación, que serán abordadas a continuación.

---

[90] Junto con los otros dos cónsules Sieyés y Roger Ducos.
[91] Estos fueron Tronchet, quien era presidente de la Corte de Casación; Malleville, Juez de la misma Corte; Jean Etienne Portalis, Ministro de Cultura y finalmente Cambacérès, segundo Cónsul de la República y quien estuvo encargado del proyecto.

2.4 Los principios del Derecho mercantil conforme a la hermenéutica jurídica posterior a la Codificación.

La escuela de la exégesis parte de la repulsión hacia la inseguridad jurídica provocada por el *mos italicus* y la escolástica medieval, pues como estudiamos en el apartado anterior, los glosadores y los comentaristas abusaron tanto del método, que la aplicación del Derecho se volvió extremadamente subjetiva, tanto que se hizo imposible garantizar dos sentencias iguales ante diez casos similares, siendo un auténtico juego de dados el resultado de un fallo.

Con el nacimiento de la ilustración y la búsqueda constante de un método más o menos científico con el cual uniformar los criterios judiciales, vino el *dogma de la legalidad*, conforme al cual, la ley se presume expresión de la voluntad popular, aportación de Rousseau.

Montesquieu colaboró a esta idea con su famosa división de poderes y sobre todo, con el discurso de que los jueces debían aplicar la norma de forma irrestricta, de manera que sólo son *la boca muda que pronuncia las palabras de la ley*; surgió entonces la escuela de la *exegesis*.

Conforme a esta escuela, la función del juzgador se limita a aplicar la norma de forma irrestricta, sin que pueda apreciar la conveniencia o inconveniencia de la norma, es decir, sin que pueda "pensar" ni contrariar en forma alguna su sentido, debía ser un ser inerte, sin alma, que vomitara la expresión de la norma.

Cuando la norma no es clara y requiere interpretación, la escuela de la *exegesis* obliga al Juzgador como interprete a buscar la intención del legislador, así surge la cuestión de si debe preferir la voluntad declarada o la voluntad real o interna del legislador. La *exegesis* busca el origen de la voluntad del legislador y privilegia este método por encima de cualquier otro.

Esto es explicable por las circunstancias históricas que llevaron a los codificadores a crear este nuevo instrumento jurídico, privando de aplicabilidad a todas las *mores maiorum* y a todas las fuentes del Derecho que perdieron vigencia a partir de la codificación y se convirtieron en fuentes históricas del Derecho.

El problema de esta escuela es que los exegetas llevaron esta idea al extremo, y en *pro* de buscar privilegiar la seguridad jurídica por encima de cualquier otra cosa, llevaron al Derecho a un nuevo hito de inseguridad; y lejos de conseguir su meta, engendraron un modelo que a la postre acabaría por demostrar la insuficiencia del modelo codificador para resolver las cuestiones jurídicas.

Sin pretenderlo, la *escuela de la exegesis* encerró al Derecho en manos del poder del Estado de una forma absoluta, poniendo en peligro la existencia misma de nuestra ciencia, de forma que el Estado por conducto de su órgano legislativo y siguiendo el *dogma de la legalidad,* adquirió el enorme poder de incorporar en una ley cualquier mandamiento, sea o no sea Derecho, con la apariencia de serlo.

Con este modelo se confunde el contenido con el continente, el contenido es el Derecho; su continente: la ley. La ley debería contener al Derecho; ley y Derecho debería ser lo mismo, pero no siempre sucede así.

En consecuencia, el modelo codificador y la escuela de la exegesis potencialmente tuvieron en sus manos la facultad de darle la apariencia de Derecho a un mandamiento del Estado, aunque en su *ratio iuris* sea totalmente ajeno o incluso contrario a los *mores maiorum* o a los principios del Derecho, que al incorporarlo al marco normativo positivo, da la apariencia de ser Derecho, a pesar de no serlo.

Fenómeno similar al analizado en el capítulo anterior al analizar el caso de los *guardianes del muro.*

Antes del modelo codificador ningún jurista tenía problemas para identificar lo que es el Derecho. La interrogante sobre *¿que es el Derecho?* se podía responder simplemente echando una mirada a los *mores maiorum*, a los principios del Derecho, a estas máximas de la lógica y la experiencia ancestrales que no era difícil encontrar en los textos de Derecho hoy histórico; pero con la codificación, el Derecho y la ley se confunden.

La *exégesis* encontró diversos métodos para expresarse de forma menos radical, como la interpretación filológica, la interpretación teleológica y la interpretación histórica.

Con estos métodos de *interpretación,* la *exégesis* se fue debilitando, dando paso a la *ecole de la libre recherche* [92] cuya premisa parte de que el intérprete - aún

---

[92] Escuela fundada por Francois Geny en 1914 con el libro *Ciencia y técnica del derecho privado positivo.* La Escuela de la libre investigación sostiene que las costumbres, las

desprovisto de apoyo formal - debe entregarse a sí mismo para hallar la decisión que no puede rehusar.

En este modelo, el intérprete no está limitado a escrutar en las disposiciones interiores, sino en elementos exteriores, pues su papel no es puramente receptivo o mecánico; en cambio, su meta es buscar y *descubrir* el origen de los *principios* y las *reglas* del Derecho.

Al respecto, Geny[93] concluye que la misión propia del intérprete consiste en contribuir a la *creación* y al *desarrollo* del Derecho.

De las ideas de este filósofo del Derecho surgieron diversos modelos de hermenéutica jurídica, como la interpretación *lógica*, la interpretación "sistemática", la interpretación *axiológica* y la interpretación *progresiva*; que no buscan la respuesta en la *intención de legislador*, sino *en el* propio *sistema jurídico* y en el estudio *ponderado* de los *valores* discutidos en el pleito.

Con esta evolución, el modelo codificador parece funcionar correctamente, de forma que hoy pocos ven con nostalgia el periodo anterior a los códigos, salvo cuando el Derecho positivo falla al encontrar una respuesta a los ideales de justicia, igualdad, libertad, bien común y seguridad jurídica.

Pues cuando el Estado abusa de su poder e incorpora en el texto legal disposiciones ajenas a los principios fundamentales que sustentan nuestra ciencia, es cuando volteamos la mirada al Derecho natural y recordamos de dónde venimos y a donde vamos.

---

tradiciones y la ciencia debían determinar la interpretación de las normas, y no su texto expreso.

[93] Geny, Francois. *Método de interpretación y fuentes del derecho privado positivo*, Reus, Madrid, 1925, pag. 520.

CAPÍTULO TERCERO

DE LOS PRINCIPIOS, REGLAS Y NORMAS.

3.1 Introducción; 3.2 De la denominación principios generales del derecho; 3.3 Clasificación de los Principios; 3.4 Principios del Derecho Mercantil derivados de las *mores maiorum*. 3.5 Principios del Derecho mercantil derivados de la lógica; 3.6 La razón de ser de los Principios del Derecho Mercantil; 3.7 Sobre la naturaleza de los Principios.

3.1 Introducción.

Usualmente los juristas no solemos preocuparnos mucho por conceptualizar aquellas instituciones jurídicas que consideramos de sentido común, y uno de los temas que hemos dado por sentado como de explorado derecho es precisamente el determinar lo que debemos entender por *principios generales del Derecho*, esto ha provocado que las disertaciones jurídicas más acaloradas partan de suponer necesariamente que todos entendemos claramente lo que son estos principios, y por lo tanto se tiene la incorrecta apreciación de que existe poco interés en entrar a analizar su naturaleza.

Algunos juristas más acuciosos, como Rodolfo Luis Vigo[94], han criticado la denominación de *generales* y les han llamado simplemente *principios del Derecho*; denominación que compartimos y que es usada a lo largo de este trabajo, según justificamos más adelante.

Nosotros consideramos fundamental analizar algunos de los aspectos que nutren a estos principios, su naturaleza, sus fundamentos, su origen, su

---

[94]   Vigo, Rodolfo Luis. *Integración de la ley*, Astrea, Buenos Aires, 1978, pag. 102.

clasificación, pero sobre todo, determinar sus alcances ante la existencia de colisiones de principios entre sí, y más importante aún, las colisiones entre principios y reglas, de lo que nos ocuparemos en este capítulo.

3.2 De la denominación principios generales del derecho.

Al decir de Platas Pacheco, la palabra principio tiene varios significados, por un lado es –el punto de partida- es decir, un *principio de movimiento*; por otro lado, significa, origen, génesis, el *arche* del que hablan los griegos, *a partir de lo cual algo es,* lo que se conoce como *principio ontológico.*[95]

Nosotros a lo largo de este estudio hemos conceptualizado así a los principios, como principios del Derecho, nunca como principios generales del Derecho puesto que para atribuir el carácter de "general" a una institución, necesariamente debería existir un género y al menos dos especies, una general y otra que no lo fuera, es decir, otra particular.

Por otro lado, la palabra *general* es ciertamente descriptiva, pues hace alusión a una de las características de los principios, esto es, que son generales.

La generalidad consiste propiamente en un atributo lógico que trasciende a su forma y a su contenido.

La forma consiste en que los principios se redactan como proposiciones lógicas hipotéticas relacionadas a la experiencia jurídica probable o posible de la realización contingente de sus supuestos fácticos, lógicos o normativos.

Su contenido puede proceder de diversos orígenes dependiendo del tipo o clase de principio, y este contenido es el que determina la naturaleza del mismo, pero siempre gozando del atributo de generalidad hipotética por contraposición a la concreción práctica individualizada de casos concretos.

Este contenido es al mismo tiempo de tipo *implicativo, múltiple* e *inveterado,* dado que está formado por una pluralidad de proposiciones abstractas que

---

[95]   Platas Pacheco, María del Cármen. *Filosofía del Derecho, Lógica Jurídica*, Porrúa, México, 2008, pág. 74.

implican una *experiencia jurídica atemporal* de uso *inveterado*, recogida a través de los siglos por la experiencia en la aplicación práctica de los juristas que con su interacción forman la *ciencia del Derecho.*

Sin embargo, todos los principios del Derecho por definición gozan del atributo de generalidad propio de las normas; nunca encontraremos en los principios algún enunciado de juicios concretos o individualizados.

Verbigracia, un enunciado que diga algo similar a: "Rebeca y Eustaquio siempre tendrán derecho a votar en la asamblea de Holding Sociedad Anónima", jamás podía considerarse un principio del derecho.

De ahí que no existen ni será posible concebir jamás la existencia de principios particulares del Derecho. Al no existir contraparte, no existe tampoco ni necesidad ni justificación de atribuir a los principios el carácter de "generales", pues con ello se describe únicamente uno de sus atributos y se omiten muchos más.

Esto no se soslaya por el hecho de que los principios tengan como común denominador un elemento de mayor generalidad que la ley, pues esa distinción no es absoluta, ni constante, ni relevante para los efectos de distinguir uno de otro.

La denominación tradicional resulta entonces tautológica, por lo que nosotros consideramos más apropiado llamarles simplemente *principios del Derecho*, y así es como lo haremos en el resto de esta obra.

3.3 Clasificación de los principios.

Ahora nos proponemos hacer una clasificación *a priori* de los principios del Derecho, con la finalidad de delimitar su contenido. Las doctrinas que explican el contenido de los principios del Derecho son clasificadas por Rodolfo Luis Vigo en seis grandes rubros: [96]

---

[96]   Vigo, Op. Cit. Pag. 86.

I.- Positivistas. Conforme a esta doctrina, no existen más principios del Derecho que los incorporados de forma explícita o implícita en el sistema jurídico positivo y se expresan como los principios fundamentales de la legislación positiva.

II.- Positivistas Históricos. Conforme a esta doctrina, los principios del Derecho son los principios que emanan de los fundamentos del Derecho Romano, del Derecho Medieval y en general del Derecho Histórico Ancestral.

III.- Cientificistas.- Conforme a esta doctrina, es la ciencia jurídica encarnada por los juristas, la que determina su contenido. Los principios del Derecho entonces, son los que emanan de la ciencia del Derecho.

IV.- Metapositivistas.- Conforme a esta doctrina, los principios del Derecho son verdades supremas del Derecho *in genere*, constituidos por elementos lógicos y éticos, racionales y humanos, virtualmente comunes a todos los pueblos, que no requieren para su existencia, validez y obligatoriedad, del reconocimiento del Estado dentro del sistema normativo positivo. Conforme a esta corriente, los principios del Derecho constituyen preceptos del derecho natural anteriores a toda regulación positiva.

También encontramos una variante de esta postura en la Escuela Histórica del Derecho propuesta por Savigny según el cual el Derecho vive en la práctica judicial y sostiene el *teorema de la conciencia jurídica popular,* afirmando que todo pueblo tiene un espíritu, un alma propia que se refleja en diversas manifestaciones tanto morales como artísticas y por supuesto, jurídicas, siendo el derecho entonces, una manifestación espontánea e inmediata del espíritu popular al cual llama *volksgeist.*[97]

V.- Eclécticos.- Conforme a esta doctrina expuesta brillantemente por *Puigarnau,* los principios generales del derecho gozan de todos los atributos expuestos con antelación, y sostiene que:

> "...los principios generales del derecho abarcan o comprenden todos aquellos conceptos fundamentales y preceptos básicos y elementales que inspiran la conciencia y el sentido jurídicos

---

[97]   Del Vecchio, Giorgio. *Filosofía del Derecho*, Bosch, Barcelona, 1974, pág. 120.

*(principios de derecho y equidad naturales), y que informan
el sistema de normas que regulan las instituciones (principios
sistemáticos del derecho positivo) o la construcción doctrinal o
teórica de las mismas (principios de la ciencia del derecho), y que
rigen la realización práctica de unas y otras (reglas del arte del
derecho o reglas técnicas jurídicas)...*"[98]

VI.- Negativistas.- Conforme a esta doctrina los principios del Derecho carecen de un contenido propio y los que sostienen esta corriente niegan su existencia, o en el mejor de los casos, afirman que son una expresión suprema de la *analogía iuris*.

Por otro lado, al analizar Rodolfo Luis Vigo la clasificación de las doctrinas que explican a los Principios del Derecho, se considera parte de la corriente ecléctica y los clasifica de acuerdo a su contenido en cuatro grandes grupos[99]:

a). - Principios jurídicos positivos particulares, que son los principios incorporados en las normas individuales, y están presentes en todas las normas, instituciones jurídicas y ramas del derecho positivo;

b). - Principios jurídicos positivos sistemáticos, que son los principios que constituyen los pilares sobre los cuales se construye la base de cada sistema jurídico;

c). - Principios jurídicos teleológicos, metapositivos o *iusnaturales*, que son los criterios valorativos o axiológicos que constituyen las exigencias teleológicas de todo orden jurídico y explican la razón última del derecho;

d). - Principios filosóficos políticos, que son los formados por las grandes cosmovisiones del hombre, sociedad, mundo y Dios, constituyendo el *ethos* de un pueblo, sus modos de sentir, querer, pensar y obrar, históricamente variables.

---

[98] Mans Puigarnau, Jaime. *Los principios generales del derecho, repertorio de reglas, máximas y aforismos jurídicos con la jurisprudencia del Tribunal Supremo de Justicia*, Barcelona, Bosch, 1979, pág. XXVII.

[99] Vigo. Op. Cit. pág. 102.

Nosotros consideramos que esta clasificación expresa con mayor precisión las características y cualidades de los principios del Derecho, y con esta base partiremos para el análisis de los principios a los que más adelante llamaremos principios fundamentales del Derecho.

3.4 Principios del Derecho Mercantil derivados de las mores maiorum.

En la *Lex XII Tabularum* algunos de los Principios del Derecho Mercantil más destacados y que constituyen *mores maiorum* o *costumbres ancestrales* del Derecho Romano Antiguo, son los siguientes preceptos:

Bonam fidem in contractibus considerari aequum est; es de equidad tener en cuenta la buena fe en los contratos (Lib. IV, tít. X, Ley 4ta). *Vbi periculum ibi et lucrum collocetur* donde esté el riesgo, ahí también se ponga el lucro (Lib. VI, tít. XXI, ley 1ra.). *Nullo modo usurare usurarum a debitoris exigantur* de ningún modo debe exigirse intereses de los intereses a los deudores (Lib. IV, tít. XXXII, ley 28).

Nullo modo licet cuicam usuras praeterit temporis vel futuri in sortem redigere, et earum iterum usuras stipulari de ningún modo es lícito a nadie acumular al capital los intereses del tiempo pasado o del futuro, y estipular de nuevo los intereses de aquellos (Lib. IV, tít. XXXII, ley 28). *In societatis contractibus fides exuberet*; en los contratos de sociedad abunde la buena fe (Lib. IV, tít. XXXVII, ley 3ª).

Salus populi suprema lex esto; el bien del pueblo debe ser la ley suprema. (t II c. 7) *Omnes licentiam habent his, quae pro se introducta sunt renuntiare* todos tienen facultad para renunciar a lo establecido a su favor (Lib II tít III ley 29). *omnímodo huismodi pacta, quare contra bonos mores inita sunt, repelluntur nihilque ex his pactionibus observatur* los pactos celebrados de este modo contra las buenas costumbres son rechazados por completo y nada se observa de ellos (Lib. II, tít. III ley 30).

Sub praetextu specierum post repartarum generali transactione finita rescindi, prohibent iura; las leyes prohíben que, so pretexto de particularidades descubiertas posteriormente, se rescinda una vez concluida la transacción general (lib. II, tít. IV, ley 29). *Venditiones, donationes, transactiones, quae per potentiam extortae sunt, praecipimus infirmari*; las ventas, donaciones y transacciones que fueron arrancadas por abuso de poder, serán invalidadas (Lib. II, tít. XX ley 12).

Prior traditione; potior iure; primero en la tradición, mejor en el derecho (Lib. III, tít. XXXII, ley 15). *Placuit, in omnibus rebus praecipuam esse iustitiae aequitatisque, quam stricti iuris rationem*; en todas las causas, la razón de justicia y equidad sea preferible a la de derecho estricto (Lib. III, tít. I, ley 8ª.). *Ratihabitiones negotiorum gestorum ad illa reduci tempora oportet, in quibus contracta sunt*; las ratificaciones de los negocios deben referirse al tiempo en que se los contrató (Lib. V, tít. XXIII, ley 25).

Certissimum est ex convictu alterius neminem obligari; con certeza nadie se obliga por contrato de otro (Lib. IV, tít. XII, ley 3ra.). *Scripta privata fidem non facit adversus tertium*; el documento privado no hace fe contra tercero (Lib. IV, tít. XIX, ley 5ª).

In contractibus rei veritas potius quam scriptura perspici debet; en los contratos se debe atender más a la verdad del hecho que a lo escrito (Lib. IV, tít. XXII, ley 1ª). *Contractus initio sunt voluntatis, ex post facto necessitatis*; los contratos al principio son propios de la voluntad, y después del hecho son de necesidad (Lib. IV, tít. XXIV, ley 25).

Aequitas compensation is usurarum excludit computationem; la equidad de la compensación excluye el cómputo de intereses (Lib. IV, tít. XXXI, ley 5ª). *Quod interest dupli quantitatem minime excedit* El importe no debe exceder en manera alguna de la cantidad del duplo (Lib. VII, tít. XLVII, ley única).

Res inter alios acta vel indicata aliis non noceat; la cosa hecha o declarada entre unos no perjudique a otros (Lib. VII, tít. LX, rúbrica). *Consuetudinis ususque longaevi non vilis auctoritas est*; no es despreciable la autoridad de la costumbre ni la del uso inveterado (Lib. VIII, tít. LIII, ley 2ª). *Consuetudinis auctoritas non usque adeo suo valitura momento, ut aut rationem vincat aut legem*; la autoridad de la costumbre no debe ser de tanto poder que venza a la razón o a la ley (Lib. VII, tít. LIII, ley 2da.).

En la *Digesta Sive Pandectae* uno de los Principios del Derecho más destacados que constituyen *mores maiorum* o *costumbres ancestrales* del Derecho Romano Clásico, es el formulado por el jurista Paulo que dispone: *Non ex regula ius summatur, sed exiure, quo est, regula fiat* [100]; que significa: *"el derecho no se toma de la ley, sino que la ley se basa en el derecho existente"*; principio fundamental para este trabajo, pues sostiene precisamente la teoría que nutre nuestra investigación, sobre la trascendencia e importancia de reivindicar la diferencia entre ley y derecho, por sus poderosísimas aplicaciones prácticas en el Derecho Mercantil Mexicano.

En igual sentido encontramos el principio de Juliano[101] que dicta *In his, quae contra rationem iuris constituta sunt, non possumus sequi regulam iuris* que significa: en lo constituido contra la razón del derecho no podemos seguir la regla de la ley.

Otros relevantes Principios del Derecho Mercantil que encontramos en el Digesto, son los siguientes preceptos: *Exiure Gentium … commercium institutum est*; el comercio se instituyó por el Derecho de Gentes (Hermogeniano Lib. I, tít. I, ley 5ª). *Commercium est emendi vendendique invicem ius*; Comercio es el derecho recíproco de comprar y vender (Ulpiano fragmento XIX).

Aequitas inter mercatores est attendenda; entre comerciantes hay que atenderse a la equidad (Decio, R. 90, 3)[102]; *mercis apellatio ad res mobiles tantum pertinet*; la palabra mercancía corresponde solamente a las cosas muebles (Ulpiano, Lib. I, 66, D).

Vsura non natura pervenit, sed iure percipitur; el interés no proviene de la naturaleza, más se percibe por derecho (Papiniano, Lib. VI, tít. I, ley 62). *Exercitatotem navis eum dicimus ad quem obventiones et reditur omnes perveniunt*; llamamos naviero a aquel a quien corresponden todas las obvenciones y utilidades (Ulpiano, Lib. XIV, tít. I, ley 1ª, XV).

Iuris praecepta sunt haec: honeste vivere, alterum non ladere, suum cuique tribuere; los Principios Supremos del Derecho son estos: vivir honestamente, no perjudicar al otro y dar a cada cual lo suyo (Ulpiano, Lib. I, tít. I, ley 10, 1).

---

[100] Julius Paulus Prudentissimus, Digesto, ley primera, libro L, título XVII.

[101] Juliano, libro I, título III, ley 15.

[102] Mans Puigarnau, Jaime. *Los principios generales del derecho, repertorio de reglas, máximas y aforismos jurídicos con la jurisprudencia del Tribunal Supremo de Justicia*, Barcelona, Bosch, 1957, pág. 70.

Vbi eadem est ratio, eadem iuris dispositio ese debet; donde hay igual razón, debe regir igual precepto legal (Celso, Lib. I, tít. III, ley 4ª). *Quum in aliqua causa sententia legum manifesta non est, is qui iurisdictione praeest ad similia procedere atque ira ius dicere debet*; cuando en alguna causa no esté manifiesto el sentido de las leyes, el que juzga debe proceder por analogía y seguir la regla del derecho (Juliano, Lib. I, tít. III, ley 12).

Omne ius aut consensus fecit, aut necessitas constituit, aut fimavit consuetudo; todo el Derecho o lo creó el consentimiento o lo constituyó la necesidad o lo afirmó la costumbre (Modesto, Lib. I, tít. III, ley 40). *Non est magnum damnum in mora modici temporis*; no causa gran daño la mora de un tiempo breve (Lib. V, tít. I, ley 21).

Iniuria est quod non iure factum est; injusticia es lo no hecho conforme a derecho; esto es, lo hecho contra derecho (Ulpiano, Lib. IX, tít. II, ley 5ª, 1).

Bona fides quae in contractibus exigitur aequitatem summam desiderat; la Buena fe exigida en los contratos requiere suma equidad (Trifonino, Lib. X, tít. III, ley 31).

Aequm est ut cuius participavit lucrum, participet et damnum quien ha participado en el lucro, es justo que también participe en el daño (Ulpiano, Lib. XVII, tít. II, ley 55). *Nulla societatis in aeternum coitio est*; ninguna constitución de sociedad es para siempre (Paulo, Lib. XVII, tít. II, ley 70).

Iure societatis per socium aere alieno socius no obligatur, nisi in communem arcam pecuniae versae sunt"; por derecho de sociedad, y si las cantidades no se ingresaron en la caja común, un socio no se obliga por otro socio a una deuda (Papiniano, Lib. XVII, tít. II, ley 82).

Bona fides exigit ut, quod convenit, fiat; la buena fe exige que se cumpla lo convenido (Javoleno, Lib. XIX, tít. II, ley 21). *Natura rerum conditum est ut plura sint negotia quam vocabula*; por la naturaleza de las cosas, existen más negocios que palabras para designarlos (Ulpiano, Lib. XIX, tít. V, ley 4ª).

Quod emptionem et venditionem recipit etiam pignorationem recipere potest; lo que admite compraventa, puede también admitir pignoración (Gayo, Lib. XX, tít. I, ley 9ª, 1). *Non potest videri desisse habere qui nunquam habit*; no puede parecer que dejó de tener quien nunca tuvo (PAULO: ley 208). *Quare rerum natura prohibentur nulla lege confirmata sunt*; lo prohibido por la naturaleza de las cosas no está confirmado por ninguna ley (CELSO: ley 188).

En las *Institutas*, Justiniano plasmó el siguiente principio fundamental del derecho: *Naturalia iura quae apud omnes gentes paraeque servantur, divina quadam providentia constituta Semper firma atque immutabilia permanent*; las leyes naturales observadas por igual entre todos los pueblos, establecidas por cierta providencia divina, permanecen siempre firmes e inmutables (Lib. I, tít. II, XI).

Igualmente encontramos este principio fundamental que hoy nutre esta obra: *Naturalia iura civilis ratio perimere non potest*; la ley civil no puede destruir los derechos naturales (Lib. III, tít. I, XI).

San Raimundo de Peñafort plasmó una enorme cantidad de Principios del Derecho dentro de su obra *Liber Decretalium* elaborada en 1227, que como expusimos en la unidad anterior después pasó a conocerse como el "Decretales de Gregorio IX" y finalmente como *Liber Extravagandum*, fuente directa del primer *Códex iuris Canonici*.

Entre sus Principios del Derecho más destacados encontramos los siguientes preceptos:

Si in venditione apponitur pactum de recuperanda re post certum tempus, modico constituto pretio, praesumitur pignus, et non venditio; si a la venta por precio moderado se añade pacto de recuperar la cosa después de cierto tiempo, se presume pignoración, no venta (c. 3, x, 3, 17).

Propter necessitatem, illicitum efficitur licitum; por causa de necesidad, lo ilícito se hace lícito (c. 4,x,5,41). *Omnia mihi licent nisi lege vel decreto vetetur*; todas las cosas me son lícitas salvo que esté prohibido por ley o por decreto.

Rigor est excessus iuris et auctoritas facta ad terrorem; Rigor es el exceso en el derecho y la autoridad convertida en terror. *Nummi non sunt furtivi*; el dinero no es furtivo. *Ius est media inter rigorem et dispensationem*; el derecho es lo que media entre el rigor y la dispensa.

Ius est: aequitas, ius suum unicuique tribuens, bonis praemia, el malis supplicia
Derecho es: equidad, dando a cada uno lo suyo, premios a los buenos y castigos

a los malos. *Possunt renuntiari propria iura; quod vero pro ommuni utilitate est introductum, a me vel ab alio, resignari non potest*; los derechos propios pueden renunciarse, pero los que se han introducido para la utilidad común, ni por mi ni por otro puede ser resignado. [103]

Por su parte el Código de las Siete Partidas del Rey Alfonso X el Sabio, contiene un principio fundamental de la mayor relevancia que señala:

"*...Como todos los juzgadores deben ayudar a la libertad. – Y decimos que regla es de derecho que todos los juzgadores deben ayudar a la libertad, porque es amiga de la natura, que la aman no tan solamente los hombres, más aun todos los otros animales...*"[104]

Algunas máximas del derecho mercantil encontradas en forma aislada en otros textos son las siguientes:

Mercator praesumitur perito in commerciis; el comerciante se presume perito en comercio. *Viliter emere et care venderé omenes volunt*; todos quieren comprar a precio vil y vender caro (San Agustín). *Pecunia mercatoris plus valet quam pecunia non mercatoris*; el dinero del comerciante vale más que el del que no es comerciante. [105]

Estimationem minus quam oportet qui reddunt nuper; paga menos de lo que debe quien paga tarde. *Omnis solucionis praesupponit debitum*; todo pago presupone una deuda. *Ulla iuris fictionem secumfert, impletis*; toda ficción de derecho lleva consigo una retroactividad. *Omnis lex humanitus posita intantum habet de ratione legis, inquantum a lege naturae derivatur*; toda ley positiva en tanto tiene razón de ley en cuanto deriva de la ley natural (Santo Tomás). *Non videtur ese lex, quae iusta non fuerit*; no se considera que sea ley la que no fuere justa (San Agustin).

---

[103]   Cabanellas, Guillermo. *Repertorio jurídico de Principios Generales del Derecho, locuciones, máximas y aforismos, latinos y castellanos*, Editorial Heliasta, Buenos Aires, 1992, pág. 104.

[104]   Partida VII, título XXXIV, regla I.

[105]   Mans Puigarnau, Jaime. Op. Cit. Pág. 70.

3.5 Principios del Derecho mercantil derivados de la lógica:

Los Principios del Derecho mercantil derivados de la lógica formal, son el principio de identidad, el principio de contradicción, el principio de tercero excluido y el principio de razón suficiente.

Es importante aclarar que estos son los principios supremos de la lógica jurídica y que como tales, se refieren exclusivamente a juicios, no a deberes ni a hechos empíricos, pues de no ser así, como dice Maynes[106], serían principios ontológicos o psicológicos, pero no lógicos. A continuación pasamos a exponer brevemente estos principios:

a). - Principio de identidad.- (*quod est est*) Lo que es, es. Todo objeto es idéntico a sí mismo.

De este principio derivan dos principios lógicos, la identidad del imperativo y la identidad de lo lógico jurídico.

La Identidad del imperativo se expresa con la siguiente formula: todo mandato en que lo mandado es exactamente idéntico a lo realizado, es necesariamente obedecido.

La identidad de lo lógico jurídico se expresa de la siguiente forma: La norma que permite lo que no está jurídicamente prohibido o prohíbe lo que no está jurídicamente permitido, es necesariamente válida. [107]

b). - Principio de Contradicción.- (*idem nequit simul et sub eodem respectu esse et non ese*) Una cosa no puede ser y no ser al mismo tiempo y en el mismo sentido.

Este principio es concebido originalmente como la expresión negativa del principio de identidad, y consiste en que dos juicios contradictorios no pueden ser a un mismo tiempo verdaderos.

---

[106] García Maynes, Eduardo. *Lógica jurídica*, Fondo de Cultura Económica, México, 1951, pág. 27.

[107] Mans Piugarnau, Jaime M. *Lógica para juristas*, Bosch, Barcelona, 1978, pag. 28.

De este principio derivan dos principios lógicos, la contradicción del imperativo y la contradicción de lo lógico jurídico.

La contradicción del imperativo se expresa en la siguiente formula: El mandato sería contradictorio si al mismo tiempo manda hacer y no hacer algo.

Conforme al principio de Contradicción de lo Lógico Jurídico, dos normas se oponen contradictoriamente cuando teniendo ámbitos iguales de validez material, espacial y temporal, una permite y la otra prohíbe a los mismos sujetos la misma conducta.

c). - Principio de Tercero Excluido.- (*inter duo contradictoria non est medium*) Entre dos cosas contradictorias no cabe término medio.

Este principio implica que dos juicios contradictorios no pueden ser a un mismo tiempo falsos, uno necesariamente debe ser verdadero, por lo tanto, se excluye la posibilidad de un tercer juicio verdadero, entre dos juicios contradictorios falsos.

De este principio derivan dos principios lógicos, el principio del tercero excluido del imperativo y el principio del tercero excluido de lo lógico jurídico.

Conforme al principio del tercero excluido del imperativo, dos reglas contradictorias no deben ser ambas desobedecidas, una de las dos debe ser obedecida y debe excluirse una tercera regla.

El principio del tercero excluido de lo lógico jurídico implica que 2 normas de derecho contradictorias no pueden ser al mismo tiempo inválidas o inaplicables, una de las dos debe ser válida, excluyendo la posibilidad de una tercera norma válida en medio de dos contradictorias.

d). - Principio de razón suficiente.- (*nihil sine ratione sufficienti*) Todo tiene su razón de ser, o visto desde el punto de vista negativo, nada es sin una razón suficiente.

Hay razón suficiente para que un juicio sea verdadero si el objeto al cual se refiere posee una identidad propia y sin determinaciones contradictorias, y por lo tanto, todo conocimiento tiene que estar fundado.

De este principio derivan dos principios lógicos, el principio de razón suficiente del imperativo y el principio de razón suficiente de lo lógico jurídico.

Conforme al principio de razón suficiente del imperativo, la razón de ser de los imperativos categóricos es la conducta humana.

Conforme al principio de razón suficiente de lo lógico jurídico, la razón de ser de las normas jurídicas y los principios jurídicos es la supervivencia y felicidad humana, es el principio y fin del orden jurídico.

De este principio deriva el principio de causalidad, según el cual todo lo que es o acontece tiene una causa, pues de lo contrario se daría un ser o acontecer sin razón suficiente.

Estos principios supremos del Derecho Mercantil son aplicables a todas las ramas y constituyen los axiomas fundamentales del derecho, y como todo axioma, son premisas aceptadas como verdaderas sin requerir demostración previa o posterior al constituir una afirmación generalmente aceptada como evidente y sirven como punto de partida para otros Principios del Derecho, por lo que se conocen también como *primeros principios* o *principios supremos*.

También de los *primeros principios* o *principios supremos* podemos encontrar otros principios formulados como reglas de las proposiciones[108] argumentativas del silogismo, tales como las siguientes que exponemos a manera de ejemplo:

Dos premisas afirmativas no pueden derivar en una conclusión negativa.

Dos premisas negativas nada concluyen, pues nada se puede inferir de dos negaciones; si se parte de una premisa afirmativa y otra negativa, la conclusión será necesariamente negativa; y

Dos premisas particulares nada concluyen, pues al menos una debe ser universal, esto se explica porque la deducción consiste en inferir proposiciones particulares derivadas de universales, y nada se puede obtener a partir únicamente de las primeras.

---

[108]   Platas Pacheco, María del Cármen. *Filosofía del Derecho, Lógica Jurídica*, Porrúa, México, 2008, pág. 101.

Estos principios tienen una colosal importancia en la práctica jurídica, pues con ellos se construyen las resoluciones judiciales y son el punto de partida de la teoría de la argumentación jurídica.

Es importante resaltar que por tratarse de juicios, estos principios dependen en gran medida del lenguaje empleado por los sujetos de derecho, dado que como lo expone brillantemente la Doctora María del Carmen Platas[109], todos los signos lingüísticos son producidos con base en el objeto que expresan, y hecho esto, obligan a los interlocutores a abrazar ese signo que ha sido establecido, cuya correcta significación determina en muchos casos, la existencia o no de las contradicciones lógicas referidas en los principios supremos de la lógica jurídica.

Verbigracia, el concepto de antijuridicidad requiere necesariamente que una conducta sea contraria a derecho, esto es que sólo este prohibida por la ley, y no prohibida y permitida, al mismo tiempo.

En caso de que una norma prohíba determinada conducta y por ello se considere antijurídica, pero al mismo tiempo y en el mismo sentido otra norma permita a los mismos sujetos, la conducta otrora prohibida, entonces necesariamente una de las dos normas debe expulsarse del sistema, ya provisional, ya definitivamente.

Teniendo ambas la misma categoría espacial y temporal de validez, lo correcto sería considerar que la conducta finalmente está permitida y excluir la norma prohibitiva, por lo que no es en realidad, antijurídica. A este argumento se le conoce como el *principio de tipicidad conglobante.*

En el Derecho Mercantil y Administrativo, de acuerdo a otro principio jurídico –político, llamado *Estado de Derecho,* la respuesta ante esta contradicción normativa se resuelve expulsando la norma prohibitiva del sistema, dado que a los gobernados les está permitido todo aquello que no esté prohibido por la ley y por el contrario, las autoridades no tienen más facultades que aquellas explícita o implícitamente determinadas en la norma jurídica positiva.

---

[109]   Platas Pacheco, María del Cármen. *Filosofía del Derecho, Lógica Jurídica*, Porrúa, México, 2008, pág. 5.

Como podrá observarse, la implicación que tienen los Principios del Derecho derivados de la lógica, es sumamente profunda y sus ramificaciones son imposibles de delimitar en una *topoi*, de ahí que nosotros sostenemos que corresponde al jurista hacer el Derecho, no solo aplicarlo, lo que justificamos a lo largo de la obra.

Un ejemplo claro de la importancia que tienen los principios del Derecho derivados de la lógica en el Derecho Mercantil, lo encontramos precisamente en el artículo 75 del Código de Comercio, mismo que en su fracción XXV considera como actos de comercio a todos aquellos actos de naturaleza análoga a los expresados en la 24 fracciones anteriores y en los demás casos previstos en las leyes mercantiles, lo que da lugar a la positivización de uno de los argumentos especiales de la lógica jurídica de mayor relevancia: el razonamiento por analogía.

La teoría de la analogía sustenta que es posible válidamente la aplicación extensiva de principios, a extraerse de la ley, a casos que son jurídicamente semejantes a los decididos en ella, iguales a ellos en los aspectos esenciales o en todo aquello que sea decisivo para fundar una resolución.[110]

Esto significa que en mayor o menor medida, el razonamiento analógico busca encontrar precisamente principios del Derecho en las normas jurídicas existentes para regular aquellos casos similares en sus aspectos esenciales, a los que Enneccerus-Nipperdey denominan *in den wesentlichen Beziehungen*[111], que traducido al español significaría algo así como "las relaciones significativas".

3.6 La razón de ser de los Principios del Derecho Mercantil.

Inspirándonos en las ideas argumentativas de Summers[112] en relación con la forma y sustancia del razonamiento jurídico, y siguiendo el principio lógico de razón suficiente expuesto por Leibniz, nosotros consideramos que el contenido

---

[110]   Klug, Ulrich. *Lógica Jurídica*, Temis, Bogotá, 1990, pág. 139.
[111]   Citado por Klug, Op. Cit. Pág. 141.
[112]   Summers, Robert S. *Forma y sustancia en el razonamiento jurídico*, citado por Rodolfo Vidal Gómez Alcalá dentro de la investigación conjunta *Principios y Reglas* realizada por la Universidad de Pisa, Italia y la Escuela Libre de Derecho de México, 2009 y 2010, pág. 84.

de los principios del Derecho, de acuerdo a su ratio iuris puede identificarse en cuatro grupos, sin que ello impida que algunos principios compartan dos o más razones jurídicas.

Por lo anterior, proponemos dividir el estudio de los principios de acuerdo a su razón de ser, en: principios de razón material, principios de razón de fin, principios de razón de corrección y principios de razón formal; mismos que estudiamos a continuación.

A).- Principios de razón material.- Estos principios encuentran su razón en ser la fuente científica de creación del derecho positivo. Son los pilares o columnas que aportan los elementos conceptuales y axiológicos para la creación de leyes escritas.

Su vida y existencia es independiente y gozan de primacía al momento de crear el derecho formal, orientando los criterios del legislador y sirviendo como parámetro para la evaluación social del desempeño de la labor legislativa. También lucen con intensidad cuando se busca colmar lagunas e integrar las omisiones del sistema. Son ejemplos los principios de equidad, igualdad y libertad, entre muchos otros.

Aunque los legisladores se sientan en total libertad para legislar en el sentido que les dé la gana, nunca podrán hacerlo apartándose de forma absoluta de los principios del Derecho de razón material, pues cuando menos buscarán encontrar una razón suficiente que le de contenido a la norma y que justifique tanto la necesidad de su incorporación al sistema jurídico, como su congruencia con éste.

Por lo que a nuestro entender, resulta incorrecto pretender negar existencia real y práctica a estos principios, so pretexto de buscar un criterio absolutamente científico, como lo hace incorrectamente la teoría positivista de *Hart* y la *Teoría Pura del Derecho* de *Karl Binding* que sería desarrollada posteriormente por Kelsen, pues con ello no se logra más que construir una teoría general del Derecho carente de sentido jurídico y finalidad, esto es, una Teoría General del Derecho carente de Derecho.

B).- Principios de razón de fin.- Estos principios encuentran su razón jurídica y su justificación en el servicio a un fin social generalmente asociado al bien común.

Así, los principios de razón de fin atienden al contenido valorativo del derecho mirando hacia el futuro, buscando la seguridad jurídica, el bienestar social, la conservación del orden público, la protección de la democracia, la estabilidad de la familia y la protección de grupos específicos como los núcleos ejidales e indígenas.

Estos principios protegen y privilegian la finalidad última del derecho como instrumento de convivencia social. Por mirar al futuro podemos considerarlos principios consecuencialistas.

c).- Principios de razón de corrección.- Estos principios encuentran su razón jurídica y su justificación en una pretensión de corrección[113], en la búsqueda de la felicidad individual, generalmente asociada al beneficio personal.

Así, los principios de razón de corrección atienden al contenido valorativo del derecho mirando hacia el pasado, buscando la justificación del derecho en su individualización y particularización en casos concretos, a efecto de reparar o restablecer el sentido del derecho mediante los principios de buena fe, audiencia, legalidad, no retroactividad, pro persona, equilibrio contractual, libertad contractual y justicia contractual, entre otros. Por mirar axiológicamente al pasado, podemos considerarlos principios causalistas.

d).- Principios de razón formal.- Estos principios encuentran su razón jurídica y su justificación en el propio sistema jurídico.

Así, los principios de razón formal privilegian la congruencia del sistema por encima de cualquier contenido valorativo del derecho, mirando hacia el presente y buscando la supervivencia del orden formal del sistema.

El principio más revelador de esta razón jurídica es el principio de supremacía constitucional, aunque podemos encontrar muchos ejemplos más, como el principio de congruencia, el principio de exhaustividad, el principio de división de poderes, el principio de facultades competenciales implícitas, el principio de control difuso de convencionalidad *ex-officio* y el principio de estado de derecho.

---

[113] Alexy, Robert. *Derecho y razón práctica*, Biblioteca de Etica, Filosofía del derecho y política, México 2002, pag. 62.

3.7 Sobre la naturaleza de los Principios

Ahora conviene analizar la naturaleza jurídica de los Principios del Derecho, partiendo de su categorización como normas jurídicas.

La doctrina dominante a partir de Dworkin da por sentado que los principios son normas, esto es, que tanto reglas como normas son dos especies del mismo género, pues para sustentar Dworkin su ataque al positivismo normativista de Hart, comienza sustentando la hipótesis de que el positivismo falla precisamente al considerar que el derecho es sólo un conjunto de normas, entiéndase *reglas*, dejando fuera del análisis a las directrices políticas y a los principios.[114] Por lo tanto su teoría de una única respuesta correcta encuentra su primer sustento en la idea de que los *principios* deben considerarse como parte del teorema.

Así Dworkin analiza la distinción entre *reglas* y *principios*, asumiendo que ambos pueden concebirse como *normas*, y al lado de las *reglas*, existen *principios* y *directrices políticas* que a diferencia de las *reglas*, no se pueden identificar por su origen, sino por su contenido y fuerza argumentativa; sólo es necesario determinar un criterio de distinción entre ambos, dependiendo de su grado de generalidad, y por ello afirma Dworkin que las *reglas* son *normas* de generalidad de un grado relativamente bajo, mientras que los *principios* son *normas* de un grado de generalidad relativamente alto.

Una aportación muy profunda de este pensador, radica en considerar que el criterio de identificación de los *principios* no puede ser el *test de origen* al que llama *test de pedigree* al estilo Hart, es decir, no se pueden someter los *principios* a la figura de la valides o invalides de las *normas* conforme a una pirámide de jerarquías que debe atender a la norma fundamental o *regla de reconocimiento*, sino que los *principios* hacen referencia a la justicia y la equidad a la cual Dworkin denomina *fairness*.

Para Dworkin entonces, mientras las *normas* se aplican o no se aplican, los *principios* por el contrario, dan razones para decidir en un sentido determinado, y su contenido material - su peso específico – es el que indica cuando se debe de aplicar tal *principio* en un caso concreto.

---

[114]   Dworkin, Ronald. *Los derechos en serio*, Editorial Planeta Agostini, Barcelona, España, 1993, pág. 9.

Alexy, al hacer un análisis sobre esta teoría de Dworkin, parte de considerar también que los *principios* y las *reglas* son las dos especies del género *normas*[115], sólo que considera que entre ambas existe un criterio de separación mucho más profundo que la simple generalidad.

Al criterio de distinción de Dworkin lo denomina *tesis débil de la separación*, y Alexy formula un criterio de distinción basado también en la generalidad, pero acompañado de un criterio de separación de tipo cualitativo, al que denomina: *tesis fuerte de la separación entre principios y reglas.*

Existe una notable discrepancia en la *teoría de las reglas y los principios*, pues mientras algunos doctrinarios como los ya citados Dworkin y Alexy denominan al género como *normas* y a los *principios* y las *reglas* como sus especies, algunos otros como Gomez Alcalá[116] consideran que el género son las *reglas* y entiende a las *normas* y los *principios* como especies de aquellas.

Nosotros usaremos el lenguaje de Alexy y proponemos nutrir su clasificación, partiendo de considerar que el género son las *reglas* vistas desde un punto de vista lato sensu o amplio. Existen *reglas* de diferentes tipos, como las *normas*, las directrices, los protocolos, las leyes de la física, etc.

Luego entonces, para los efectos de esta obra, consideraremos que las *normas* jurídicas se dividen en *reglas* en sentido estricto (*stricto sensu*) y *principios* del Derecho.

Entendemos por *norma*, toda regla de comportamiento, obligatoria o no, que impone deberes o confiere derechos, usualmente las normas se clasifican doctrinalmente en normas religiosas, normas morales, normas sociales y normas jurídicas. Las normas jurídicas como es de todos sabido, gozan de los atributos de bilateralidad, heteronomía, obligatoriedad, y son imperativo - atributivas, generales, externas y abstractas.

---

[115]   Alexy, Robert. *Sistema jurídico, principios jurídicos y razón práctica*, (Traducción de Manuel Atienza) texto de la ponencia presentada por el autor en las IV Jornadas Internacionales de Lógica e Informática Jurídicas, celebradas en San Sebastián en septiembre de 1988, Doxa, Alicante, 1998, pag. 140.

[116]   Gómez Alcalá, Rodolfo Vidal. Investigación conjunta *Principios y Reglas* realizada por la Universidad de Pisa, Italia y la Escuela Libre de Derecho de México, 2009 y 2010, pág. 71.

Tradicionalmente se ha considerado el atributo de coercitividad como el más importante que distingue a las normas jurídicas de las demás normas. Este atributo es sin embargo, el más cuestionable.

La bilateralidad de las normas deriva de su característica de atribuir deberes correlativos a facultades y viceversa, con la presencia de un sujeto que pude exigir este cumplimiento.

De aquí que sean imperativas y atributivas al mismo tiempo a diferencia de las normas morales que sólo son imperativas. La generalidad, abstracción y externabilidad van de la mano con el hecho de que las normas jurídicas son imperativos categóricos calificados como hipotéticos que imponen una conducta hipotética externa y determinan un deber ser también hipotético y externo.

En cuanto a la coercibilidad, modernamente se discute su exigencia como un elemento de las normas jurídicas, pues se ha demostrado con las teorías del derecho más elaboradas, como la teoría tridimensional del derecho de Miguel Reale [117], que la coacción no obliga, sino que logra "forzar" simplemente.

Es decir, la validez del derecho deriva de su obligatoriedad y la coacción solo trasciende a su eficacia; la obligatoriedad de la norma jurídica nace con la conformidad de esa norma con la función primigenia del derecho, si la norma cumple con los fines axiológicos del derecho, entonces esta norma será obedecida por la sociedad; si no, será cuestionada.

De tal forma que la obligatoriedad de las normas está subordinada a la dimensión axiológica del fin último del derecho, a su razón de ser. [118]

Una norma por mas coactiva que sea, no garantiza que sea derecho, cuando mucho, será forzadamente aplicada, es decir, eficaz, sea o no jurídica.

Así las cosas, podemos resumir que la coercibilidad afecta la eficacia de la norma, no su validez, y en consecuencia no es un elemento interno de las

---

[117]   Reale, Miguel. *Teoría Tridimensional del Derecho*, Editorial Tecnos, Madrid, 1997, *passim*.

[118]   Alvarez, Mario I. *Introducción al Derecho*, Editorial McGrawHill, México, 1995, pag. 35.

normas jurídicas, sino externo, ajeno; por el contrario, la obligatoriedad de las normas deriva de su contenido y determina su validez.

Ahora bien, tradicionalmente la corriente a la que llamaremos dominante, ha considerado que la coacción es el atributo más importante de las normas jurídicas, haciéndolo parecer como la cualidad que marca su diferencia sustancial con otras normas, como las morales y las sociales, que siempre carecen de este elemento, pues nadie puede ser compelido por la fuerza pública a observar la conducta que dichas normas imperan.

Nosotros por supuesto que compartimos la idea de que las normas jurídicas garantiza la efectividad de sus prescripciones mediante el uso de la fuerza, mediante los órganos del estado encargados de hacer cumplir las determinaciones catalogadas a priori de legales, pero esta solo es la mitad de la respuesta.

La fuerza de las decisiones del Estado, más la potencia derivada de la ejecución forzosa de su voluntad, aplicada al campo de las normas jurídicas da como resultado el atributo de coercibilidad. Atributo que por supuesto no puede ser desdeñado en cuanto a su resultado, es decir, en cuanto a la eficacia de la norma.

Sin embargo, el que la norma sea eficaz y que se cumpla por medio de la fuerza no garantiza que dicha norma sea congruente con la *ratio iuris* que justifica su creación.

La tesis positivista se basa fundamentalmente en resaltar la efectividad de las normas y rechazar la importancia de la congruencia de estas con cualquier *ratio iuris*, de hecho con cualquier *razón de ser*, pues afirma que para que el derecho sea una ciencia, debemos eliminar cualquier elemento externo a la norma positiva en sí misma considerada, es decir, eliminando criterios de valor, como sería precisamente la función teleológica que debe cumplir cada norma.

Lo curioso es que ya en el terreno de la razón práctica podemos observar que esto nunca sucede así, pues los jueces al analizar e interpretar una norma para su aplicación a un caso concreto, se ven constreñidos a estudiar el alcance, contenido y extensión de la norma precisamente por estar obligados a realizar un control de constitucionalidad y un control de convencionalidad *ex officio*, lo que encierra un juicio de valor de gran envergadura, y mayormente ajeno al *test de pedigree* con su regla de reconocimiento.

Esto significa que en la práctica jurídica es imposible exentar a las normas positivas de un análisis teleológico y axiológico por parte de los Juzgadores.

Lo que confirma la idea de que el derecho no es ajeno a los valores, a la moral, a los principios del Derecho; también confirma la idea de que el derecho no emana sólo de las normas, sino también de los juristas que las aplican, estudian e interpretan, y con ello, que las aterrizan a los casos concretos y les dan congruencia.

La tendencia jurídica universal tiende a revelarse contra la corriente utilitarista del derecho y a reivindicar la importancia de su contenido valorativo.

Estamos volteando la mirada al papel que juegan los principios del Derecho en este concierto dialéctico entre *hecho, valor y norma*; lo que nos obliga a recordar aquello que nuestros ancestros juristas sabían con toda claridad desde la *ley decenviral*: nuestro glorioso derecho no es sólo un derecho de leyes, sino de juristas.

Este ejercicio racional del jurista nos lleva a concluir que la coacción sólo afecta la eficacia de las normas, pero no garantiza su validez, pues dicha validez necesariamente deriva de la actividad del jurista que aprecia la norma, y la califica o no como obligatoria, por estar acorde a los principios que inspiran la creación del Derecho, principios plasmados en los derechos fundamentales reconocidos tanto en la Constitución como en los tratados internacionales de derechos humanos.

En conclusión, como afirmamos en líneas precedentes, la coacción sólo genera la eficacia de la norma, pero no su validez o invalidez. Por el contrario, la validez de la norma deriva de su obligatoriedad.

Ahora bien, una vez sentado lo anterior, nos es fácil demostrar que la coerción no es un elemento interno de las normas *sine qua non*, pues como vimos, es un elemento que se encuentra fuera de la norma, en sus consecuencias, esto lo hace un elemento externo. Por el contrario, la obligatoriedad de las normas jurídicas sí es un elemento interno y de contenido mayormente axiológico.

Al inicio de este trabajo nos preguntamos si los principios son normas jurídicas o si tienen una naturaleza diversa.

Ahora podemos contestar esta interrogante y concluir que los principios del Derecho, al gozar de los atributos de bilateralidad, heteronomía, obligatoriedad y ser imperativos, atributivos, generales, externos y abstractos, necesariamente comparten todos y cada uno de los requisitos para concebirse como normas jurídicas.

CAPÍTULO CUARTO

PRINCIPIOS FUNDAMENTALES DEL DERECHO MERCANTIL.

4.1 Introducción. 4.2 Los principios, una categoría de normas. 4.3 Obligatoriedad de los principios del Derecho. 4.4 Conflicto de reglas y colisión de principios. 4.5 Colisión de principios y normas positivas. 4.6 Los Principios Fundamentales del Derecho.

4.1 Introducción.

En este capítulo nos plantearemos la interrogante sobre si los principios del Derecho son normas jurídicas, y en caso de serlo, si son normas de carácter más general que las *reglas* o si tienen diversa naturaleza, en cuyo caso continuaremos cuestionándonos si son pseudorreglas o si son simplemente aspiraciones de un derecho ideal, o de un deber ser no vinculatorias, o bien, si son simplemente formulas o aforismos de elegancia pero sin sustantividad.

Es conveniente analizar si el legislador y el jurista están constreñidos a apegarse a los principios del Derecho, o son enunciados de lo que aspiramos a que sea derecho pero aún no lo es; si están en nuestro patrimonio como derecho adquirido o son meras expectativas de derechos.

Todas las anteriores interrogantes nos llevan a responder la pregunta ¿existe una atribución de debitud en los principios del Derecho?

Nos detendremos en este capítulo a profundizar el estudio sobre cómo resolver los conflictos en que dos principios colisionan y si existe o no alguna relación de jerarquía entre reglas y principios, para con ello también estar en posibilidad de analizar y resolver la siguiente interrogante: ¿las reglas pueden válidamente desconocer o contradecir a los principios?

Plantearemos la existencia de una categoría de principios con las características necesarias para distinguirla de los demás principios, y que nosotros llamamos Principios Fundamentales del Derecho.

4.2 Los principios, una categoría de normas.

Partiendo del análisis formulado en el capítulo anterior, podemos válidamente afirmar que los principios del Derecho son normas jurídicas, pues como hemos visto, le son aplicables todas las características propias de éstas.

Además, también podemos válidamente afirmar que son normas de una categoría distinta de las normas jurídicas que nacen del *modelo codificador* analizado en la segunda unidad de esta obra. Dworkin busca distinguir los principios, en un sentido genérico, de las normas,[119] y a dichas normas jurídicas tanto el mismo Dworkin como Robert Alexy las denominan *reglas*, y conviene analizar brevemente cuáles son esos puntos de diferencia. [120]

Al delimitar Dworkin la diferencia entre *principios* y *normas*, considera lo siguiente:

"...La diferencia entre principios jurídicos y normas jurídicas es una distinción lógica. Ambos conjuntos de estándares apuntan a decisiones particulares referentes a la obligación jurídica en determinadas circunstancias, pero difieren en el carácter de la orientación que dan..."[121]

La *tesis débil de la separación* de Dworkin, analizada en el capítulo anterior, implica que entre principios y reglas sólo existe una diferencia de generalidad,

---

[119] Dworkin, Ronald. *Los derechos en serio*, Editorial Planeta Agostini, Barcelona, España, 1993, pág. 73.

[120] Alexy, Robert. *Sistema jurídico, principios jurídicos y razón práctica*, (Traducción de Manuel Atienza) texto de la ponencia presentada por el autor en las IV Jornadas Internacionales de Lógica e Informática Jurídicas, celebradas en San Sebastián en septiembre de 1988, Doxa, Alicante, 1998, pag.139.

[121] Dworkin, Ronald. Op. Cit. Pág. 75.

mientras las reglas tienen una generalidad relativamente baja, los principios gozan de una generalidad de mayor amplitud. La *tesis fuerte de la separación* de Alexy, considera que además del criterio de generalidad, existe un criterio de tipo cualitativo.[122]

Al respecto Dworkin señala que:

> "...*Los principios tienen una dimensión que falta en las normas: la dimensión de peso o importancia. ... En esto no puede haber, por cierto, una mediación exacta, y el juicio respecto de si un principio o directriz en particular es más importante que otro será con frecuencia motivo de controversia. Sin embargo, es parte esencial del concepto de principio el que tenga esta dimensión, que tenga sentido preguntar que importancia o que peso tiene. Las normas no tienen esta dimensión. Al hablar de reglas o normas, podemos decir que son o que no son funcionalmente importantes...*"[123]

Esto es, las reglas emanan de una autoridad constituida, generalmente mediante un procedimiento formal de creación por un órgano legislador; mientras los principios son inmanentes, autónomos e independientes de cualquier autoridad estatal, pues existen en la realidad etérea inmaterial atemporal y son concebidas, conocidas, ordenadas y sistematizadas mediante la conciencia jurídica de los juristas.

Hemos visto que en la vida real, las *reglas* pueden no estar inspiradas en valores jurídicos, sociales, morales o políticos, y pueden solo encontrar su *ratio iuris* en el capricho del poder constituido, bien por concertaciones ocultas de los partidos políticos con el fin de perpetuarse en el poder o bien por los intereses del órgano legislador de privilegiar alguna clase social en particular, o de privilegiar los caprichos del gobernante en turno, generalmente a cambio de favores políticos o económicos. Es decir, para su validez formal, las reglas positivas no requieren de un contenido axiológico.

Los *principios* en cambio, derivan su existencia precisamente de su contenido teleológico, pues en mayor o menor medida contienen precisamente esos valores

---

[122]   Alexy, Robert. Op. Cit. Pág. 141.
[123]   Dworkin, Ronald. Op. Cit. Pág. 77.

jurídicos, sociales, morales o políticos, de los que usualmente adolecen las normas positivas.

Al respecto, Robert Alexy, al contestar una entrevista realizada por Manuel Atienza, manifestó lo siguiente:

> *"...La teoría de Fuller de la moralidad intrínseca o interna del Derecho es un temprano y magnífico intento por hacer explícitos los contenidos morales que se encuentran implícitos en el Derecho. Con ello resulta claro que el Derecho no se puede reducir a la facticidad de la legalidad establecida y de la eficacia social ..."* [124]

A nuestro entender, es incontrovertible que las reglas positivas gozan del atributo de coercitividad, pues al ser incorporadas al texto legal positivo, se asegura su eficacia mediante el uso de la fuerza pública. Los principios no gozan *per se* del atributo de coercitividad, pues para gozar de *coertio*, requieren de la aprobación de la conciencia jurídica del jurista que los incorpora a los actos jurídicos procesales particulares y con ello, les da congruencia. Esto no significa que los principios carezcan de coercitividad, sólo que para ello requieren de un intermediario: el jurista.

Nosotros coincidimos con Sergio Cotta[125], en cuanto afirma que las reglas positivas pueden o no gozar de obligatoriedad, pues dicha obligatoriedad no deriva de la coercitividad, sino de su justificación racional, y que tal justificación encuentre su fundamento en la estructura coexistencial del vivir humano.

Según pone de manifiesto este autor, es evidente que nadie puede sentirse obligado por una prescripción, sino cuando aprecia en ella una racionalidad suficientemente convincente como para considerarla una norma jurídica, y no una mera imposición.

Cotta distingue el concepto de justificación, como aquella *ratio iuris* que debe nutrir la norma positiva, afirmando que:

---

[124] Atienza, Manuel. *Entrevista a Robert Alexy*, Doxa, Cuadernos de Filosofía del Derecho, Universidad de Alicante, 1989, pág. 10.

[125] Cotta, Sergio. *Justificación y Obligatoriedad de las Normas*, título original: "Giustificazione e Obbligatorieta delle Norme", traducción de Antonio Fernandez Galiano, Editorial Ceura, Madrid, 1987, pág IX.

*"...La norma jurídica es, sin duda, una proposición prescriptiva
(ought-statement, Soll-Satz), pero no toda proposición prescriptiva
es una norma jurídica (Soll-Norm). La diferencia entre una y
otra está en la obligatoriedad de la norma..."*[126]

A nuestro entender, este autor acierta al afirmar que la mera promulgación
de la norma no basta para establecer su carácter obligatorio, y por lo tanto,
dicha promulgación tampoco basta para que la norma se acepte y se cumpla
de forma voluntaria, sino que precisamente ante la falta de una *ratio iuris*
congruente, es que de forma voluntaria se resiste el cumplimiento de una norma
caprichosa y meramente impositiva.

Esto no se soslaya por el hecho de que las normas sean coercibles, pues al
decir de este jurista:

*"...De hecho, la fuerza no puede eliminar la transgresión, pues a
la fuerza cabe siempre oponer otra fuerza, que puede ser incluso
mayor; por otra parte, para eliminar toda transgresión mediante
la fuerza sería preciso ejercerla de modo continuado sobre todos los
destinatarios de la norma, lo que es imposible en la práctica. En
otros términos, la obligatoriedad de la norma no deriva – como
sostenía el viejo iuspositivismo (¿acaso es realmente <<viejo>>?)–
de su estructura prescriptivo-sancionadora..."*[127]

Con base en este razonamiento, nosotros concluimos que la obligatoriedad
de las reglas o normas positivas sólo se da en función de su congruencia con
las necesidades de cada pueblo, es decir, el cumplimiento de las reglas puede
ser resistido por el gobernado cuando la norma se aleja de los principios del
Derecho, y entonces es cuando decimos que esta norma carece de obligatoriedad.

Los principios en cambio, por regla general son obligatorios *per se*, pues su
vigencia se funda en su contenido valorativo derivado de las necesidades de los
gobernados. A continuación abordaremos el estudio de la obligatoriedad de los
Principios del Derecho.

---

[126]   Ídem, pág. 17.
[127]   Idem. Pág. 18.

4.3 Obligatoriedad de los principios del Derecho.

Nos preguntamos al inicio de este estudio, si el legislador y el jurista están constreñidos a apegarse a los principios del Derecho; o si dichos principios son meros enunciados de lo que aspira a ser derecho pero aún no lo es.

Reflexionemos las alternativas. Si consideramos que el Juez no está constreñido, deberíamos cambiar el rumbo y reconsiderar la postura de que los principios sean normas, pues en caso de no constreñir al Juzgador en un caso concreto, los principios serían meros enunciados de buenas intenciones que darían al Tribunal plena autoridad para aplicarlos o no, de forma total o parcialmente discrecional.

Si consideramos que es totalmente discrecional, serían simples fórmulas de elegancia sin sustantividad, es decir, no serían derecho. Si consideramos que es parcialmente discrecional, serian algo así como pseudorreglas sujetas a juicios de valor no confrontables mediante criterios científicos o comprobables por la razón, y por lo tanto, la decisión judicial sería cuestionable, muy al estilo del *mos italicus* [128] de la escolástica medieval.

Si consentimos conforme al análisis formulado anteriormente, que los principios gozan de los atributos propios de una norma, entonces debemos reconocer también todas las consecuencias inherentes a esta categorización, incluyendo por supuesto, su carácter imperativo.

Partiendo de reconocer de que solo pueden gozar de todos los atributos de una norma, por ser auténticas normas, el Juzgador no tiene la facultad discrecional de aplicar o no los principios, precisamente porque es un imperativo categórico, y lo debe hacer.

Entonces, podemos válidamente afirmar que el Juzgador no tiene ni facultades discrecionales totales, ni facultades discrecionales parciales, en esta materia, lo que nos lleva a concluir que sí existe una atribución de "debitud" en los principios del Derecho.

---

[128]   Guzman Brito, Alejandro. *Mos Italicus y Mos Gallicus*, Universidad Católica de Valparaíso, Universidad de Santiago de Chile, consultada en la página http:// historiantigua.cl/wp-content/uploads/2011/12/20-guzman-brito-alejandro-mos- italicus-y-mos-gallicus-121.pdf, pág. 28.

En todo caso si existe o no una colisión de principios entre sí o entre principios y reglas, eso es materia de otro análisis que haremos más adelante, pero resulta intrascendente para concluir válidamente que los principios, por su contenido material, por su *peso específico*, son totalmente vinculantes para el Juzgador en un caso concreto.

Por definición, toda norma jurídica es una significación lógica cuya función consiste en regular el comportamiento humano prescribiendo a los individuos. En términos procesales comúnmente es creada según ciertos procedimientos instituidos por una comunidad jurídica y que, como manifestación unificada de la voluntad de ésta, formalmente expresada a través de sus órganos e instancias productoras, regula la conducta humana en un tiempo y un lugar definidos. [129]

De tal suerte, que toda norma jurídica es finalmente una regla *lato sensu* que impone una determinada conducta, y siendo que los principios del Derecho son una especie de ese género, entonces los principios del Derecho también prescriben a los individuos, imponiendo obligatoriamente la realización de determinadas conductas.

Con lo analizado hasta este punto, podemos concluir válidamente que los principios del Derecho contienen enunciados hipotéticos de la misma categoría que las normas, sólo que con un grado de generalidad más amplio, por lo que al igual que las normas, sus enunciados comienzan siendo meras expectativas de derechos, pero una vez que se actualiza la hipótesis normativa, las consecuencias jurídicas que emanan del nexo causal, constituyen verdaderos derechos que están en nuestro patrimonio, no sólo como expectativas de derechos.

Esto significa que podemos válidamente concluir que, intrínsecamente los principios del Derecho por regla general se caracterizan por contener una atribución de debitud, al ser debido el derecho contenido en cada principio del derecho en particular, como se ha dicho, una vez actualizada su hipótesis normativa.

Verbigracia, el principio del Derecho relativo a la *autonomía de la voluntad* en la contratación mercantil, como una expresión del principio de libertad

---

[129] Schmith, Juan Carlos. Enciclopedia Jurídica Omeba Tomo XX, Driskill, Buenos Aires, 1982, pág. 331.

de contratación, comienza como una declaración de intención, reconocida incipientemente en el artículos 2 y 4 de la *Declaración de los Derechos del Hombre y del Ciudadano* Francesa de 1789, también en el artículo 3 de la *Declaración Universal de Derechos Humanos*, y en muchos otros instrumentos de Derecho Internacional, y que da lugar a la necesidad del Estado de establecer los mecanismos indispensables para proteger la libertad de contratación y el equilibrio natural que deriva de la autonomía de la voluntad.

Necesidad que se traduce en la obligación del Estado tanto de abstenerse de legislar restringiendo injustificadamente esta libertad, así como de establecer mecanismos legales e institucionales que de hecho contribuyan a hacer respetar esta libertad y que en su caso, restablezcan el equilibrio contractual cuando una autoridad o uno de los contratantes ha violentado tal principio.

O por ejemplo, la necesidad de proteger la buena fe y lealtad negocial contra cualquier acción que constituya una conducta de mala fe, cuando uno de los contratantes desequilibra el balance natural de las obligaciones del contrato, por excesiva onerosidad o *hardship*[130].

En esos supuestos existe la necesidad de que el Estado brinde protección al perjudicado, legislando para privar de efectos a esos actos jurídicos que ponen en peligro el equilibrio contractual o que violentan la lealtad negocial.

De forma que no podemos soslayar el hecho de que este principio del Derecho está inmanente en el patrimonio de cada individuo cuyas circunstancias particulares pueden o no actualizar los supuestos jurídicos, hipotéticos o normativos en que descansa el principio correspondiente, y por ello, con total independencia a la norma positiva que los reconozca, dicho principio *per se*, atribuye al gobernado un derecho legítimo y su correspondiente debitud frente al órgano del Estado que entra en la necesidad de desplegar la conducta de protección.

---

[130]   El *hardship* es definido en el artículo 6.2.2 de los Principios UNIDROIT 2010, y es materia de amplio estudio en capítulos posteriores de este trabajo.

4.4 Conflicto de reglas y colisión de principios.

Es claro que al entrar en conflicto las reglas, ponen en funcionamiento varios principios lógicos del Derecho. Cuando una norma permite lo que la otra prohíbe, estamos ante la presencia de un conflicto de normas, en la que por el principio lógico de contradicción, no podemos aceptar que ambas normas sean válidas, pues una cosa no puede ser y no ser al mismo tiempo y en el mismo sentido.

Los dos juicios contradictorios contenidos en las normas en conflicto, no pueden ser a un mismo tiempo verdaderos. Al instante nace la aplicabilidad del principio de contradicción de lo lógico jurídico analizado con anterioridad, conforme al cual dos normas se oponen contradictoriamente cuando teniendo ámbitos iguales de validez material, espacial y temporal, una permite y la otra prohíbe a los mismos sujetos la misma conducta.

Para resolver esta antinomia, debemos aplicar otro principio lógico, el principio de tercero excluido, que como también vimos anteriormente, implica que dos juicios contradictorios no pueden ser a un mismo tiempo falsos, uno necesariamente debe ser verdadero. Conforme al principio del tercero excluido del imperativo, dos reglas contradictorias no deben ser ambas desobedecidas, una de las dos debe ser obedecida; y conforme al principio del tercero excluido de lo lógico jurídico las 2 normas positivas contradictorias no pueden ser al mismo tiempo inválidas o inaplicables, una de las dos debe ser válida, excluyendo la posibilidad de una tercera norma válida en medio de las dos en conflicto.

Ahora se debe aplicar la norma de conflicto, que debe determinar cuál de las normas es la que debe ser declarada válida y por lo tanto, cual es la que debe aplicarse; y por el contrario, cual será declarada nula y expulsada temporal o permanentemente del sistema jurídico.

En la mayoría de los casos, la norma de conflicto está en la *regla de reconocimiento*[131] (al estilo Hart) o norma fundamental, pero en caso de no existir norma de conflicto para cada caso concreto, debe buscarse la solución a

---

[131]   H.L.A. Hart. *El concepto de derecho* (The concept of law), traducción de Genaro R. Carrio, Editora Nacional, Segunda edición, México, 1961, pág. 125.

través de la aplicación de otro principio del Derecho, y corresponderá al jurista determinar cuál es el que mejor resuelve la situación.

En el caso particular de México, nuestras garantías constitucionales más elaboradas son el juicio de amparo, la controversia constitucional y la acción de inconstitucionalidad. Estos tres procesos constituyen las garantías constitucionales que permiten resolver los conflictos de normas positivas cuando están en contraposición con la norma fundamental, que resulta ser *abierta*[132], pues no sólo se confronta con la Constitución, sino además con los tratados internacionales en materia de Derechos Humanos, de lo que resulta que nuestra *regla de reconocimiento* no está circunscrita al ámbito nacional, sino al Derecho de Gentes.

Al decir de Dworkin, la *regla de reconocimiento* es la única regla de un sistema jurídico cuya fuerza obligatoria depende de su aceptación[133]; y continúa argumentando que los conflictos entre reglas se resuelven con la formula *all or nothing fashion,* moda de todo o nada, esto es, la regla se aplica o no se aplica, no hay términos medios. O es válida y se aplica aceptando sus consecuencias, o es inválida y se excluye del sistema, sin que influya para nada en la decisión individualizada. Al respecto Dworkin señala:

> *"...Pero no podemos decir que una norma sea más importante que otra dentro del sistema, de modo que cuando dos de ellas entran en conflicto, una de las dos sustituye a la otra en virtud de su mayor peso. Si se da un conflicto de normas, una de ellas no puede ser válida..."[134]*

Ahora veamos que sucede con los principios. Dada la naturaleza normativa de los principios, evidentemente tienden a modificar la esfera jurídica de los gobernados y por su misma naturaleza axiológica, es común que en un mismo caso concreto, entren en colisión diversos principios de igual o diversa categoría o clasificación, pero en este caso no podemos hablar de contradicción, sino de

---

[132]   Nos referimos a un sistema jurídico abierto conforme al estudio formulado en el capítulo primero de este trabajo.

[133]   Dworkin, Ronald. *¿es el derecho un sistema de reglas?*, Instituto de Investigaciones Filosóficas, UNAM, México, 1977, pág. 16.

[134]   Dworkin, Ronald. *Los derechos en serio*, Editorial Planeta Agostini, Barcelona, España, 1993, pág. 78.

lo que Alexy llama "tensión" de principios[135], pues todos los principios entran en juego, sin que la aplicación de unos hagan nulos los otros.

Los valores que ellos representan no pueden calificarse de contradictorios, hablamos más bien de una colisión de principios. Los principios por regla general no gozan *per se* de una primacía o jerarquía frente a los demás principios, salvo los que en este trabajo calificamos de principios fundamentales.

Al respecto Dworkin afirma que las colisiones de principios deben resolverse mediante una ponderación, calificando el peso específico que cada principio en colisión tenga en el caso concreto, y pone de relieve que la importancia de los principios se da de manera particularmente trascendente, precisamente ante los que Dworkin denomina *casos difíciles*, en los que los principios parecen funcionar con el máximo de fuerza y con el mayor peso.[136]

A nuestro juicio no todos los conflictos de reglas o normas positivas deben resolverse con la formula *all or nothing fashion*, pues los conflictos de derechos derivados de la regla de reconocimiento y los conflictos de derechos fundamentales se resuelven en la práctica jurídica mediante el mismo método que utilizamos para resolver las colisiones de principios, mediante la ponderación del *peso específico* de cada derecho fundamental en colisión, dado que un derecho fundamental contenido en la regla de reconocimiento, Constitución, Carta Magna o tratado de Derechos Humanos, no puede declararse inválido por entrar en conflicto con otro derecho fundamental consagrado en la misma u otra regla de reconocimiento, pues tienen la misma jerarquía.

Por un principio de lógica formal, una norma constitucional no puede tacharse de inconstitucional, y el mismo principio debe aplicarse respecto a la Constitución y los Tratados Internacionales de Derechos Humanos, porque existe la misma *ratio iuris*, de tal suerte que su interpretación debe hacerse de forma que ambas normas fundamentales subsistan y considerando que una restringe a la otra y viceversa; lo que constituye la estructura fundamental del método de interpretación constitucional.

---

[135]   Alexy, Robert. *Sistema jurídico, principios jurídicos y razón práctica*, Op. cit. Pág. 143.
[136]   Dworkin, Op. Cit. Pág. 80.

Esto se explica precisamente por el *efecto de irradiación*[137] de los derechos fundamentales que los vuelve ubicuos, por lo que los derechos fundamentales deben ser considerados al mismo tiempo reglas y principios, gozan de ambas atribuciones y deben ser invocados y concebidos como una misma realidad jurídica omnipresente.

4.5 Colisión de principios y normas positivas.

La doctrina tradicional ha considerado históricamente que los principios son una fuente supletoria de derecho, que se aplica prácticamente como último recurso ante las lagunas de la ley.

Así la doctrina uniforme afirma, a nuestro juicio erróneamente, que la primera y mayor fuente formal del Derecho es la Ley, y que sólo ante su silencio o lagunas, y para efectos de integración de la norma, se debe recurrir a fuentes diversas, como la costumbre, la analogía y en último lugar, cuando ninguna de las otras fuentes mencionadas resuelve la laguna, los principios generales del Derecho.

Con base en esta idea, es lógico que su conclusión en relación al tema planteado en este apartado, la colisión entre principios y normas, haya terminado con la opinión dominante en el sentido de que sólo es posible legalmente recurrir a los principios generales del derecho, cuando dichos principios no van en contra de la ley, como es el caso de MANS PUIGARNAU [138].

Esta idea es incluso afín con las disposiciones legales que privan a la costumbre de eficacia frente a la ley, pues recordemos que de los tres tipos de

---

[137]   Alexy, Robert. *Derechos Fundamentales, ponderación y racionalidad*, Edición y traducción de Rubén Sánchez Gil, artículo publicado dentro de la Revista Iberoamericana de Derecho Procesal Constitucional número 11, enero junio de 2009, México 2009, pág. 6.

[138]   Mans Puigarnau, Jaime. *Los principios generales del derecho, repertorio de reglas, máximas y aforismos jurídicos con la jurisprudencia del Tribunal Supremo de Justicia*, Barcelona, Bosch, 1957, pág. XIV.

costumbre que existen, *secundam legem*[139], *praeter legem*[140] y *contra legem*.[141] La costumbre *contra legem* no se considera fuente del derecho, pues aquella que va en contra del texto expreso de la ley, se estima social y jurídicamente repudiable.

Así, la corriente mayoritaria, sin hacer mayor reflexión en el tema, concluye que los principios no pueden ir en contra de la ley, usando el mismo razonamiento que en el caso de las costumbres *contra legem*.

Esta reflexión es cuestionable por cometer el error de equiparar a dos instituciones totalmente distintas, y por el común desprestigio de que han sido objeto los principios del Derecho desde la era de la codificación, según analizamos en el capítulo segundo.

En efecto, la costumbre que va contra la ley es ampliamente repudiable, pues el capricho de los gobernados y la violación constante a la ley, nunca puede constituir derechos, pero la afirmación de que a los principios deba aplicárseles el mismo razonamiento, tal vez deba analizarse con mayor profundidad.

Los principios del Derecho, a diferencia de las costumbres, no son el resultado de una conducta caprichosa e inconsciente de las masas.

Por el contrario, son el resultado de la experiencia, de la práctica jurídica analizada con rigor científico por expertos, peritos en derecho, estudiosos de las realidades humanas y de la conflictiva social.

Se inspiran en elaborados análisis axiológicos y teleológicos de uso inveterado; muchos de ellos derivados de los principios supremos de la lógica formal, que como vimos en el capítulo tercero, no pueden ser tachados de caprichosos.

Por lo tanto, contrariamente a la corriente antes analizada, nosotros sostenemos que no se justifica excluir la aplicación de los principios del Derecho cuando van en contra del derecho positivo con la misma frialdad con la que repudiamos las costumbres *contra legem*, ni con los mismos argumentos.

---

[139]   Costumbre según la ley.
[140]   Costumbre fuera de la ley.
[141]   Costumbre contra la ley.

Por el contrario, la historia se ha cansado de mostrarnos que cuando la norma positiva es carente de congruencia con los principios de igualdad, libertad, justicia, y demás principios rectores de la ciencia del Derecho, está condenada a la resistencia de los gobernados y por ello su obligatoriedad depende no de su coerción, sino de su contenido valorativo.

La coercitividad es el único atributo que garantiza la eficacia de las normas que solo son derecho en apariencia, pero que en el fondo nada tiene de jurídicas.

Su desenlace está escrito con sangre, tarde o temprano serán privadas de esa eficacia. [142]

La evidencia que confirma lo anterior la encontramos en los casos analizados en el primer capítulo, es decir: la resistencia del pueblo francés a la opresión de las leyes reales de Luis XVI que derivó en la Revolución Francesa; la resistencia de las colonias inglesas que derivó en la independencia de Virginia y después en la creación de los Estados Unidos de Norte América; la independencia de México a la dominación española; y, la condena a los guardianes del Muro de Berlín.[143]

Todos estos casos tienen en común que las autoridades constituidas se fundaron en leyes positivas formalmente válidas al ser emanadas del Estado mediante los procesos de creación de las normas establecidas en sus reglas de reconocimiento, de forma que conforme a su derecho, estaban actuando correctamente. No obstante, ese derecho aparente carecía de obligatoriedad al ser contrario a los principios del Derecho consagrados en los derechos fundamentales, por lo que fue resistido con justicia por los pueblos oprimidos y por lo tanto, fue privado de eficacia.

La tesis o "formula Radbruch"[144] analizada en el capítulo primero, pone de manifiesto que la norma extremadamente injusta pierde validez, lo que constituye un enorme avance hacia la formulación de una teoría más

---

[142] Sirven de sustento a lo anterior, las ideas ya expuestas en líneas precedentes de Sergio Cotta en su obra ya citada: *Justificación y Obligatoriedad de las Normas;* así como las ideas también ya expuestas de Mario I. Álvarez en su obra *Introducción al Derecho.*

[143] *Supra* cap. 1.3 y 1.4

[144] Ver comentarios a la "fórmula Radbruch" expuestos en sus obras *Introducción a la Filosofía del Derecho* y *Relativismo y Derecho.*

completa del Derecho. Sin embargo aún adolece de sistematización, pues omite determinar los alcances de esta expresión, es decir, nos deja sin elementos para determinar objetivamente cuándo estamos ante un caso de injusticia extrema y cuando dicha injusticia es tolerable al grado de renunciar a la debitud del principio preterido o atacado.

Pero lo que en todo caso es un triunfo incontrovertible de esta teoría de la injusticia extrema, es que tiene la virtud de resolver la interrogante planteada al inicio de este análisis, esto es, que el legislador no puede válidamente en todos los casos, legislar en el sentido que le plazca y apartándose extremadamente de la justicia, lo que lleva a la irrefutable comprobación científica de una conclusión de peso completo: ley y derecho no son sinónimos.

La *formula Radbruch*, como analizamos en la primera unidad[145], sostiene que cuando la ley escrita sea incompatible con los principios de justicia sustancial, a un nivel intolerable, o cuando la ley estatuaria se encuentre explícitamente en abierta contradicción con el principio de igualdad que constituye el fundamento de toda justicia, el juez debe de abstenerse de aplicar esa ley, por razones de justicia sustancial.

No obstante, la teoría de la injusticia extrema, a nuestro parecer, si bien da en el punto clave, no resuelve de forma satisfactoria y sistemática la problemática para determinar cuándo una norma positiva es o no derecho, pues la medida propuesta por Radbruch consistente en analizar el grado de tolerancia a la injusticia, se quedó demasiado corta, se concretó a contraponer la norma contra el *principio de igualdad* y por lo tanto es excesivamente ambiguo y romántico, se basa en argumentos fundamentalmente morales o axiológicos y no deja una clara distinción entre lo que debe y no debe reconocerse como derecho en un sistema normativo, dejando cabos sueltos que propician las mismas inseguridades que pretende abatir.

Genera la incertidumbre en los gobernados sobre el cumplimiento de una norma positiva sin tener un marco objetivo de referencia, y no subjetivo, para determinar la reprochabilidad de una norma positiva y confrontarla con otra realidad que sea objetiva y palpable, fácilmente identificable, para

---

[145] *Supra* 1.3

justificar plenamente y con total certeza, la necesidad de expulsar la norma *extremadamente injusta* del sistema positivo.

Al formular esta teoría, el derecho internacional no se encontraba estructurado y sistematizado con la fuerza actual; y en su momento esta *teoría de la injusticia extrema* sirvió precisamente para ello, y dejó sentir su peso específico ante los horrores cometidos tanto en la Alemania Nazi como post Nazi, por lo que podemos considerarla sin temor a equivocarnos, como una de las teorías jurídicas más relevantes del Siglo XX.

A nuestro parecer, con la evolución del derecho internacional en materia de Derechos Fundamentales, nuestra sociedad hoy en día está preparada para dar un paso más allá de la *fórmula Radbruch*, y concretar el núcleo de las ideas de justicia sustancial bajo una bandera más objetiva, y es ahí donde proponemos reformular y sistematizar una estructura jurídica concreta sin los subjetivismos que conlleva el empleo de la expresión *injusticia extrema*, por otra que sea más palpable en términos objetivos.

Con lo analizado hasta aquí podemos concluir que por regla general los principios del Derecho no deben ir en contra de la norma positiva, por lo que la colisión entre reglas y principios debe resolverse a favor de privilegiar la aplicación de las normas positivas sobre los principios del Derecho, pero por excepción, bajo determinadas circunstancias, la colisión entre principios y reglas se resuelve a favor de los primeros, y no de los segundos, lo que conlleva a concluir que en ciertos casos, los principios del Derecho permiten expulsar del sistema a las normas positivas con las que colisionan.

Por lo anterior, nos falta definir concretamente hasta donde una colisión entre principios y reglas debe resolverse a favor de la regla positiva y hasta donde a favor del principio.

Según nuestro entender, la interrogante se dirime precisamente por el *efecto de irradiación* de los Derechos Fundamentales y atendiendo a su *principio de ubicuación*.

Esto es, al ser individualizados los Derechos Fundamentales por los juristas que los estudian, sistematizan y aplican en el foro, mediante la "dialéctica de los principios"[146], una vez reconocido el derecho fundamental por el jurista, su efecto de irradiación le permite elaborar un procedimiento general de aplicación de este principio para cualquier relación jurídica y respecto a cualquier norma del sistema jurídico, de forma tal que la esencia valorativa contenida en el derecho fundamental se preserva con total independencia de que la norma primaria o secundaria lo contemple o lo ignore.

Se genera entonces un Principio Fundamental del Derecho que se encuentra ahora presente de forma inmanente en el sistema jurídico, asegurando la aplicación de su *ratio iuris* de forma ubicua, omnipresente.

Por lo tanto, cualquier regla positiva del sistema que entre en colisión con un principio fundamental del Derecho, verbigracia, como el principio de legalidad, el principio de audiencia, o el principio de no retroactividad; necesariamente deberá considerarse como antijurídica, como *no-Derecho* y la consecuencia será que deba ser expulsada del mismo.

No es óbice para lo anterior, que la norma suprema de cada Nación, reconozca o no el principio fundamental del Derecho de que se trate en cada caso concreto, pues estos principios tienen una pretensión de validez universal y son inmanentes a todos los sistemas jurídicos.

Por el contrario, cuando la colisión no afecte los principios fundamentales del Derecho[147], entonces deberá privilegiarse la norma positiva por encima del principio del Derecho en cuestión, en atención a otro principio fundamental del Derecho, el principio de seguridad jurídica.

Andrea Pertizi de la Universidad de Piza, al hacer un análisis sobre el contenido de los principios, considera:

"...nel corso della storia del diritto, hanno teso ad escludere la natura di norma giuridica dei principi, irriducibili a mere dichiarazioni d´intenti o a fonti meramente culturali, non vi e dubio che essi presentino comunque una struttura peculiare rispetto a quella delle altre norme giuridiche presenti nell´ordinamento,

---

[146]   *Infra* 5.5
[147]   Definidos más adelante (*Infra* 4.6) y expuestos en el capítulo quinto.

che possiamo definiré – anche per riprendere la contrapposizione suggerita dal titolo assegnato – "Regole"...[148]

Que significa:

"... La mayoría de las veces en la historia del derecho, se tiende a excluir la naturaleza de los principios del Estado de Derecho, pero no pueden reducirse a meras declaraciones de intenciones o fuentes meramente culturales; no hay duda que los principios aparecen con una estructura muy peculiar que difiere de la de cualquier otra ley que podemos definir como – en contraposición sugerida en el título asignado - "Reglas"...[149]

En conclusión, podemos afirmar que la ley no debe ser producto arbitrario del legislador, la ley en cambio, debe seguir el dogma de la legalidad, esto es, ser expresión de la voluntad general y atender a los principios del Derecho lo más fielmente posible.

El legislador tiene un compromiso con la sociedad, pero acaso más importante, tiene un enorme compromiso histórico con todos los juristas que le han precedido y que han aportado sus vidas, sus conocimientos y su experiencia a la formación del Derecho, por lo que finalmente debemos concluir que: la ley no puede vencer a la razón.

4.6 Los Principios Fundamentales del Derecho.

Comenzaremos este análisis parafraseando a Montesquieu, quien afirmaba que:

"...Las leyes, en su significación más extensa, no son más que las relaciones naturales derivadas de la naturaleza de las cosas; y en ese sentido todos los seres tienen sus leyes: la divinidad tiene sus leyes, el mundo material tiene sus leyes, las inteligencias superiores

---

[148]   Pertizi, Andrea. Investigación conjunta *"Principios y Reglas"* realizada por la Universidad de Pisa, Italia y la Escuela Libre de Derecho de México, 2009 y 2010.

[149]   Traducción hecha del italiano por el autor de este estudio de investigación.

al hombre tienen sus leyes, los animales tienen sus leyes, el hombre tiene sus leyes…"[150]

Partiendo de esta idea reconocemos que la génesis del derecho se encuentra en el principio del hombre, quien comparte la existencia de las leyes con la naturaleza, con la divinidad y con la física.

Montesquieu afirmó que antes del ser racional existían relaciones posibles y por consiguiente leyes posibles y su consecuente relación de justicia, afirmación que compartimos en una parte y en otra no, pues con gran acierto, este jurista nos deja claro que existieron relaciones de equidad incluso antes que las leyes, idea que es el punto medular de este análisis, pero lo cierto es que no pudo haber derechos antes que el hombre, dado que conforme a la lógica formal, mientras no comprobemos científicamente la existencia de alguna inteligencia exterior, el hombre es el principio y fin del derecho.

Resulta entonces congruente afirmar que el *equilibro* o *aequitas* que es esa relación constante, necesaria y natural derivada de la naturaleza de las cosas, sería entonces el primer principio, anterior a la humanidad, anterior a la razón, anterior a las leyes. Es al mismo tiempo, el origen de todo el derecho a partir del hombre.

Los romanos reconocieron la importancia de la equidad como el principio fundamental rector de todos los demás principios del Derecho, con la siguiente formula: *Aequitatem ante oculos habere debet index*, el juez debe tener la equidad ante sus ojos. [151]

Hasta ahora hemos visto que los principios del Derecho han sido categorizados de muy diversas formas, de manera que no existe un criterio uniforme sobre su esencia, su contenido, sus alcances y su universalidad o relatividad.

Algunos se consideran absolutos y comprobables universalmente, como los principios lógicos, que presumen de ser matemáticamente perfectos y tan universales como las leyes de la física.

---

[150]   Montesquieu, Charles Louis de Secondat, Señor de la Brède y Barón de. *Del espíritu de las Leyes*, Grupo Editorial Éxodo, México, 2009, pág. 33.
[151]   Digesto, Ulpiano, Libro XIII, título IV, ley 4ª, 1.

Otros por su parte, presumen de ser verdades atemporales de uso inveterado y reconocido por todos los pueblos. Otros más son pilares para la construcción de las normas positivas, y finalmente algunos son necesariamente relativos, al referirse a las costumbres de cada nación en épocas y lugares determinados.

En fin, cabría preguntarnos, ¿cuál de estas afirmaciones es verdadera? Si son contradictorias una sola debería serlo; pero si no lo son, entonces podríamos estar en presencia de una realidad que solo podría explicarse con la escuela ecléctica de los principios, y que en verdad encontremos una variedad real de clases de principios del Derecho y cada uno de ellos ser tan válidos como los demás.

Por más que los positivistas busquen comprobar la pureza del derecho y su independencia con otras ciencias, lo cierto es que el concepto de derecho es un concepto de índole esencialmente filosófica cuyo estudio y comprensión requiere de elementos de que no dispone ni la razón práctica ni la ciencia positiva del Derecho.

De ahí que para comprender cabalmente nuestra disciplina, necesariamente debemos reconocer la interdependencia que existe entre las tres dimensiones del Derecho, como hecho, como valor y como norma, en todos sus aspectos, esencialmente en aquellas aspiraciones que conforman la aurora ideal de la civilización y que constituyen los derechos indispensables que dignifican al ser humano tanto en lo individual como en sus diversas formas asociativas.

Estamos hablando por supuesto de los derechos fundamentales, conocidos por múltiples denominaciones, como derechos humanos o garantías individuales.

Cada derecho fundamental tiene un origen supraestatal, atemporal, inveterado, inmanente. Su razón de ser se encuentra en su dimensión valorativa, esto es, todos los Derechos Fundamentales contienen un valor supremo para el Derecho.

Además su justificación fáctica ha sido escrita con la sangre derramada en innumerables batallas que los seres humanos han ganado a través de la historia, con la finalidad de que se reconozca socialmente la existencia de estos sentimientos, necesidades y aspiraciones ideales de justicia que contiene cada uno de los derechos fundamentales.

Los derechos fundamentales juegan entonces, un papel decisivo en la dinámica de los principios del Derecho, pues en mayor o menor medida, tales derechos fundamentales tienen un contenido axiológico y recogen la experiencia y la razón de ser plasmada en los principios del Derecho, de manera que en su más profundo origen, comparten la esencia de los principios y por ello es que toda sociedad civilizada aspira a que se incorporen a su catálogo de reglas positivas.

Debemos preguntarnos entonces, si los derechos fundamentales son normas de la misma categoría que las demás normas, en cuanto a su estructura, y entonces su única distinción es el lugar en el que se encuentran dentro de la jerarquía normativa; o bien, si los derechos fundamentales son en realidad derechos de una categoría superior a los demás derechos.

A la primera postura Alexy[152] la denomina *teoría estrecha y rigurosa*, y a la otra, *teoría amplia y comprehensiva*, esto es, la primera es la *teoría de las reglas* y la otra es la *teoría de los principios*.

Conforme a la *teoría estrecha y rigurosa*, el contenido de los derechos fundamentales, estructuralmente, no es distinto al de las demás normas del sistema. Por el lugar en que se encuentran dentro de este sistema, en el rango Constitucional, son normas de elevadísima abstracción y la más grande importancia, pero, según la *teoría de las normas*, esta distinción no trasciende a sus elementos estructurales, sino solo a sus elementos formales.

Al decir de la *teoría amplia y comprehensiva u holística*, los derechos fundamentales además de ser normas de la más alta jerarquía dentro de un sistema jurídico, contienen un catálogo de protección de ciertas posiciones de los ciudadanos frente al Estado, orientadas en aspiraciones con elementos intrínsecos distintos a los de las demás normas del sistema jurídico, precisamente por su contenido político y axiológico de la mayor relevancia para la preservación del Estado de Derecho.

Sin embargo, la corriente dominante considera a los derechos fundamentales de una forma ecléctica entre ambas corrientes, de manera que son al mismo

---

[152]   Alexy, Robert. *Derechos Fundamentales, ponderación y racionalidad*, Edición y traducción de Rubén Sánchez Gil, artículo publicado dentro de la Revista Iberoamericana de Derecho Procesal Constitucional número 11, enero junio de 2009, México 2009, pág. 3.

tiempo reglas y principios, pues además de que el contenido de estos derechos tiene una esencia teleológica, su posición es evidentemente privilegiada, de manera que le da forma al propio sistema jurídico que los incorpora en su catálogo de reglas positivas, estableciendo los límites a la actuación del poder público frente al gobernado, y constituyendo precisamente el parámetro para determinar la legalidad de todas las demás normas del sistema, lo que le genera el título de norma suprema, la *grundnorm* [153] Kelseniana, o también conocida como la *regla de reconocimiento* de Hart.

Nosotros sostenemos que los derechos fundamentales son al mismo tiempo reglas y principios, lo que implica que los derechos fundamentales encarnan un orden de valores objetivos reconocidos en la norma primaria, originalmente como una prerrogativa del ciudadano frente al Estado.

Pero no se limita a ello, pues una vez identificado, su contenido se hace aplicable a otros ámbitos del Derecho, no sólo frente al Estado, y no sólo en cuanto a la norma suprema, sino también como un principio general que debe ser observado en todas las normas inferiores del sistema y en todas las relaciones jurídicas posibles, incluso para que el Estado proteja al individuo contra otros ciudadanos.

Al respecto, Robert Alexy, afirma lo siguiente:

> *"...Uno de los resultados más importantes de la discusión sobre los derechos fundamentales desde la mitad del siglo XX es la ampliación de las funciones de los derechos fundamentales, más allá de la tradicional función de derechos de defensa. Hoy día existe un amplio consenso acerca de que los derechos fundamentales también atribuyen al ciudadano un derecho contra el Estado para obtener de él protección contra intervenciones o ataques provenientes de otros ciudadanos..."* [154]

---

[153]   Para Kelsen la *grundnorm* o norma fundamental es la norma primaria o básica de la que dependen todos los ordenamientos jurídicos de un sistema, y por esta *grundnorm* se presume el deber de todos los gobernados de obedecer a sus gobernantes.

[154]   Alexy, Robert. *Tres escritos sobre los derechos fundamentales y la teoría de los principios,* presentación y traducción de Carlos Bernal Pulido, Serie de Teoría Jurídica y Filosofía del Derecho, Universidad Externado de Colombia, 2003, pág. 36.

De tal forma que los derechos fundamentales *irradian* sus efectos a todo el sistema jurídico, haciendo aplicables los valores en ellos contenidos a prácticamente todos los ámbitos del Derecho, de ahí que se afirme que los derechos fundamentales tienen un *efecto de irradiación*.

Por lo tanto, una vez reconocido el derecho fundamental en la norma suprema, su *efecto de irradiación* permite al jurista elaborar un procedimiento general de aplicación de este principio para cualquier relación jurídica y respecto a cualquier norma del sistema jurídico, incluyendo por supuesto, las *relaciones contractuales de naturaleza mercantil*.

En el mismo sentido opina Humberto Noguera Alcalá, quien sostiene la teoría de la eficacia *erga omnes* de los derechos fundamentales, conforme a la cual el sistema de derechos asegurados posee una fuerza vinculante *erga omnes*, siendo plenamente aplicables no sólo a las relaciones particulares-Estado, sino también entre particulares.[155]

De forma tal que la esencia valorativa contenida en el derecho fundamental se preserva con total independencia de que la norma secundaria lo contemple o lo ignore, esto es, se genera un principio que se encuentra ahora presente de forma inmanente en el sistema jurídico, asegurando la aplicación del derecho fundamental bajo cualquier circunstancia, lo que doctrinalmente se traduce en la omnipresencia del derecho fundamental en todo el sistema jurídico, de forma que se convierte en un *derecho ubicuo*, y es a este efecto al que llamamos el *principio de ubicuación* de los Derechos fundamentales.

El reconocimiento de los Derechos Fundamentales a lo largo de la historia no ha sido precisamente fácil ni universal, más bien ha sido el resultado del triunfo de las sociedades civilizadas contra las actitudes hostiles y la resistencia del poder soberano y absoluto, constituido a favor de hombres poderosos que se caracterizan en mayor o menor medida por un común denominador: La tiranía.

Por lo tanto, el triunfo del reconocimiento de los Derechos Fundamentales del hombre suele clasificarse de acuerdo a 4 generaciones, la primera generación corresponde a esas aspiraciones que son Universales, inmanentes, naturales y

---

[155]   Noguera Alcalá, Humberto. *Teoría y Dogmática de los Derechos Fundamentales*, Instituto de Investigaciones Jurídicas, UNAM, México, 2003, pág. 74.

que aprecian no solo los humanos, sino todos los animales del planeta y se han identificado casi unánimemente, con el derecho a la Vida, a la Igualdad y a la Libertad.

Derechos que en mayor o menor medida son la base para las demás generaciones de Derechos Fundamentales, pero todos, desde los de primera hasta los de cuarta generación, tienen en común su contenido teleológico, político y axiológico, y tienen en común también la pretensión de validez universal de sus contenidos. [156]

Por lo anterior, el efecto de irradiación de estos derechos fundamentales y su correspondiente *principio de ubicuación*, nos permiten identificar a los principios del Derecho que emanan de los mismos como principios de un peso específico mayor y de la mayor relevancia en el sistema jurídico, a estos principios nosotros proponer denominarlos *principios fundamentales del Derecho*.

Para los efectos de esta clasificación, proponemos distinguir entonces los principios en dos grandes escuelas: por un lado, los principios que por atender al bien común, son cambiantes de acuerdo a lo que cada pueblo estime como bien común; y por otro lado, los principios irradiados por los derechos fundamentales.

En resumen, son inmutables, universales e intemporales; derivan de una fuente indiscutible, aún no identificada, bien de la razón, de la humanidad, de un ser superior o de la simple naturaleza, pero por definición, están más allá de toda duda de la praxis de cada nación. Su existencia se da con total independencia del bien común y pueden o no estar incorporados o reconocidos en el sistema jurídico positivo.

A esta realidad jurídica, aplicada al ámbito de la materia que nos ocupa, nosotros la denominamos *principios fundamentales del Derecho mercantil*.

---

[156] Ídem, pág. 60.

CAPÍTULO QUINTO

EL EQUILIBRIO CONTRACTUAL Y LA LIBERTAD CONTRACTUAL COMO PRINCIPIOS FUNDAMENTALES DEL DERECHO MERCANTIL.

5.1 Introducción; 5.2 El Principio de equilibrio contractual. 5.3 La Buena Fe y Lealtad Negocial como expresiones del principio de Equilibrio Contractual. 5.4 El principio de libertad contractual. 5.5 La dialéctica de los principios.

5.1 introducción.

Conforme a lo analizado en el capítulo cuarto, podemos concluir que el Derecho Mercantil encuentra sustento y gran parte de su *ratio iuris* en aquellos principios del Derecho que son irradiados de los derechos fundamentales. Modernamente no es aceptable sostener que los derechos fundamentales contengan solamente derechos públicos subjetivos de defensa contra los actos u omisiones del Estado, pues según vimos anteriormente, por su efecto de irradiación rigen también en las relaciones jurídicas particulares.

De esta forma, los Derechos Fundamentales irradian su protección al resto del sistema jurídico, y particularmente en cuanto al punto que nos interesa en este estudio, se encuentran omnipresentes en las relaciones de Derecho Privado, rigiendo la vida jurídica de los contratantes, de tal manera que las partes pueden exigir al Estado que les proteja en estas emanaciones, a las que de manera general nosotros denominamos *principios fundamentales del Derecho* y aterrizados a la materia que nos ocupa, denominamos *principios fundamentales del Derecho mercantil.*

Considerando el objetivo de esta obra, buscaremos acotar el análisis de este tema a dos principios fundamentales del Derecho Mercantil: el principio de equilibrio contractual, y el principio de libertad de contratación.

Finalmente analizaremos el concepto de la "Dialéctica de los Principios" donde abordamos la importancia de la aportación de los juristas en la conformación de los "principios fundamentales del Derecho mercantil".

5.2 El Principio de equilibrio contractual, expresión del Principio Supremo, Aequitas.

Podemos identificar un principio fundamental del Derecho que sirve como eje de todos los demás, pues todos son emanaciones de éste; nos referimos por supuesto al principio de equidad, conocido como *aequitas*, que viene a ser el principio mayor o principio supremo, y al cual nos referimos al inicio del capítulo anterior, como esa relación constante, necesaria y natural derivada de la naturaleza de las cosas.

De este principio derivan los de igualdad, libertad, justicia y seguridad, que en realidad son expresiones del principio supremo de equilibrio o *aequitas*.

Por lo tanto, los principios fundamentales del Derecho mercantil, son aquellos derivados de los principios supremos antes señalados.

Del principio supremo de equidad emana la *epiqueya* aristotélica, que se entiende como la prudente adaptación de la ley general, a fin de aplicarla al caso concreto.

La equidad era para Aristóteles, en sí, una forma de justicia.[157]

Del principio supremo de equidad emana el primero de los principios fundamentales del Derecho mercantil materia de estudio. Nos referimos por supuesto al *principio de equilibrio contractual*, conforme al cual, todos los

---

[157]   Cornejo Certucha, Francisco M. Artículo publicado dentro de la *Enciclopedia Jurídica Mexicana, Instituto de Investigaciones Jurídicas, UNAM*, Tomo III, Editorial Porrúa, México, 2002, pág. 772.

convenios o contratos derivados de operaciones comerciales, deben mantener un equilibrio natural entre los provechos y gravámenes asumidos por los contratantes.

Algunos autores son renuentes a reconocer que el equilibrio sea imperante en el Derecho mercantil, como Rocco, quien estima que ninguna otra cosa que no sea la misma ley mercantil, debe considerarse fuente de aquél, rechazando incluso a la equidad como principio general del derecho.[158]

A nuestro entender, no debe confundirse el concepto de *equidad* con el de *igualdad*, pues si bien presentan profundas semejanzas, son puntos de vista distintos de una misma realidad, pero no son especies de un mismo género, pues la equidad no requiere ni supone igualdad, de hecho en la mayoría de los casos supone desigualdad.

El Derecho mercantil es ejemplo palpable de esta diferencia, pues los comerciantes contratantes pretenden obtener lucro de forma distinta en sus relaciones comerciales, usualmente el más poderoso tiene implícito un riesgo menor y una ganancia mayor; en cambio el menos poderoso asume mayores riesgos y aun así su mejor escenario será esperar un lucro menor.

Esta desigualdad puede ser asumida y consentida por los contratantes y con plena conciencia de ello, celebrar operaciones mercantiles en un perfecto balance de fuerzas previamente aceptado, que debe mantenerse y respetarse. Es decir, existe equilibrio contractual, mas no igualdad material.

No obstante, nosotros consideramos que en toda relación negocial de naturaleza mercantil, las partes asumen sus obligaciones en ejercicio de su autonomía de la voluntad, debiendo siempre hacerlo con pleno conocimiento de las consecuencias de sus interacciones y asumiendo la responsabilidad propia de su consentimiento, pero esta libertad de contratación se entiende dada bajo el principio de equidad contractual, esto es, las obligaciones deben mantener el balance natural del lucro asumido y esperado que corresponde propiamente a la operación mercantil.

---

[158] Rocco, Alfredo. *Principios de Derecho Mercantil*, Editora Nacional, México, 1927, pág. 101 a 105.

No se trata desde luego que los negocios mercantiles siempre generen el lucro esperado, pero al menos deben prevalecer las condiciones para que esto ocurra, pues en caso de que esta posibilidad contingente deje de existir sin justificación, se rompe el equilibrio contractual natural que rige en el fondo del mismo.

Los comerciantes por definición, asumen el riesgo que entre el capital aportado y el trabajo realizado, con relación al provecho esperado, no se logre una adecuada compensación.

Sin embargo, este riesgo se puede ver alterado sustancialmente por acciones u omisiones distintas a las propias de la vida económica del mercado, imprevisibles o insuperables, ajenas a las partes; o bien por actos fraudulentos cometidos por uno de los contratantes en perjuicio del otro.

En estos supuestos se destruyen las razones o motivos determinantes de la voluntad de uno o ambos de los contratantes, rompiendo con ello el equilibrio contractual natural del acto de comercio.

Al decir de Gustave Thibon,[159] *la esperanza* es uno de los elementos fundamentales del equilibrio y la armonía, y para ello pone como ejemplo el caso del biólogo Naessens, quien fue demandado tras su fracaso en haber descubierto el remedio contra el cáncer, y a quien defendió su abogado argumentando que:

> *"Si mi cliente no salvó a sus enfermos, por lo menos les dio esperanzas..."* [160]

Podemos rescatar estas líneas para ejemplificar el equilibrio contractual, pues no puede darse equilibrio en una operación comercial que desde el inicio del negocio no exista ninguna esperanza de que florezca y obtenga esa adecuada retribución, con desconocimiento o manipulación del perjudicado, por más que los contratantes gocen de libertad contractual y autonomía de la voluntad en su contratación.

---

[159]   Thibon, Gustave. *El equilibrio y la armonía*, Ediciones Rialp, Madrid, 1978, pág. 72.
[160]   Ídem pág. 85.

Thibon[161] afirma que el equilibro es el estado de un cuerpo solicitado por varias fuerzas cuyos efectos se destruyen entre sí y concluye que existe armonía cuando se da un acoplamiento entre las partes de un todo, de manera que concurren a un mismo fin.

El "fiel" de la balanza es indicador de equilibrio, que en estado de reposo está en igualdad, mas no permanece así estando en movimiento, y pese a ello, está en armonía.

Inspirándonos en las ideas de Thibon, podemos afirmar que todo acto de comercio contiene intrínseco un principio de equilibrio, no porque siempre exista igualdad entre los comerciantes, sino porque al tratarse de relaciones jurídicas en movimiento, existe ese acoplamiento entre las partes del negocio que concurren a un mismo fin.

Los Principios Unidroit 2010 de forma implícita asumen la existencia del *principio de equilibrio contractual* en al menos dos disposiciones:

La primera es en relación a la *excesiva desproporción* en la celebración de los contratos mercantiles, pues dispone que una parte puede anular el contrato o cualquiera de sus cláusulas si en el momento de su celebración el contrato o alguna de sus cláusulas otorgan a la otra parte una *ventaja excesiva*, en cuyo caso a petición de la parte legitimada para anular el contrato, el tribunal podrá adaptar el contrato o la cláusula en cuestión, a fin de ajustarlos a *criterios comerciales razonables* de lealtad negocial. [162]

Estos *criterios comerciales razonables de lealtad negocial*, son precisamente aquellos necesarios para la existencia de un sano equilibrio contractual en el desarrollo de la operación mercantil de que se trata, y las consecuencias de violar este principio fundamental del Derecho Mercantil deben ser el determinar la existencia de una *ventaja excesiva* a favor de una de las partes y revertir sus efectos.

La segunda es en relación a la *excesiva onerosidad*, también conocida como *hardship* misma que se da cuando existe una afectación al equilibrio del contrato, el cual es alterado de modo fundamental por el acontecimiento de

---

[161]   Ibídem pág. 118.
[162]   Ver artículo 3.2.7 de los Principios UNIDROIT 2010.

ciertos eventos; bien porque el costo de la prestación a cargo de una de las partes se ha incrementado, o bien porque el valor de la prestación que una parte recibe ha disminuido, y dichos eventos acontecen o llegan a ser conocidos por la parte en desventaja después de la celebración del contrato; en el que necesariamente los eventos no pudieron ser razonablemente tenidos en cuenta por la parte en desventaja en el momento de celebrarse el contrato; los eventos escapan al control de la parte en desventaja; y el riesgo de tales eventos no fue asumido por la parte en desventaja.[163]

Debe destacarse que los Principios Unidroit 2010 en este apartado, claramente y de forma expresa consideran que existe un equilibrio del contrato que debe ser mantenido cuando se ve amenazado por circunstancias tan extremas como la excesiva onerosidad sobrevenida, con lo que de forma implícita está reconociendo y estableciendo la existencia del *equilibrio contractual* como principio fundamental del Derecho Mercantil.

5.3 La Buena Fe y Lealtad Negocial como expresiones del principio de Equilibrio Contractual.

La buena fé es un concepto técnico-jurídico, es creación de los juristas y su connotación es usualmente multívoca, pero su contenido no es exclusivamente jurídico, es más bien de contenido axiológico, valorativo. Encierra las exigencias morales de una sociedad que aspira a un estado superior de evolución de la conciencia humana. Los legisladores la utilizan con frecuencia para introducir elementos internos subjetivos en la regulación de las relaciones jurídicas.

Se emplea el concepto de *buena fe* para una multiplicidad de relaciones jurídicas de naturaleza muy diversa. Verbigracia, para calificar la posesión en la usucapión; para calificar al edificador en la accesión; para calificar la adquisición en derecho registral; para calificar al cónyuge cuyo matrimonio se anula por bigamia; para atribuir deberes supletorios; y particularmente en el caso que nos ocupa, para calificar el ánimo de los contratantes en los negocios mercantiles.

La necesidad de actuar de buena fe nos recuerda que la ley y el derecho no son ajenos a la moral y la ética, esto es, que las relaciones jurídicas están nutridas

---

[163]   Ver artículo 6.2.2 de los Principios UNIDROIT 2010.

por la dimensión axiológica del Derecho. Es una forma que el legislador utiliza para disimular que en ciertos aspectos de la vida jurídica, el positivismo es insuficiente para lograr los fines de la ley; y sin reconocer que requiere de supuestos de derecho natural, recurre a la *buena fe* como una exigencia de actuar con *honradez*, con *bondad* y con *lealtad*, en las relaciones jurídicas cotidianas.

Al decir de Luis Díez-Picazo, debemos distinguir entre la buena fe en sentido estricto, como concepto técnico jurídico, con la buena fe como principio general del derecho. Dicho autor señala que:

> *"Al enfrentarnos con el tema de la buena fe conviene no perder de vista que son probablemente cosas distintas la idea escueta de buena fe y el principio general de buena fe. Buena fe a secas es un concepto técnico jurídico que se inserta en una multiplicidad de normas jurídicas para describir o delimitar un supuesto hecho (…) Otra cosa distinta es el principio general de buena fe. Aquí la buena fe no es ya un puro elemento de un supuesto hecho normativo, sino que engendra una norma jurídica completa, que, además, se eleva a la categoría o al rango de un principio general del derecho: todas las personas, todos los miembros de una comunidad jurídica deben comportarse de buena fe en sus recíprocas relaciones"*[164]

La *buena fe* y la *lealtad negocial* en su aspecto más profundo, representan una aspiración y una búsqueda de equilibrio o igualdad en las relaciones jurídicas. La igualdad (jurídica) se define en el Diccionario de la Real Academia de la Lengua Española, como el *principio que reconoce a todos los ciudadanos capacidad para los mismos derechos.*[165]

Sánchez Vázquez por su parte, afirma que el *principio supremo de igualdad,* desde un punto de vista jurídico, se traduce en la posibilidad y capacidad de que varias personas numéricamente indeterminadas, adquieran los derechos

---

[164]   Prologó redactado por LUIS DIEZ-PICAZO a la traducción al castellano del libro de Wieacker, Franz. *El principio general de la buena fe*, Editorial Civitas, Madrid, 1977, pág. 12.

[165]   Diccionario de la Real Academia de la Lengua Española. Versión digital incorporada en los Diccionarios Microsoft Encarta, *Microsoft Corporation*, 1998.

y contraigan las obligaciones derivadas de una cierta situación en que se encuentran.[166]

De esta noción de igualdad emanan los principios de *buena fe contractual y lealtad negocial.*

La *buena fe contractual* significa que la voluntad de las partes en todos los convenios o contratos mercantiles debe asumirse manifestada con veracidad y honestidad, bajo los preceptos de personas de bien y con la íntima convicción de ser cumplidos en su integridad de forma que mantengan ese equilibrio natural que debe existir en toda operación de negocios. La buena fe no es suprimible y debe imperar en todo negocio comercial.

El Código Civil federal mexicano, de aplicación supletoria al Derecho Mercantil, declara a la buena fe como un deber que siempre debe entenderse presente en todos los contratos, aunque las partes no se obliguen a ella, pues en su artículo 1796 dispone que, además de lo expresamente pactado, los contratantes quedan obligados al cumplimiento de todas las obligaciones que derivan de la buena fe, del uso y de la ley. Dicho precepto dispone:

> **Artículo 1796.**- *Los contratos se perfeccionan por el mero consentimiento, excepto aquellos que deben revestir una forma establecida por la ley. Desde que se perfeccionan obligan a los contratantes, no sólo al cumplimiento de lo expresamente pactado, sino también a las consecuencias que, según su naturaleza, son conforme a la buena fe, al uso o a la ley.*

El Código de Comercio de México en su artículo 6 Bis señala que los comerciantes deben realizar sus actividades de acuerdo a los *usos honestos* en materia industrial y comercial, con lo que instituye el principio de *buena fe y lealtad negocial* (utilizando otras palabras) y prohíbe ciertas conductas que de forma enunciativa constituyen actos deshonestos o de mala fe. Dicho precepto dispone:

---

[166]   Sanchez Vazquez, Rafael. *La Libertad e Igualdad jurídica como Principios Generales del Derecho*, Editorial Porrúa, México, 1995, pág. 113.

> *Art. 6 Bis. Los comerciantes deberán realizar su actividad de acuerdo a los usos honestos en materia industrial o comercial, por lo que se abstendrán de realizar actos de competencia desleal que:*
>
> *I. Creen confusión, por cualquier medio que sea, respecto del establecimiento, los productos o la actividad industrial o comercial, de otro comerciante;*
>
> *II. Desacrediten, mediante aseveraciones falsas, el establecimiento, los productos o la actividad industrial o comercial, de cualquier otro comerciante;*
>
> *III. Induzcan al público a error sobre la naturaleza, el modo de fabricación, las características, la aptitud en el empleo o la cantidad de los productos, o*
>
> *IV. Se encuentren previstos en otras leyes (...)*

Siguiendo la corriente de los preceptos antes señalados, los Principios Unidroit 2010 declaran que actuar de buena fe es un deber que impera aunque las partes no se obliguen expresamente a ella y este deber no puede ser excluido de ningún contrato, por lo que los contratantes no tienen facultades para eludir la aplicación de esta parte de los Principios (lo que constituye una excepción a la regla general de que las partes pueden excluir parcial o totalmente los principios).[167]

Conforme al diccionario de la Real Academia de la Lengua Española, se entiende por lealtad, el cumplimiento de lo que exigen las leyes de la fidelidad y las del honor y hombría de bien. [168]

La *lealtad negocial* no es otra cosa que una forma de expresar el mismo principio de buena fe, pues la lealtad en la celebración de los negocios comerciales supone al buena fe de los comerciantes, e implica que las partes asumen el compromiso de actuar con veracidad y honor, aplicando los valores morales considerados como indispensables para una sana convivencia dentro de las sociedades civilizadas. Los grandes empresarios saben que la lealtad negocial es la única ruta para la rentabilidad. [169]

---

[167]   Artículo 1.7 de los Principios Unidroit 2010.
[168]   Diccionario de la Real Academia de la Lengua Española. Op. Cit.
[169]   Reichheld, Frederick. *El efecto de la lealtad*, título original: *The loyalty effect*, Traducción de Margarita Cárdenas, Grupo Editorial Norma, Bogotá 1996, pág. 20.

La aplicabilidad de la buena fe y la lealtad negocial a los contratos internacionales, está regulada en los Principios Unidroit 2010,[170] mismos que declaran que para la Integración del contrato, cuando las partes no se hayan puesto de acuerdo acerca de un término importante para determinar sus derechos y obligaciones, el contrato será integrado con un término apropiado a las circunstancias.

Para determinar cuál es el término más apropiado, se tendrán en cuenta, entre otros factores, los siguientes: la intención de las partes; la naturaleza y finalidad del contrato; *la buena fe y la lealtad negocial* y el *sentido común*.

En el mismo sentido estos principios consideran que Las obligaciones contractuales de las partes pueden ser expresas o implícitas. Las obligaciones implícitas pueden derivarse de: la naturaleza y la finalidad del contrato; las prácticas establecidas entre las partes y los usos; *la buena fe y la lealtad negocial* y el *sentido común*. [171]

La *buena fe y lealtad negocial*, en cuanto al momento de ejecución del contrato, tiene dos aspectos, la *diligencia in contraendo* y la *diligencia in supplicium*.

a).- La *diligencia in contraendo*[172] significa que las partes deben adoptar un comportamiento leal en toda la fase previa a la constitución de tales relaciones, esto es, en la fase de negociación;

b).- La *diligencia in supplicium* supone el deber de comportarse lealmente en la ejecución del compromiso asumido y tiene a su vez dos aspectos: el positivo, conforme al cual los derechos deben ejercerse con honradez; y el negativo, conforme al cual, los deberes deben cumplirse diligentemente.

Algunos principios secundarios del Derecho Mercantil derivan de la *buena fe y lealtad negocial*, como los siguientes:

---

[170]   Ver artículo 4.8 de los Principios UNIDROIT 2010.
[171]   Ver artículos 5.1.1 y 5.1.2 de los Principios Unidroit 2010.
[172]   Diez-Picazo, Op. Cit.

El principio *venire contra factum proprium* que significa que nadie puede ir contra sus propios actos.

Tu quoque, locución latina que significa "tu también", relativo a la adquisición de un derecho de mala fe. Este principio pone en evidencia la hipocresía del reclamante que ha incurrido en la misma falta que la que reclama. Tradicionalmente se resolvía aplicando a ambos las reglas de la buena fe, en vez de aplicar a ambos las consecuencias de su mala fe.

El principio *verwirkung*[173] alemán, que se traduce en la consideración de que el ejercicio de un derecho es desleal, ya por retraso, ya por la conducta omisiva del titular del derecho, cuando con base en dichas omisiones, la contraparte objetivamente ha considerado que no se ejercerá dicho derecho y actuado en consecuencia; y,

El *inciviliter agere* [174] o acción inicua, conforme al cual, una empresa puede actuar apreciando objetivamente la conducta desplegada por el contrario, de tal manera que la reclamación de éste sea una acción mercantil claramente desconsiderada. Este principio parte de la necesidad de que las relaciones negociales mantengan la buena fe y la paz de forma duradera, de tal suerte que debe suponerse también que los contratantes deberán actuar en consecuencia a lograr estos objetivos. Al abandonar este standard jurídico, se priva al comerciante del ejercicio de su acción.

5.4 El principio de libertad contractual.

El término libertad deriva del latín *libertas-atis,* que indica la condición del hombre no sujeto a esclavitud[175]. El concepto de *libertad* es multívoco, pues tiene diversas acepciones.

El diccionario de la Real Academia de la Lengua Española la considera como la facultad natural que tiene el hombre de obrar de una manera o de otra y de no obrar, por lo que es responsable de sus actos. También dicho Diccionario, en su quinta acepción la considera como la Facultad que se

---

[173]   Derivado del artículo 7 del Código Civil Alemán.

[174]   Wieacker, Franz. *El principio general de la buena fe,* Editorial Civitas, Madrid, 1977, pág. 60.

[175]   Sanchez Vazquez. Op. Cit. Pág. 70.

disfruta en las naciones bien gobernadas de hacer y decir cuanto no se oponga a las leyes ni a las buenas costumbres.[176]

La libertad como derecho fundamental, se consagra en todos los instrumentos de derechos humanos del mundo y es reconocido en todos los sistemas jurídicos no totalitarios bajo dos aspectos, uno positivo y otro negativo. Desde el punto de vista positivo, la libertad constituye una facultad de hacer lo que se desea hacer; y desde el punto de vista negativo, constituye una facultad de no hacer, de no actuar conforme se lo imponga una voluntad externa.

Ambos aspectos en su conjunto constituyen la autodeterminación del individuo o autocausalidad, por cuanto es el sujeto quien determina su destino. Nunca puede entenderse de forma absoluta, pues la libertad de un sujeto está limitada por la ley y las buenas costumbres, para garantizar la libertad del prójimo.

El Principio supremo de Libertad consiste entonces, en la facultad natural de obrar o de no obrar de una manera u otra, según se disponga. La libertad encuentra su punto central en la autodeterminación o autocausalidad, siendo por ende, la ausencia de condiciones y de límites externos. Nunca es absoluta, pues por principio se encuentra limitada por la libertad del prójimo.[177]

Del Principio Supremo de Libertad emana el tercero de los principios fundamentales del Derecho Mercantil: el *principio de autonomía de la voluntad y libertad de contratación*, conforme al cual, las partes contratantes conservan la facultad de contraer los compromisos comerciales que estimen que mejor les convengan, y elegir tanto el derecho aplicable como las normas de procedimiento para dirimir cualquier controversia.

La *libertad de contratación* por tanto requiere 3 elementos, a saber:

a). - Que las partes estén suficientemente informadas sobre las consecuencias del compromiso asumido;

b). - Que sus renuncias no afecten el interés social; y

c). - Que sus pactos no contravengan el orden público.

---

[176]   Diccionario de la Real Academia de la Lengua Española. Versión digital de los Diccionarios Encarta, Microsoft Corporation, 1998.

[177]   Sanchez Vazquez, Op. Cit. pág. 70.

La autonomía de la voluntad tiene 3 diferentes expresiones. La primera constituye la facultad de las partes para celebrar un contrato y para determinar su contenido.[178]

La segunda expresión consiste en que conforme a la autonomía de la voluntad, se acepta que en Derecho Mercantil las partes asuman y elijan libremente el derecho de fondo aplicable, no sólo respecto al derecho interno, sino que tienen la facultad de elegir libremente incluso la aplicabilidad de instrumentos internacionales o derecho extranjero; o incluso de crear su propio derecho. Por lo tanto deberá resolverse cada caso concreto con base en las normas jurídicas de fondo elegidas o creadas por las partes.

La tercera expresión consiste en que la libertad de contratación también se aplica a la materia procesal, pues las partes están en libertad de pactar las normas de procedimiento aplicables, pudiendo realizar 3 conductas: renunciar ciertos derechos procesales; sólo restringir los derechos derivados de las leyes aplicables; o bien, declarar totalmente inaplicable el derecho procesal positivo nacional o internacional y elegir libremente la forma en que deba llevarse el proceso.

Por supuesto la autonomía de la voluntad también genera la posibilidad de excluir la facultad jurisdiccional del Estado para dirimir las controversias correspondientes, pues las partes tienen el derecho de elegir tribunales arbitrales con toda la gama de posibilidades que ello conlleva, y que por su extensión no será abordado en este trabajo.

La autonomía de la voluntad encuentra uno de sus límites en las normas imperativas de derecho interno, pues sólo son renunciables los derechos privados que no afecten el interés social y el orden público, de forma tal que las disposiciones que las partes pueden pactar en ejercicio de la autonomía de la voluntad y libertad de contratación nunca deben contravenir disposiciones de orden público imperativas del derecho interno aplicable.

---

[178] El primer artículo de los Principios UNIDROIT 2010 establece este principio.

5.5 La dialéctica de los principios.

Como analizamos en el capítulo segundo, la escuela que subsiste en los sistemas jurídicos contemporáneos sigue más influencia de la escuela de la libre investigación, que de su escuela predecesora, la escuela de la exégesis, por ello es que hoy en día la función judicial ha reivindicado la participación del jurista en la dialéctica de la aplicación del derecho, haciendo que el papel del jurista tenga mayor reconocimiento en cuanto a su relevancia.

Así encontramos que el derecho moderno no discute la facultad que tienen los órganos judiciales para interpretar la norma, a pesar de que a simple vista esta norma no requiera interpretación. Antiguamente se decía, conforme a la escuela de la exegesis, que si la norma era clara en sus términos y no daba lugar a dudas, no era admisible ninguna interpretación.

En cambio, hoy en día, bajo el pretexto de interpretar una norma, los tribunales son prolíficos en darle a las normas sentidos diversos a los que aparentemente se desprende de la simple lectura, y sus decisiones son definitivas, de forma que si el máximo tribunal, en nuestro caso, la Suprema Corte, afirma que tal o cual precepto constitucional no dice lo que dice, pues según su óptica, solo parece que lo dice, pero en realidad dispone otra cosa; no existe ningún medio para lograr la aplicación literal de la norma, esa es la nueva verdad legal.

Esto sucede así precisamente por el éxito de la escuela de la libre investigación de Francois Geny [179] (analizada en el capítulo segundo) en la praxis jurídica, que resultó del triunfo del *mos gallicus* sobre el m*os italicus*, a partir de la cual, se dejó de aplicar el método exegético y se permitió a los tribunales a realizar verdaderos ejercicios racionales de interpretación. [180]

Ahora nos parece de lo más común encontrar casos en que los Tribunales hacen la llamada *interpretación conforme* sobre normas impugnadas de inconstitucionales, no para expulsarlas del sistema, sino para realizar una interpretación de las mismas de forma que la hagan encajar en el sistema, sin entrar en colisión con la *regla de reconocimiento*, o con otras normas.

---

[179]   Geny, Francois. *Método de interpretación y fuentes del derecho privado positivo*, Reus, Madrid, 1925, pág. 531.
[180]   Guzman Brito, Alejandro. *Mos Italicus y Mos Gallicus*. Universidad Católica de Valparaíso, Universidad de Santiago de Chile, pag. 12.

Es esta la actitud del jurista que contribuye dinámicamente a la creación del derecho. No podemos dejar de ver que hoy en día el ejercicio de la actividad interpretadora hace mucho más que desentrañar el sentido de las normas. Tiene una similitud asombrosa con la función del legislador, precisamente por esta dialéctica que existe entre el jurista y el derecho. La dialéctica consiste en esa interacción entre el intérprete, la realidad, los valores en juego y la norma sujeta a interpretación.

Las ideas de Geny sobre la función del interprete, son reveladoras en el sentido de la existencia de un derecho de juristas y no sólo de leyes, conforme al cual se da por sentado que el derecho no surge únicamente del legislador, sino de la actividad del jurista derivada del ejercicio racional al que denominamos *dialéctica de los principios.* [181]

Los principios, las reglas positivas, los hechos concretos materia del caso, los valores en juego y el jurista intérprete que les da congruencia, están íntimamente ligados por esta dialéctica, de tal forma que solo en conjunto se llega a una verdadera expresión del derecho. Jurista y Derecho son la misma realidad, vista desde diferente óptica.

En capítulos anteriores hemos dejado sentado que el Derecho no reside exclusivamente en la ley positiva, precisamente porque el derecho nace sin la necesidad de definir las instituciones jurídicas, descansando esta labor en los juristas. Hemos explorado también anteriormente, que las leyes no requieren ser diccionarios pues no lo necesitan, pero si requieren de un sujeto, de un intérprete, que les dé congruencia.

El jurista al estudiar la norma, analiza su historia, la realidad humana y la conflictiva social a que está dirigida, los valores que pretende proteger, encuentra sus fundamentos esenciales, los sistematiza y elabora conceptos jurídicos que destaca sus elementos comunes, los confronta con las costumbres ancestrales y emite enunciados bajó la pretensión de ser *principios* que por la experiencia milenaria lograron la condición de *máxima inveterada de la*

---

[181] Utilizamos la palabra "dialéctica" conforme a su 2da y 8va connotación del Diccionario de la Real Academia de la Lengua Española, esto es, como método de razonamiento desarrollado a partir de principios y serie ordenada de verdades o teoremas que se desarrolla en la ciencia o en la sucesión y encadenamiento de los hechos.

lógica y de la experiencia de aceptación general, veracidad irrefutable y aplicación universal.

Estos principios del Derecho nacen a la vida jurídica como verdades supremas del derecho *in genere*, constituidos por elementos lógicos y éticos, racionales y humanos, virtualmente comunes a todos los pueblos, que no requieren para su existencia, validez y obligatoriedad, del reconocimiento del Estado dentro del sistema normativo positivo.

Las sentencias judiciales en sí mismas son reflejo de este fenómeno, pues como afirma *Claude Moussy*, el concepto de sentencia en su origen más puro deriva del sustantivo *sententia* y este a su vez del verbo *sentire*, que significa precisamente y de forma primordial, sentir, experimentar una sensación; y originalmente debió referirse a las vivencias que el juzgador tiene a través de los cinco sentidos y en seguida, traslaticiamente, a través de las psíquicas, morales, intelectuales y espirituales por virtud de la mente.[182]

Los principios del Derecho entonces, bajo la razón humana representada por la mente del jurista, rescatan los preceptos del derecho natural anteriores a toda regulación positiva, y reconocen los elementos fundamentales incorporados de forma explícita o implícita en el sistema jurídico positivo y los expresa como principios fundamentales de la legislación positiva.

De tal forma que por la intervención del intérprete con una actitud y rigor científico, el jurista integra y da coherencia a los comúnmente llamados *principios generales del Derecho* bajo preceptos básicos y elementales que inspiran la conciencia y el sentido jurídicos; preceptos que informan el sistema de normas y regulan tanto las instituciones estatales, como la construcción teórica de las mismas.

Como ejemplo encontramos el *principio de legalidad*. Analicemos este principio supremo del Derecho.

La mayoría de los estados modernos que se consideren democráticos, incorporan en su catálogo de derechos públicos subjetivos, el derecho del

---

[182]   Moussy, Claude. *Les vocables latins servant a designer le sens et la signification*. Citado por Guzmán Brito, Alejandro. *Historia de la Interpretación de las normas en el Derecho Romano*, Suprema Corte de Justicia de la Nación, México, 2011, pág. 191.

Gobernado y la correspondiente obligación de todas las autoridades Estatales de fundar y motivar debidamente los actos de molestia ejecutados en perjuicio de los gobernados, y mediante la intervención del *intérprete - jurista* surge el llamado *principio de legalidad*, que si bien se trata de uno de los principios emanados del Derecho positivo, no deja de ser un principio rector de todo el resto del sistema, por el efecto de irradiación de los derechos fundamentales.

Este *principio de Legalidad* se traduce ahora en un *axioma del Derecho*, y a pesar de que la norma de forma expresa no exija mayores requisitos que fundar y motivar debidamente los actos que emitan las autoridades, el *interprete - jurista* le da coherencia y encuentra, identifica y sistematiza sus requisitos y elementos fundamentales, de forma que los traduce y enuncia mediante una *máxima de aplicación general y validez universal*, en el sentido de exigir que en todos los actos de autoridad se expresen las razones de derecho y los motivos de hecho considerados para su dictado, los cuales deberán ser reales, ciertos e investidos de la fuerza legal suficiente para provocar el acto de autoridad.

Motivos que deben expresar las circunstancias especiales, razones particulares y causas inmediatas tenidos en cuenta para emitir el acto; siendo necesario, además, que exista adecuación entre los motivos aducidos y las normas aplicables al caso. Es a este razonamiento en su totalidad a lo que se conoce como *principio de legalidad*, que como se verá, requiere de un ejercicio lógico por parte del *interprete - jurista* y sin él, la norma no logra su plenitud.[183]

Otro ejemplo lo encontramos en el *principio dispositivo* en materia de proceso Mercantil. No existe ningún precepto legal que de forma aislada establezca este principio, sin embargo, de la interpretación sistemática y armónica de todo el Derecho Procesal Mercantil, surge a la vida jurídica derivado de su comparación con otros procesos de naturaleza diversa, como los *procesos inquisitorios*, en los que prevalece el *principio inquisitivo del procedimiento*, en términos del cual, el juzgador tiene la facultad y la función de llegar a la verdad

---

[183]   Este criterio fue paradigmáticamente sustentado por la Primera Sala de la Suprema Corte de Justicia de la Nación de México, al resolver la contradicción de tesis 133/2004, misma que dio lugar a la formación de la tesis de jurisprudencia 1ª./J.139/2005, con número de registro 176546 bajo el rubro: *"Fundamentación y Motivación de las resoluciones jurisdiccionales. Deben analizarse a la luz de los artículos 14 y 16 de la Constitución Política de los Estados Unidos Mexicanos, respectivamente."*

de los hechos mediante el empleo de todos los medios a su alcance, pues en ellos normalmente se ventilan cuestiones que interesan y afectan a toda la sociedad.

En cambio, en los juicios de derecho privado como es el caso de los procesos mercantiles, donde se afectan intereses particulares, debe prevalecer el principio dispositivo, pues son las partes quienes encauzan y determinan el desarrollo del procedimiento, porque en éste se ventilan sus propios intereses; de manera que el juez debe conformarse con llegar a la mayor veracidad posible respecto de los hechos controvertidos, a través de los medios de convicción y argumentos que aporten las partes.

Esto es, en este tipo de procedimientos pesa sobre las partes el impulso procesal; el cual es una concatenación sucesiva de etapas en que la procedencia y naturaleza de cada una depende de la manera en que concluyó la anterior. Principio que a pesar de no estar regulado expresamente en el sistema jurídico, su vigencia esta fuera de toda discusión, no obstante que su fuente no sean las reglas positivas, gracias a la identificación y sistematización del *interprete-jurista* que le da coherencia.

Igual consideración encontramos al analizar el *principio de interpretación conforme* que deriva de la reforma que sufrió el artículo 1o. de la Constitución Política de los Estados Unidos Mexicanos, publicada en el Diario Oficial de la Federación el 10 de junio de 2011, la cual en aras de lograr el objetivo de proteger los derechos humanos del gobernado, impuso a los órganos jurisdiccionales el deber de ejercer el control de convencionalidad *ex officio*.

De la interpretación de este texto constitucional se desprende el *principio de interpretación conforme*, que constituye un derecho fundamental de acceso efectivo a la justicia, y presupone tres pasos:

a). La Interpretación conforme en sentido amplio, que significa que los Jueces, al igual que las demás autoridades del Estado Mexicano, deben interpretar el orden jurídico a la luz y conforme a los Derechos Humanos establecidos en la Constitución Federal y en los tratados internacionales en los cuales el Estado Mexicano sea parte, favoreciendo en todo tiempo a las personas la protección más amplia;

b). La Interpretación conforme en sentido estricto, que se traduce en que cuando hay varias interpretaciones jurídicamente válidas, los Jueces deben, partiendo de la presunción de constitucionalidad de las leyes, preferir aquella que hace a la ley acorde con los derechos humanos establecidos en la ley suprema y en los tratados internacionales en los que México sea parte, para evitar incidir o vulnerar el contenido esencial de estos derechos; y

c). La inaplicación de la norma que menos beneficie al gobernado, cuando las alternativas anteriores no son posibles.[184]

Como se ve, el *principio de interpretación conforme* constituye una forma muy dinámica en que el *interprete - jurista* participa en la creación del derecho, pues no obstante que la norma atacada pueda tener vicios de inconstitucionalidad, se prefiere la interpretación que forzadamente la hace constitucional. Esto es, si "la hace" es porque antes "no lo era", lo que evidentemente no es una simple actividad de *interpretación*.

A igual conclusión llegaríamos al analizar el principio de audiencia, el principio de supremacía constitucional, el principio de división de poderes, el *principio de Estado de Derecho*, el *principio de no retroactividad*, el *principio de seguridad jurídica*, el *principio de pertenencia de las pruebas en materia mercantil* y muchos más.

Todo lo cual sirve como sustento para comprobar la importancia y trascendencia del papel del jurista en la creación del derecho. A esta actividad racional del Jurista consistente en buscar elementos sustanciales comunes en las reglas y principios, con su experiencia, su estudio con rigor científico, su conocimiento de la realidad humana, de la conflictiva social y de los valores en juego y por medio de la razón, para identificar, sistematizar y crear los *axiomas del Derecho*; es a lo que nosotros denominamos *dialéctica de los principios*.

---

[184]   Este criterio fue sustentado por el Pleno de la Suprema Corte de Justicia de la Nación, en la tesis P. LXIX/2011(9a.) de la décima época, dictada dentro del expediente Varios 912/2010, que aparece publicada en el Semanario Judicial de la Federación y su Gaceta con número de Registro: 160525, aunque no alcanzó la votación para hacer jurisprudencia, si interrumpió el criterio anteriormente vigente.

CAPÍTULO SEXTO

FUNDAMENTO DE LOS PRINCIPIOS DEL DERECHO MERCANTIL INTERNACIONAL: EL DERECHO UNIFORME.

6.1. Introducción. 6.2. El Derecho Mercantil Uniforme. 6.3 Conferencia de la Haya de Derecho Internacional Privado. 6.4 La Cámara Internacional de Comercio. 6.5 Comisión de las Naciones Unidas para el Derecho Mercantil Internacional. 6.6 El Instituto Internacional para la Unificación del Derecho Privado UNIDROIT. 6.7 Institutos de Derecho Comparado. 6.8 La Conferencia Interamericana Especializada de Derecho Internacional Privado. 6.9 Otros organismos que contribuyen al Derecho Mercantil Uniforme.

6.1 Introducción.

Las dimensiones fáctica e histórica del Derecho Internacional nos ha demostrado a lo largo de los siglos, que los comerciantes suelen ir un paso adelante del Estado en la formación de las normas que rigen los negocios comerciales, pues es el ingenio de los comerciantes el que transforma la realidad social encontrando nuevos nichos de oportunidad para hacer negocios, nichos que hemos de reconocer, no siempre han sido del gusto de las autoridades Estatales.

Es por esto, que los usos y costumbres de los gremios mercantes, históricamente tengan una relevancia superior para el Derecho Mercantil, que en cualquier otra rama del Derecho.

Tan es así, que la legislación Estatal al ir un paso atrás que los comerciantes, usualmente recoge e incorpora a la legislación positiva, la realidad social imperante en los negocios de la vida real, para tratar de mantener una legislación vigente con las necesidades de sus gobernados.

Hemos visto persistentemente también a través de todos los pueblos de la antigüedad, que el Derecho Mercantil suele inspirarse en mayor o menor medida en la práctica comercial habitual, en las sanas prácticas y usos bancarios, en el derecho consuetudinario y en los principios generales del Derecho.

Es precisamente el ejercicio de los negocios comerciales el que motivó históricamente el nacimiento de los primeros mercados, y por supuesto, ante la natural tendencia progresista de los comerciantes a expandir sus opciones de negocios, se gestaron los primeros encuentros entre civilizaciones, y con ello, el desarrollo de la navegación y el establecimiento de puertos marítimos, sentando las bases para la celebración de los primeros acuerdos entre naciones y por supuesto, los primeros e incipientes tratados internacionales.

La génesis del Derecho Internacional tiene su cuna en el Derecho Natural, anterior al nacimiento del Estado, y por supuesto este comentario es aplicable al Derecho Mercantil Internacional.[185]

Al respecto García Arias sostiene que:

> *"El fundamento del Derecho internacional descansa entonces en el Derecho Natural. Se basa en esos principios jurídicos fundamentales que son constitutivos del Derecho, y que son los únicos que pueden actuar sobre los Estados obligándolos a someter su potencia y a cumplir sus obligaciones, condicionando aquella y dirigiendo ésta a la consecución y logro de la ley de solidaridad humana."[186]*

A nuestro entender, no es aventurado afirmar que de todas las ramas del Derecho, es el Derecho Mercantil el que con mayor relevancia ha contribuido a la génesis del Derecho Internacional. El Derecho Mercantil es el que ha

---

[185]   García Arias, Luis. Estudios de Historia y Doctrina del Derecho Internacional. Instituto de Estudios Políticos, Madrid, 1964, pág. 59.

[186]   Ídem, pág 73.

permeado con sus principios y naturaleza intrínseca, la sustantividad y los principios rectores del Derecho Internacional Privado.

La libertad de contratación, la autonomía de la voluntad, la buena fe y la lealtad negocial, son producto de las buenas prácticas y usos mercantes de uso inveterado y atemporal, de forma que hoy en día, la *lex mercatoria* tiene un contenido sustantivo jurídico innegable, sea o no reconocido, positivado o incorporado al derecho interno de los Estados.

Ahora bien, la realidad ha cambiado profundamente, pues las comunicaciones electrónicas, la fácil transportación de las mercancías, la tecnología y la vida moderna nos ha inmerso en un proceso dinámico en el que los diversos Estados, las empresas, las instituciones y los comerciantes entre sí, poco a poco han ido rompiendo las barreras que antaño nos separaban, de forma que nuestra identidad adquiere una concepción sumamente cosmopolita.

Este fenómeno dio luz a una nueva comunidad económica mundial, también dio paso a la globalización de la producción y finalmente la globalización de los mercados y con ella, dio génesis a un nuevo Derecho de gentes, más dinámico, elaborado y complejo, creando una verdadera comunidad internacional.

Por el enfoque natural que debemos hacer en este trabajo, abordaremos únicamente la globalización económica, principalmente sobre los mercados, y dejaremos de lado otros importantísimos temas relacionados con ésta, como la globalización informativa, cultural, del medio ambiente, familiar y política.

La libertad es un principio supremo del Derecho que rige abundantemente en la globalización de los mercados, pues con base en la libertad es que existen los espacios económicos adecuados para el desarrollo de los negocios y el comercio, nos referimos por supuesto a los libres mercados.

El mercado abierto o libre mercado supone la libertad de oferta y la libre demanda, que constituye la base fundamental de la libre competencia y nos lleva en gran escala a la libre concurrencia económica, que hoy distingue a la comunidad internacional conformada mayormente por países demócratas.

Sin embargo, tanta libertad tiene un precio: la supervivencia del más apto. La libertad de iniciativa económica supone que los concurrentes deben mejorar la calidad y los precios de los bienes y servicios ofertados, lo que aunado a la libertad de decisión del consumidor suficientemente informado, genera el fracaso del eslabón más débil, pues el libre albedrío le permite al consumidor favorecer al negociante más apto, eliminando por supuesto a quienes resultan insuficientemente preparados para competir.

Por tal motivo, es precisamente *la libertad*, el parámetro para determinar la legalidad del proceso de globalización de los mercados, por lo que la comunidad internacional tiende a repudiar e impedir todas aquellas intervenciones que directa o indirectamente pretendan restringir esta libertad, y que comúnmente encontramos en los gobiernos que pretenden privilegiar injustificadamente una posición de poder en el mercado.

Este temor a los cotos de poder es lo que ha impulsado que la globalización se haya manifestado también y con gran energía en los instrumentos jurídicos que protegen la libertad de los mercados, es decir, la globalización jurídica, dando lugar al nacimiento del Derecho Mercantil Uniforme.

6.2 El Derecho Mercantil Uniforme.

Como vimos anteriormente, el Derecho Mercantil Uniforme es consecuencia del fenómeno de la globalización jurídica y de la globalización de los mercados, que en pro de la protección de la libre concurrencia económica, pretende fusionar sistemas jurídicos no solo diferentes, sino incluso antagónicos.

Tal es el caso del sistema angloamericano o *common law* y el sistema continental europeo conocido como *Sistema de Derecho Civil*, así como el resto de los sistemas jurídicos del mundo, entre los que se encuentran por supuesto el islámico y el socialista.

Al decir de Ravassa Moreno:

> "... *los empresarios que actúan en todos los lugares de la tierra, demandan libertad de establecimiento, para ellos y sus empresas, acceso a los mercados extranjeros, reglas básicas idénticas y principios generales comunes que orienten sus negocios y sus expectativas. La seguridad jurídica en la negociación, establecimiento y planificación frente al mercado – concepto este último también en continua expansión – es la garantía más*

preciosa que la iniciativa comercial puede pedir y de hecho demanda con todo rigor..." [187]

Ravassa Moreno, resume con meridiana claridad la justificación teleológica del Derecho Mercantil Uniforme, es decir, la exigencia de reglas básicas idénticas y principios generales comunes que orienten sus negocios y sus expectativas, en relación a las exigencias de igualdad global en la negociación internacional, que en última instancia es precisamente lo que genera la libre concurrencia al mercado y la seguridad jurídica internacional.

Los Principios del Derecho Mercantil, y en especial los Principios del Derecho Mercantil Internacional brillan con todo su esplendor en este tema, pues para lograr un Derecho Mercantil Uniforme es necesario encontrar aquellos puntos de coincidencia en los diferentes sistemas jurídicos del mundo, donde convergen sus fines, justificaciones, necesidades y fundamentos del Derecho, es decir, su *ratio iuris.*

Esta razón jurídica, además de ser global, exige una aceptación general, con pretensión de aplicación universal y da lugar al nacimiento de los *axiomas* de validez atemporal y uso inveterado que estudiamos en los capítulos tercero y cuarto de esta obra, pero encaminados a la sistematización de un Derecho Mercantil Uniforme.

Si en la Teoría del Derecho ha sido amplia y acaloradamente discutida la fundamentación del Derecho Interno, la fundamentación del Derecho Internacional resulta ser un planteamiento de mucha mayor complejidad, de ahí que los filósofos del derecho hayan planteado un sin número de teorías e hipótesis que la explican, tanto desde el punto de vista positivista,[188] como iusnaturalista.

Verbigracia, con la teoría de la solidaridad de *León Duguit*; la teoría de la conciencia colectiva del Derecho de *Krabbe*; la teoría biológica de *G. Scelle* o las concepciones del *naturalismo objetivo* y la *teoría de la convicción jurídica* que

---

[187]   Ravassa Moreno, Gerardo José. *"Derecho Mercantil Internacional, principios y normas"*, Ediciones Doctrina y Ley LTDA, Bogotá, 2004, pag. 118.

[188]   Andaluz, Horacio. *Positivismo jurídico y Derecho Internacional*, Plural Editores, La Paz, Bolivia, 2005, pág. 20.

rechazan la fundamentación del derecho internacional en la voluntad de uno o varios Estados. [189]

Duguit fundó su teoría sobre la observación de los hechos sociales, rechazando toda idea metafísica y pretendiendo construir todo el Derecho Internacional partiendo del hecho social universal de la solidaridad, es decir, de la interdependencia de todos los hombres. Esta solidaridad alcanza a todos los seres humanos, y constituye la conciencia jurídica sobre la que se fundamenta el Derecho Internacional.

Krabbe por su parte, sostiene que la conciencia del derecho existe en el ser humano con independencia de la voluntad, como sentimiento instintivamente normativo, por lo que concluye que la base del carácter obligatorio del Derecho Internacional reside en la conciencia jurídica del hombre civilizado, haciendo deseable la creación de una autoridad superior.

Scelle siguiendo a su maestro Duguit, parte de la concepción del Derecho Internacional como un hecho social pero él lo estima como un hecho biológico, esto es, derivado de la ley biológica de las sociedades humanas, conformadas por animales racionales obligado por instintos que constituyen leyes naturales normativas.

A nuestro entender, sea cual sea la corriente que analicemos, todas las justificaciones sobre la fundamentación del Derecho Internacional Privado convergen en el reconocimiento de la necesidad y la consecuente pretensión de consagrar la unificación del Derecho Mercantil Internacional.

Esta necesidad de unificación del Derecho Mercantil Internacional dio nacimiento a diversos organismos internacionales cuya finalidad es precisamente constituir una fuente legal para sustentar las negociaciones comerciales internacionales con los mismos principios en cualquier lugar del mundo: la *International Chamber of Commerce World Business Organization*, ICC por sus siglas en inglés, o Cámara Internacional de Comercio.

---

[189]   García Arias, Luis. *Estudios de Historia y Doctrina del Derecho Internacional*, Instituto de Estudios Políticos, Madrid, 1964, pág. 26.

También dio nacimiento al *Institut International Pour L'Unification Du Droit Prive, UNIDROIT* por sus siglas en francés, o Instituto para la Unificación del Derecho Internacional Privado; el *United Nations Commission for International Trade Law*, UNCITRAL por sus siglas en inglés, o Comisión de las Naciones Unidas para el Derecho Mercantil Internacional, y otros organismos de no menor importancia que serán objeto de nuestro siguiente análisis.

6.3 Conferencia de la Haya de Derecho Internacional Privado.

Uno de los pioneros en la unificación del Derecho Mercantil es sin lugar a dudas la Conferencia de la Haya de Derecho Internacional Privado, órgano Internacional Intergubernamental fundado en 1893, fecha en se celebró la Primera Conferencia de la Haya de Derecho internacional Privado.

No obstante, comenzó a funcionar oficialmente con carácter de Organismo Internacional hasta 1951. Actualmente cuenta con 73 países miembros más la Unión Europea y otros 70 países más que se han adherido a sus convenciones sin ser miembros. Desde su fundación ha celebrado cerca de 30 conferencias y tiene vigentes alrededor de 20 instrumentos internacionales. [190]

En materia comercial ha celebrado, entre otros, los siguientes convenios internacionales:

Convenio de 15 de junio de 1955 sobre Ley Aplicable a las Ventas de Carácter Internacional de Objetos Muebles Corporales;

Convenio de 1 de junio de 1956 sobre el Reconocimiento de la Personalidad Jurídica de Sociedades, Asociaciones y Fundaciones Extranjeras

Convenio de 15 de abril de 1958 sobre Ley Aplicable a la Transferencia de la Propiedad en Caso de Venta de Carácter Internacional de Objetos Muebles Corporales;

---

[190]   Fuente: http://www.hcch.net/index_es.php. Consultado el 25 de octubre del 2013.

Convención de 1 de julio de 1964, relativa a la Ley Uniforme sobre Compraventa Internacional de Mercaderías (llamada Convención LUCI por sus siglas en español).

Convención de 1 de julio de 1964, relativa a la Ley Uniforme sobre la formación de los contratos de Compraventa Internacional de Mercaderías (llamada LUF o LUFC por sus siglas en español);

Convenio de 4 de mayo de 1971 sobre Ley Aplicable en Materia de Accidentes de Circulación por Carretera;

Convenio de 2 de octubre de 1973 sobre Ley Aplicable a la Responsabilidad por Productos;

Convenio de 14 de marzo de 1978 sobre la Ley Aplicable a los Contratos de Intermediarios y a la Representación;

Convenio de 1 de julio de 1985 sobre la Ley Aplicable al *Trust*y a su Reconocimiento

Convenio de 22 de diciembre de 1986 sobre la Ley Aplicable a los Contratos de Compraventa Internacional de Mercaderías;

Convenio de 5 de julio de 2006 sobre la Ley Aplicable a Ciertos Derechos sobre Valores Depositados en un Intermediario.

Este organismo trabaja en colaboración con el UNIDROIT y el UNCITRAL en la elaboración de convenciones internacionales, leyes modelo y otros instrumentos de Derecho Mercantil Internacional.

6.4 La Cámara Internacional de Comercio.

En 1919 un grupo de emprendedores conformado principalmente por industrias, empresas financieras y comerciantes, decidieron crear la *International Chamber of Commerce World Business Organization*, ICC por sus siglas en inglés, o Cámara Internacional de Comercio, quienes inspirados en las expectativas provocadas por la conclusión de la primera Guerra Mundial se llamaron a sí mismos *los comerciantes de la paz*. A partir de entonces la ICC es un organismo internacional no gubernamental de carácter privado. Tiene la sede de su Secretaría General en 38 *Cours Albert* 1er, Paris, Francia. [191]

No había un sistema mundial de normas que rigieran el comercio, la inversión, las finanzas o las relaciones comerciales, por lo que el sector privado se vio en la necesidad de comenzar a llenar el vacío sin esperar a que los gobiernos lo hicieran, siendo la ICC pionera en abrir el camino para la existencia de un Derecho Mercantil Uniforme.

Organización que se ha convertido en una institución esencial para la economía global, pues según manifiesta la propia ICC:

> "...Over the years, ICC has taken a central role in international trade and business. It forges international rules, mechanisms and standards that are used every day throughout a vastly more complex world than that of 1919..."[192]

> "... A través de *los años la ICC ha tomado un papel central en el comercio internacional y los negocios. Forja tanto las normas internacionales, como los mecanismos y los parámetros que se utilizan todos los días en un mundo mucho más complejo que el de 1919...*"[193]

En 1936 la ICC Cámara Internacional de Comercio creó los *International Commercial Terms*, INCOTERMS por sus siglas en Ingles, o *Términos Internacionales de Comercio*; desde entonces ha hecho revisiones en los años de 1945, 1953, 1967, 1976, 1980, 1990, 2000 y 2010[194]. Los INCOTERMS recopilan las distintas opciones de contratación que pueden adoptar las partes de un contrato de compraventa internacional de mercaderías, para definir las obligaciones y responsabilidades de las partes.

---

[191] Fuente: http://www.iccwbo.org/ Consultado el 25 de octubre del 2013

[192] Cita textual de la historia de la ICC relatada en su página web consultable en el siguiente vínculo: http://www.iccwbo.org/about-icc/history/. Consultado el 25 de octubre del 2013.

[193] Traducción hecha por el autor de este trabajo de investigación.

[194] La versión actual de los INCOTERMS 2010 está en vigor desde el 1ro de enero del 2011.

Los INCOTERMS modifican sustancialmente las disposiciones de la Convención sobre los Contratos de Compraventa Internacional de Mercaderías de las Naciones Unidas[195], sobre el momento en que se transfieren los riesgos de las mercancías del vendedor al comprador, basándose en la autonomía de la voluntad de los contratantes, al grado que hoy en día, la práctica comercial internacional recurre casi obligatoriamente a dichos INCOTERMS para la celebración o ajuste de los contratos de compra venta internacional de mercaderías, fungiendo como uno de los instrumentos más modernos del Derecho Mercantil Uniforme.

Y decimos casi obligatoriamente porque los INCOTERMS recogen con tanta precisión la *ratio iuris* de las sanas prácticas comerciales internacionales, que en la práctica han tenido una aceptación generalizada en los negocios internacionales. Aceptación que en la Teoría del Derecho, como hemos visto anteriormente, resulta en la obligatoriedad de las normas.

6.5 Comisión de las Naciones Unidas para el Derecho Mercantil Internacional.

En 1966 se fundó la *United Nations Commission for International Trade Law,* UNCITRAL por sus siglas en inglés, o Comisión de las Naciones Unidas para el Derecho Mercantil Internacional, CNUDMI por sus siglas en español. Este organismo internacional es el principal órgano jurídico de la Organización de las Naciones Unidas (ONU) en el ámbito del Derecho Mercantil Internacional, cuya finalidad primordial es la armonización del mismo, esto es, la creación de un Derecho Mercantil Uniforme.[196]

Su creación tuvo como objetivo fundamental, al decir de la propia institución:

> "...*to enable the United Nations to play a more active role in reducing or removal legal obstacles to the flow of internacional trade...*"[197]

---

[195]   Convención celebrada en el 11 de abril de 1980.
[196]   Fuente: http://www.uncitral.org/ Consultado el 25 de octubre del 2013.
[197]   Comisión de Naciones Unidas para el Derecho Mercantil Internacional. "*UNCITRAL*", Naciones Unidas, Nueva York, 1986, pág. 3.

Es decir, permitir a las Naciones Unidas el tener un rol más activo en la reducción o eliminación de obstáculos legales para la fluidez del comercio internacional.[198]

El gobierno de Hungría fue pionero en la creación de este organismo, dado que los eventos que dieron lugar a su creación iniciaron con una propuesta realizada por dicho país en la agenda de la vigésima sesión de la Asamblea General de Naciones Unidas que tuvo lugar en 1965, a la que tituló *Consideración de pasos a seguir para el desarrollo progresivo en el campo del derecho internacional privado con un punto de vista particular en la promoción del comercio internacional.*

Lo que generó una serie de inquietudes a nivel mundial, que culminaron con la adopción de la resolución 2205 (XXI), parte I, capítulo II, sección E, de la vigésima primera sesión de la Asamblea General de Naciones Unidas celebrada el 17 de diciembre de 1966, bajo la recomendación del sexto comité y con la cual se crea la Comisión de las Naciones Unidas para el Derecho Mercantil Internacional.[199]

Los instrumentos de derecho uniforme más relevantes elaborados a instancias de la Comisión de las Naciones Unidas para el Derecho Mercantil Internacional, CNUDMI, son los siguientes:

Convención sobre la prescripción en Materia de Compraventa Internacional de Mercaderías aprobado en Nueva York en 1974.

Convención de Roma sobre la Ley Aplicable a las Obligaciones Contractuales de 1980.

Convención de las Naciones Unidas sobre los Contratos de Compraventa Internacional de Mercaderías aprobada el 11 de abril de 1980.

Guía legal UNCITRAL sobre transferencias electrónicas de fondos, adoptada en 1987.

---

[198]   Traducción del autor de este trabajo de investigación.
[199]   Ibídem, pág. 4.

Convención de Naciones Unidas sobre pagarés y Letras de Cambio internacionales, adoptada el 9 de diciembre de 1988.

Ley modelo UNCITRAL sobre transferencias de crédito internacionales, adoptada el 15 de Mayo de 1992.

La Convención de Naciones Unidas sobre garantías independientes y letras de crédito estándar, adoptada el 11 de diciembre de 1995.

Ley modelo UNCITRAL sobre insolvencia transfronteriza, adoptada el 30 de Mayo de 1997.

La Convención de Naciones Unidas sobre Cesión de Créditos en el Comercio Internacional, adoptada el 12 de diciembre del 2001.

Guía Legislativa UNCITRAL sobre Derecho Concursal, adoptada el 25 de Junio del 2004.

Guía Legislativa UNCITRAL sobre Garantías Mobiliarias, adoptada el 14 de diciembre del 2007.

Guía Legislativa UNCITRAL sobre operaciones garantizadas: suplemento relativo a las garantías en propiedad intelectual, adoptada el 29 de Julio del 2010.

Guía Legislativa UNCITRAL sobre buenas prácticas sobre la cooperación en la insolvencia transfronteriza, adoptada el 1 de Julio del 2009.

Guía Legislativa UNCITRAL sobre Ley Concursal, tercera parte: en la Ley Concursal, Tercera parte: Tratamiento de los grupos de empresas en situaciones de insolvencia, adoptada el 1 de Julio del 2010.

Algunos de los instrumentos de derecho uniforme citados con antelación son de especial relevancia para los fines de este estudio de investigación, por su participación en la conformación de la nueva *lex mercatoria* que será objeto de análisis en el siguiente capítulo, precisamente porque no constituyen propiamente tratados internacionales que sean adoptados por los derechos internos como legislación positiva, es decir, como *reglas*, sino por su interacción e influencia en el derecho internacional precisamente como fuente de reconocimiento de los *principios* del Derecho Mercantil Internacional moderno.

6.6 El Instituto Internacional para la Unificación del Derecho Privado UNIDROIT.

En 1926 se creó el primer organismo internacional intergubernamental para la fundación de un Derecho Mercantil Uniforme, el *Institut International Pour L'Unification Du Droit Prive*, *UNIDROIT* por sus siglas en francés, o Instituto Internacional para la Unificación del Derecho Privado, que nació al amparo de la extinta Sociedad de Naciones y cuyos estatutos fueron re-establecidos en 1940 con base en un acuerdo Multinacional.

Hoy se compone de 63 Estados miembros provenientes de los 5 continentes, que recogen la diversidad global de diferentes sistemas jurídicos, económicos y políticos. Su base se encuentra en vía Panisperna número 28 en Roma, Italia. Se financia con las aportaciones de los Estados miembros y con aportaciones extraordinarias del Gobierno de Italia.[200]

Apenas 4 años después de la fundación de la *UNIDROIT* se iniciaron grupos de trabajo tendientes a un ambicioso proyecto: la creación de un derecho uniforme sobre compraventa internacional de mercaderías, que regulara de forma sistemática los derechos y obligaciones de ambiciosos vendedores y compradores que buscan nuevos mercados trascendiendo sus propias fronteras.

Estos trabajos culminaron con un proyecto preliminar en 1934 que se presentó ante la entonces Sociedad de Naciones pero con los acontecimientos bélicos globales se suspendieron dichos trabajos, lo que origino que el segundo proyecto de 1939 ni siquiera fuera discutido.

La conferencia de la Haya de 1951 retomó el proyecto de *UNIDROIT* generando la creación de un nuevo comité especial encargado de elaborar nuevos proyectos de ley uniforme.

De este ejercicio surgieron dos proyectos, una primera versión de Ley Uniforme sobre Compraventa Internacional en 1956 y una segunda versión mejorada en 1963, fuertemente nutrida por las observaciones y recomendaciones de la Cámara de Comercio Internacional.

---

[200] Fuente: http://www.unidroit.org/ Consultado el 25 de octubre del 2013.

Las leyes uniformes se sustentaron en generar un balance entre el principio de libertad de contratación y autonomía voluntad, propugnado por los países con mayor experiencia comercial; y la exigencia de protección de los comerciantes de los países en vías desarrollo que temían los embates que representaba la libertad contractual usualmente favorecedora de los intereses de los países más poderosos. [201]

Así, en 1964, 28 Estados integrantes de la Conferencia de la Haya aprobaron los modelos propuestos por *UNIDROIT* y adoptaron la Ley uniforme sobre la Compraventa Internacional de mercaderías (LUCI), que entró en vigor el 18 de agosto de 1972 y la Ley Uniforme sobre la Formación del Contrato de compraventa internacional de mercaderías (LUF), que entró en vigor el 23 de agosto de 1972.

Estos instrumentos tuvieron escaza aprobación, por lo que fueron generalmente rechazados en su aplicación práctica, sin embargo, gestaron el nacimiento de los siguientes instrumentos internacionales y a la postre acabaron siendo el sustento de los trabajos realizados por la Comisión de las Naciones Unidas para el Derecho Mercantil Internacional relativas a la Convención de Naciones Unidas sobre los Contratos de Compraventa Internacional de Mercaderías que se aprobó en Viena el 11 de abril de 1980 y que entró en vigor el 1 de enero de 1988.

La *UNIDROIT* ha aportado al Derecho Mercantil Uniforme una gran cantidad de instrumentos, entre los cuales destacan los siguientes:

Convención *UNIDROIT* sobre Factoraje Internacional, firmado en Ottawa, el 28 de mayo de 1988.

Convención *UNIDROIT* sobre arrendamiento financiero internacional, firmado en Ottawa, el 28 de mayo de 1988.

Ley modelo *UNIDROIT* sobre arrendamiento financiero, adoptada el 13 de noviembre del 2008.

---

[201]   Jaramillo Vargas, Jorge. *Ambito de Aplicación y Disposiciones Generales de la Convención de Viena sobre Compraventa Internacional de Mercaderías: Aplicación en el Derecho Colombiano*, Revista e-Mercatoria, Volumen 1, número 2, Universidad Externado de Colombia, Bogotá 2002, pág. 10.

Convención *UNIDROIT* sobre Intereses Internacionales en Equipamiento Móvil y su Protocolo en materias específicas al Equipamiento de Aeronaves, adoptado en *Cape Town*, el 16 de noviembre del 2001.

Protocolo de Luxemburgo a la Convención *UNIDROIT* sobre Intereses Internacionales en Equipamiento Móvil en materias específicas al Material Rodante Ferroviario, adoptado en Luxemburgo el 23 de febrero del 2007.

Sin embargo, el documento más importante y con mayor relevancia para los efectos de este trabajo de investigación, sin duda alguna corresponde a los *Principios Unidroit sobre los Contratos Comerciales Internacionales* cuya primera versión se logró en el año 1994, como resultado de años de intensas investigaciones y debates por parte de prestigiosos juristas de los cinco continentes.[202]

Los mecanismos tradicionales de unificación del Derecho Mercantil Internacional han asumido la forma de instrumentos vinculantes a través de actos legislativos supranacionales bajo el concepto de *tratados* que en la mayoría de los casos busca la aceptación de los mismos por cada país para su incorporación al derecho interno, en la misma vertiente que cualquier otra norma jurídica positiva.

No obstante, dado que estos instrumentos tradicionales se arriesgan a menudo a quedar sin aplicación por la falta de consentimiento de las naciones, por las reservas, por las denuncias, por la confrontación con las normas supremas internas o con la soberanía de cada nación, y demás inconvenientes que la positivización de dichos instrumentos conlleva, el Derecho Internacional cada vez más frecuentemente ha buscado soluciones no tradicionales a esta problemática, mediante sistemas no legislativos de unificación o armonización del Derecho.

Este espíritu rebelde, moderno, reformador y no conformista del Derecho ha evocado una vieja realidad jurídica vigorizada con nuevos argumentos al amparo de las *costumbres del Derecho Internacional* que van más allá de

---

[202]   Instituto Internacional para la Unificación del Derecho Privado UNIDROIT. *Principios Unidroit sobre los contratos comerciales internacionales 2004*, Instituto de Investigaciones Jurídicas, Centro Mexicano de Derecho Uniforme, México 2007, pág. Xiii.

la positivización de las normas escritas, y propugnan la elaboración de un *restatement* [203] internacional de los principios generales del derecho de los contratos, aplicados al ámbito de las relaciones comerciales internacionales.

Dichos instrumentos son precisamente las Leyes modelo, las guías legislativas sobre prácticas comerciales, los *INCOTERMS* ya comentados con antelación y en la cúspide de la pirámide encontramos precisamente a los *Principios Unidroit sobre los Contratos Comerciales Internacionales* como la *opera prima* de los principios del Derecho en materia comercial internacional.

Estos principios han tenido diversas revisiones a partir de su publicación original en 1994, se han revisado en 2004 y 2010, siendo ésta última la versión vigente a la fecha.

6.7 Institutos de Derecho Comparado.

Los institutos de Derecho comparado constituyen una fuente primordial para la existencia y desarrollo del Derecho Mercantil Uniforme, pues es precisamente la doctrina de los juristas alrededor del mundo la que con mayor énfasis procura el reconocimiento, identificación, estudio, elaboración y sistematización de los elementos fundamentales que le son propios al Derecho Mercantil Internacional y que conforman los llamados *principios generales* que consolidan el Derecho Uniforme.

6.7.1 Los primeros Institutos.

El primer Instituto de Derecho Comparado del Mundo fue el Instituto de Lyon, mismo que inició sus trabajos en 1921, aunque se demoró su constitución entre 1914 y 1918 por los acontecimientos de la Primera Guerra Mundial.

---

[203]   El término *restatement* usado evoca la figura del *restatement of the law* anglosajon que constituye una revisión o reestructuración de su derecho en forma de recopilación y sistematización del *common law* americano, mediante compilaciones de textos legales de ramas específicas del Derecho hechas por doctrinarios expertos juristas reconocidos en dicho sistema jurídico, muy al estilo de un moderno Digesto. Tiene tanta aceptación que los Jueces americanos recurren constantemente a dicho *restatement* en sus sentencias.

Tuvo como predecesor al *Instituto Oriental de Estudios Jurídicos y Sociales* fundado en 1907 en la misma ciudad francesa. En toda Francia se fundaron organismos análogos, iniciando simultáneamente en las ciudades de Strasbourg y Toulouse.

No obstante dichos institutos nunca gozaron de la aprobación general de las autoridades educativas, por lo que se conservaron con el carácter de institutos de orientación práctica bajo la tutela y esfuerzo personal de los profesores fundadores.

Con motivo de este movimiento, el profesor *Ley-Ullmann* fundó el Instituto de París, con la colaboración de la *Societé de Législation Comparée.* [204]

A partir de entonces, afirma Alberto M. Justo, se creó un *movimiento de generación espontánea de institutos de derecho comparado* que traspasó fronteras, llegando primero a Italia y luego al resto del Mundo. El profesor *Mario Sarfatii* fundó el Instituto de Derecho Comparado de Turín. En Lima, el Congreso Panamericano creó la Comisión Permanente de Juristas para preparar la unificación de las leyes civiles y mercantiles en América. En Argentina se funda el Instituto de Derecho Comparado de Córdova, y respondiendo a la exigencia de crear un Instituto Iberoamericano de Derecho Comparado, este fenómeno se reprodujo en el resto del continente.[205]

En París se fundó en 1950 el Comité Internacional de Derecho Comparado, bajo los auspicios de la Organización de Naciones Unidas para la Educación, la Ciencia y la Cultura, UNESCO por sus siglas en ingles. A dicho organismo le fue concedido el beneficio de estatuto consultivo y en 1954 el Comité asumió la denominación de Asociación Internacional de Ciencias Jurídicas, pero su consejo directivo se denomina Comité Internacional de Derecho Comparado. Según sus estatutos, este organismo nació para fomentar el desarrollo de las ciencias jurídicas en el mundo, mediante el estudio de los derechos extranjeros y el empleo del método comparativo. [206]

---

[204]   Justo, Alberto M. *Perspectivas de un programa de derecho comparado*, Editorial El Ateneo, Buenos Aires, Pág. 33.

[205]   Ídem, pág. 36.

[206]   Sola Cañizares, F de., *"Catalogo de Centros de Derecho Comparado en el Mundo"*, Comité Internacional de Derecho Comparado de la Asociación Internacional de Ciencias Jurídicas, traducción de Mario Falcón y M. Pares Maicas, Edición española

La *Association Internationales des Sciences Juridiques* o Asociación Internacional de Ciencias Jurídicas, tiene su sede en la Plaza de Fontenoy en París, precisamente en la casa de la UNESCO. Actualmente cuenta con 48 comités nacionales en 48 países y 9 Miembros asociados, de entre los que destacan el Instituto Internacional para la Unificación del Derecho Privado *UNIDROIT*, el *Institut IDE Droit Europeen* Insituto IDE de Derecho Europeo. [207]

6.7.2 Instituto de Derecho Comparado de México.

El 7 de mayo de 1940 en la ciudad de México, se fundó el Instituto de Derecho Comparado de México. Su fundador fue el jurista español Felipe Sanchez-Roman, quien llegó a México producto de las inestabilidades políticas de su país, siendo catedrático titular de la materia de *Estudios Superiores de Derecho Comparado* en la Universidad de Madrid.

El Instituto tuvo como finalidad el servir como homólogo de los institutos similares de las más prestigiadas universidades europeas, para promover el estudio del derecho comparado y lograr un derecho uniforme en nuestro país, con relación al resto de los países latinoamericanos con los que compartimos tradiciones jurídicas. [208]

6.7.3 Academie Internationale de Droit Compare Academia Internacional de Derecho Comparado.

La *Academie Internationale de Droit Compare* o Academia Internacional de Derecho Comparado, fue fundada como un organismo privado el 13 de septiembre de 1924 en países bajos Holanda.[209] Su participación activa en la

---

por el Instituto de Derecho Comparado del Consejo Superior de Investigaciones Científicas de España, Barcelona, 1956, pág. 13.

[207] Fuente: Página web de la Asociación Internacional de Ciencias Jurídicas: http://aisj-ials.org/ Consultado el 25 de octubre del 2013.

[208] Alcalá Zamora y Castillo, Niceto. XXV Aniversario del Instituto de Derecho Comparado de México, Universidad Nacional Autónoma de México, México, 1965, pág. 6.

[209] Sola Cañizares, F de., Op. Cit., pág. 22.

formación y sistematización de los principios del Derecho Uniforme mediante conferencias, congresos y el patrocinio de diversas investigaciones jurídicas ha gestado un número importante de publicaciones especializadas en la materia y ha contribuido a que este *restatement* de los principios del Derecho Internacional tenga la coherencia que hoy presenta.

Destaca dicho instituto por su activa participación internacional en la celebración de Congresos Internacionales de Derecho Comparado, recientemente ha realizado Congresos en México en el año 2008, en Washington en 2010, Taiwan en 2012 y se prevé la realización del próximo congreso en Vienna que se llevará a cabo del 20 al 27 de julio del 2014. [210]

6.7.4 Academia Interamericana de Derecho Comparado e Internacional.

La Academia Interamericana de Derecho Comparado e Internacional fue creada en 1941 en la Habana, Cuba, por la Federación Interamericana de Abogados, cuya naturaleza fue la de ser un organismo internacional privado, con reconocimiento institucional y oficial por el Gobierno de Cuba.[211]

A partir de 1988 este organismo aprobó la creación de seis sedes en lugar de una, con igual jerarquía, de manera que cada una adecua su funcionamiento a la legislación nacional de dicha sede. Las seis sedes son Buenos Aires, Rio de Janeiro, Lima, Ottawa, Washington DC y México DF. [212]

6.7.5 Instituto de Derecho Comparado Iberoamericano y Filipino.

El Instituto de Derecho Comparado Iberoamericano y Filipino se fundó el 22 de enero de 1955 en Sao Paulo Brasil, y tiene su domicilio en Madrid, España. Nace como un organismo privado de derecho comparado. [213]

---

[210] Fuente: http://www.iuscomparatum.org/141_p_30597/vienna-congress-2014.html Consultado el 25 de octubre del 2013.

[211] Ídem, pág. 29.

[212] Fuente: http://academiainteramericanalima.org Consultado el 25 de octubre del 2013

[213] Sola Cañizares, Op. Cit. pág. 32.

6.8 La Conferencia Interamericana Especializada de Derecho Internacional Privado.

La Conferencia Interamericana Especializada de Derecho Internacional Privado (CIDIP), es una Comisión de la Organización de Estados Americanos (OEA), que inició sus trabajos en 1975.[214] A la fecha se han realizado 6 seis conferencias ha generado 26 instrumentos interamericanos, 20 convenciones, 3 protocolos, 1 Ley Modelo y 2 documentos Uniformes. [215]

Entre los instrumentos más relevantes para el Derecho Uniforme, encontramos:

Ley Modelo Interamericana sobre Garantías Mobiliarias, adoptada en Washington en 2002;

La Convención Interamericana sobre Derecho aplicable a los Contratos Internacionales, adoptada en México en 1994;

La Convención Interamericana sobre Contrato de Transporte Internacional de Mercaderías por Carretera, adoptada en Montevideo en 1989

La Convención Interamericana sobre personalidad y capacidad de personas jurídicas en Derecho Internacional Privado, adoptada en la Paz en 1984.

La Convención Interamericana sobre Conflictos de Leyes en Materia de Cheques, adoptada en Montevideo en 1979.

La Convención Interamericana sobre Conflictos de Leyes en Materia de Sociedades Mercantiles, adoptada en Montevideo en 1979.

La Convención Interamericana sobre Eficacia Extraterritorial de las Sentencias y Laudos Arbitrales Extranjeros, adoptada en Montevideo en 1979.

La Convención Interamericana sobre Normas Generales de Derecho Internacional Privado, adoptada en Montevideo en 1979.

---

[214]   Pereznieto Castro, Leonel. Silva Silva, Jorge Alberto. *Derecho Internacional Privado, parte especial*, Editorial Oxford, México, 2006, pág 39.
[215]   Fuente: http://www.oas.org Consultado el 25 de octubre del 2013.

La Convención Interamericana sobre Conflictos de Leyes en Materia de Letras de Cambio, Pagarés y Facturas, adoptada en Panamá en 1975.

La Convención Interamericana sobre Conflictos de Leyes en Materia de Cheques, adoptada en Panamá en 1975.

La Convención Interamericana sobre Arbitraje Comercial, adoptada en Panamá en 1975.

6.9 Otros organismos que contribuyen al Derecho Mercantil Uniforme.

La Organización Marítima Internacional (OMI), fue fundada en 1948, durante la conferencia internacional de Ginebra. Los propósitos de esta organización son establecer un sistema de cooperación entre los gobiernos en materia de regulación y prácticas relativas a cuestiones técnicas de toda índole concernientes a la navegación comercial internacional, y para ocuparse de cuestiones jurídicas relacionadas con dichos propósitos. [216]

La Organización Mundial de Propiedad Intelectual (OMPI), es uno de los 16 organismos especializados del Sistema de Naciones Unidas, fue constituido en 1967 en Estocolmo y tiene su sede en Ginebra, Suiza y actualmente cuenta con 186 Estados miembros. Su misión es promover la innovación y la creatividad por medio de un sistema internacional de propiedad industrial e intelectual equilibrado y eficaz, así tiene a su cargo la administración de 26 tratados internacionales que regulan la propiedad industrial e intelectual, tanto de patentes, derecho de autor, marcas, diseños y demás derechos tanto industriales como intelectuales. [217]

La Organización de Naciones Unidas para el Desarrollo Industrial (ONUDI), es uno de los 16 organismos especializados del Sistema de Naciones Unidas, fue fundado en 1966 con la finalidad de promover la industrialización

---

[216] Su nombre original fue Organización Consultiva Marítima Intergubernamental o IMCO, pero fue cambiado en 1982 a su actual denominación.

[217] Fuente consultada: http://www.wipo.int/portal/index.html.es Consultado el 26 de octubre del 2013.

de los países en desarrollo y economías emergentes, la reducción de la pobreza, la globalización incluyente y la sustentabilidad del medio ambiente.[218]

El Fondo Monetario Internacional (FMI) es un órgano de Naciones Unidas, fundado en 1945, con sede en Washington D.C. cuya responsabilidad es asegurar promueve la estabilidad del sistema de pagos internacionales, para facilitar el comercio internacional y un crecimiento económico sostenible[219]. Actualmente cuenta con 188 Estados miembros.[220] Tenía a su cargo la regulación de un tipo de cambio fijo hasta 1976, a partir de lo cual el Fondo contribuye al Derecho Uniforme mediante la eliminación de barreras cambiarias, la libre flotación de las divisas y el libre mercado sin intervención del Estado, que sólo debe asumir un rol regulador en casos extremos.

La Organización Mundial del Comercio (OMC), es una organización que no pertenece a las Naciones Unidas, ni a las convenciones monetarias de *Bretton Woods*[221]. Fue fundada en las negociaciones finales de la Ronda de Uruguay, celebrada en la declaración de Marrakech, Marruecos, el 15 de abril de 1994. Comenzó a funcionar en 1995, integrando actualmente a 158 miembros. Su sede se encuentra en Ginebra, Suiza.

Con el nacimiento de la OMC las 110 naciones que participaron acordaron dar el último paso en la eliminación gradual de tarifas arancelarias para liberalizar el comercio y celebraron acuerdos para liberalizar finalmente el comercio internacional. También generaron la renovación de las reglas para el comercio internacional y sentaron las bases para nuevas reglas para regular el comercio de servicios y la protección de la propiedad intelectual e industrial, generando un revigorizado sistema para la solución alterna de controversias.

---

[218]   Fuente consultada: http://www.unido.org/ Consultado el 25 de febrero del 2014

[219]   Figueroa Pla, Uldaricio. Organismos Internacionales, Editorial Jurídica de Chile, Santiago de Chile, 1991, Pág 335.

[220]   Fuente consultada: http://www.imf.org Consultado el 25 de febrero del 2014.

[221]   Como el Banco Mundial o el Fondo Monetario Internacional, que fueron fundados en la conferencia monetaria y financiera realizada en julio de 1944 en el complejo *Bretton Woods*, New Hampshire, Estados Unidos, en la que también se establecieron las reglas para las relaciones comerciales y financieras entre los países más industrializados del mundo y se adoptó el uso del dólar como moneda internacional, no obstante las críticas de John Maynard Keynes y su propuesta de crear una moneda internacional.

La OMC se ocupa de las normas mundiales por las que se rige el comercio entre las naciones. Su principal función, según declara el propio organismo, es velar porque el comercio se realice de la manera más fluida, previsible y libre posible.

CAPÍTULO SÉPTIMO

LOS PRINCIPIOS DEL DERECHO MERCANTIL Y LA NUEVA "LEX MERCATORIA"

7.1 La nueva "lex mercatoria". . 7.2 Detractores de la lex mercatoria. 7.3.- Nuestra respuesta a los detractores de la lex mercatoria. 7.4.- La dimensión normativa de la lex mercatoria. 7.5.- Los INCOTERMS 2010.

7.1 La nueva "lex mercatoria".

El concepto de *lex mercatoria* podría no ser el más elocuente para distinguir este fenómeno jurídico, pero evidentemente esta denominación tiene un contenido "nostálgico-histórico" sobre la formación del derecho mercantil ancestral, hasta su evolución moderna a la rama del Derecho que hoy conocemos.

En efecto, la *lex mercatoria* en principio fue aquella regulación jurídica no escrita del bajo medievo, consuetudinaria y con jurisdicción más bien interna, que reguló originalmente los estatutos corporativos, después los negocios corporativos medievales de curias mercantes, y con su evolución, comenzó a compilarse por escrito y con ello a parecerse cada vez más a los códigos, tanto que llegó a tener vigencia concurrente con la legislación ordinaria de la ciudad.

En el capítulo segundo hicimos el análisis histórico de su formación y de los primeros antecedentes escritos que constituyeron ancestralmente la *lex mercatoria*.

Actualmente se habla de una *nueva lex mercatoria* precisamente porque nos encontramos ante la presencia de un nuevo orden jurídico supranacional, consuetudinario, escrito o no escrito, formado por una conciencia colectiva internacional superior a cualquier norma de derecho interno y que regula las relaciones comerciales con una vigencia y una obligatoriedad incuestionable.

Así, hoy en día, al hablar de *lex mercatoria*, en realidad los autores, instituciones y disposiciones jurídicas modernas se refieren al fenómeno conocido como *nueva lex mercatoria* y no hacen referencia a la institución histórica de la que emana. Por lo tanto, en este trabajo seguimos la misma línea, no sin dejar de hacer esa precisión lingüística.

La *lex mercatoria* la constituyen reglas y principios jurídicos cuya fuente son los usos profesionales mercantiles, los principios del derecho y los principios del derecho internacional; son normas, codificadas o no, inspiradas directamente en la equidad y en principios fundamentales del derecho, comunes a los sistemas jurídicos globales.

Berthold Goldman fue uno de los pioneros en destacar la trascendencia de este fenómeno y dedicó su vida prácticamente al estudio de la *lex mercatoria*, convirtiéndose en una de las autoridades en la materia.

Goldman la define como *"...un conjunto de principios, instituciones y reglas provenientes de diversas fuentes que nutre constantemente las estructuras legales y la actividad específica de la colectividad de quienes operan en el comercio internacional...".*[222]

Goldman, al decir de Leonel Pereznieto, consideró la *lex mercatoria* como *"...un sistema jurídico aparte de los sistemas jurídicos nacionales, con sus propias fuentes, sus propias respuestas y con un sistema propio para resolver sus controversias (el arbitraje)...*[223]

---

[222]   Goldman, Berthold. *La lex mercatoria dans les contracts et les Arbitrages Internationaux: Realité et Perspectives,* Journal Clunet, 1979, nro. 106, pág. 487, citado por Feldstein de Cárdenas, Sara L. *Contratos Internacionales,* Abeledo-Perrot, Buenos Aires, 1995, pág. 159.
[223]   Instituto de Investigaciones Jurídicas. *Estudios sobre Lex mercatoria,* obra conjunta coordinada por Jorge A. Silva, participación de Leonel Pereznieto, UNAM, 2006, pág. 186.

El proceso de aplicación de la *lex mercatoria* es en parte una aplicación de la norma de fondo, que puede consistir en reglas o en principios; y por otra, una selección y proceso creativo de las normas de procedimiento aplicables. Su construcción es paulatina y retrospectiva, pues los mismos comerciantes van construyendo y normando sus relaciones comerciales basándose en sus propias necesidades y bajo los principios fundamentales que rigen al Derecho.

La *lex mercatoria* reclama la existencia de un sistema jurídico singular, *sui generis*, autónomo pero concurrente del derecho interno, aplicable fundamentalmente a los negocios mercantiles internacionales, con plena obligatoriedad y validez.

Señala Feldstein que:

> *"...Se trata de principios del Derecho Internacional aptos para resultar aplicados por los jueces o árbitros como una fuente de reglas jurídicas, con el objeto de dar fundamento a sus decisiones..."*[224]

No podríamos estar más de acuerdo con este enunciado de Feldstein, dado que para que la *lex mercatoria* pueda considerarse dentro del universo de lo jurídico, obligatoria y con un ámbito de validez, es necesario que dicha *lex mercatoria* se erija en los principios fundamentales del Derecho que son materia precisamente del análisis de este trabajo de investigación.

Una de las mayores objeciones que los detractores han opuesto a la *lex mercatoria* es precisamente el cuestionamiento de su carácter jurídico, pues no reconocen ninguna validez legal fuera del texto de las normas de derecho interno; afirman que no en todos los sistemas jurídicos se acepta al uso o a la costumbre como jurídicamente vinculante; y no en todos los sistemas se reconoce la autonomía de la voluntad o libertad de contratación, con la fuerza suficiente para autorizar y respetar la existencia de este derecho consuetudinario de clase.

No es aceptable hoy en día negar la dimensión normativa de la *lex mercatoria*, no obstante el empecinado y exagerado arraigo que tienen los jueces a la letra de la ley, pues la construcción del derecho con base en la costumbre

---

[224]   Feldstein Op. Cit., pág. 160.

praeter legem derivada de las usanzas mercantes, está fundada en principios fundamentales del derecho, tales como la libertad, la igualdad, la buena fe y la seguridad, que van de la mano con los derechos fundamentales de los que son irradiados.

Hoy en día también, la *lex mercatoria* tiene un reconocimiento institucional precisamente derivado de la labor de unificación de los institutos internacionales encargados del Derecho Mercantil Uniforme, por lo que este reconocimiento institucional da a la *lex mercatoria* un enfoque totalmente distinto al que originalmente tuvo en la era medieval.

Así, resulta novedoso incorporar un elemento de fuerza vinculatoria internacional, sobre el derecho interno y la soberanía estatal, con la institucionalización de las normas y principios de derecho internacional recogidos en la *lex mercatoria*, de modo que ahora es posible reconocer la validez de este derecho especial de clase.

Precisamente uno de los cuestionamientos que nos hacemos en esta obra es analizar la aplicabilidad de estos principios por encima de derecho interno, cuando la *lex mercatoria* se nutre de principios del Derecho irradiados de los derechos fundamentales o derechos humanos.

Esta afirmación pone fin a la interrogante sobre la naturaleza de las normas emitidas por los organismos internacionales descentralizados, cuyo carácter y dimensión normativa están justificados precisamente en la irradiación de los Derechos fundamentales, que generan esa *ubicuación* de los derechos humanos estudiada en el capítulo cuarto, pero ahora en lo tocante a la *lex mercatoria*.

Ahora bien, en cuanto a la naturaleza de las normas jurídicas internacionales, debemos distinguir entre las normas que efectivamente tienen un carácter vinculante por cesión de soberanía Estatal, y aquellas normas que tienen un carácter no vinculante por constituir recomendaciones que sugieren comportamientos no obligatorios para los miembros de las organizaciones que las expiden.

Para ello es necesario atender al tipo de organismo internacional que las emite. Encontramos dos tipos de organismos, las organizaciones de cooperación y las organizaciones de integración.

Las *organizaciones de cooperación*, son al decir de Ravassa Moreno:

> *"...aquellas en que los Estados se limitan a establecer relaciones de colaboración para fines y objetivos específicos y colectivos, en terrenos de mutuo interés. Los Estados mantienen íntegra su soberanía y los actos de la Organización no son vinculantes para sus miembros ... solamente emiten recomendaciones que sugieren comportamientos no obligatorios para los países miembros..."*[225]

Por otro lado encontramos a las *Organizaciones de Integración*, las cuales se integran principalmente por Estados que en ejercicio de su soberanía, transfieren a las organizaciones ciertas facultades para emitir sus resoluciones, de tal suerte que estas organizaciones expiden reglas vinculantes que gozan de los mismos atributos que las leyes, ejercen obligatoriedad incluso respecto a sus instituciones internas y súbditos. El ejemplo más significativo de este tipo de organismos es la Organización de Naciones Unidas.

Así, el carácter normativo de una y de otra es distinto, pues las *Organizaciones de Integración*, derivan dicho carácter normativo de su soberanía y se instituyen como *reglas*.

Por su parte las *Organizaciones de Cooperación* así como los *Organismos Internacionales Descentralizados*, lo que hacen es reconocer *principios* que ya existen en el universo jurídico y que solo se encargan de identificar, sistematizar y dar coherencia a efecto de que resulten comprensibles para el lego jurídico y cuyo principal objeto es dar fundamento a las decisiones judiciales; inspirando y orientando además, la creación del derecho interno de los Estados.

Como hemos visto, tanto unas como otros son *normas jurídicas* y forman parte de la dimensión normativa del derecho.

A nuestro entender, la *lex mercatoria* la constituyen principios del Derecho de orientación consensual, identificados, sistematizados y recopilados mediante instrumentos internacionales de distintas categorías y orígenes, cuya coherencia es resultado del análisis serio, exhaustivo, profesional y científico

---

[225] Ravassa Moreno, Gerardo José. *Derecho Mercantil Internacional, principios y normas*, Ediciones Doctrina y Ley LTDA, Bogotá, 2004, pág. 87.

realizado por destacados juristas de todo el mundo a instancias de organismos gubernamentales y no gubernamentales internacionales y nacionales, con la finalidad de lograr un Derecho Mercantil Uniforme, aplicable a todos los sistemas jurídicos del mundo.

La *lex mercatoria* entonces se instituye en el moderno intercambio comercial internacional, como un instrumento jurídico de obligada consulta y vigencia coetánea, concurrente o excluyente con la legislación positiva; cuya autoridad y obligatoriedad derivan de este mismo reconocimiento internacional, al estilo de los *restatement of the law* estudiados en el capítulo anterior.

7.2 Detractores de la Lex Mercatoria.

No todo el mundo acepta las bondades de la *lex mercatoria*. Algunos autores presentan objeciones contra su conveniencia y se niegan a reconocer el carácter o dimensión normativa de estos instrumentos, cuestionando seriamente su naturaleza jurídica. En resumen, las principales objeciones que han expuesto los detractores de la *lex mercatoria* son las siguientes:

Bockstiegel [226] objeta su aplicabilidad basándose en que los usos de comercio no son derecho comercial, pues para ello es necesario tanto la interpretación del árbitro como la práctica suficientemente reiterada por un tiempo tan prolongado que haga que los contratantes hayan llegado a la idea de que están legalmente obligados a la observación de esos usos y costumbres, es decir, tanto la práctica continua como la convicción de Derecho.

Mann, F.A. [227] por su parte afirma que los árbitros no están facultados para aplicar otras normas que las normas nacionales de conflicto y rechaza la postura de la libre elección del árbitro de su sistema de Derecho.

---

[226]   Böckstiegel, Karl-Heinz. *Arbitraje comercial internacional: su relación con la jurisdicción de los tribunales estatales*, Primeras Jornadas Argentino – Alemanas de Derecho Comparado, Buenos Aires, 1979, citado por Feldstein de Cárdenas, Sara L., Contratos Internacionales, Abeledo-Perrot, Buenos Aires, 1995, pág. 176.

[227]   Mann, F.A. *Arbitros y Ley de Arbitraje* 1978, pág. 604, citado por Feldsein, Op. Cit. Pág. 177.

Kassis [228] sostiene que la *lex mercatoria* es un mito incapaz de generar un cuerpo coherente de reglas que hagan innecesario tener que recurrir a algún derecho nacional o al Derecho Internacional.

En el mismo sentido opina Paul Lagarde [229] quien argumenta la *dilución* y *fragmentariedad* de la *lex mercatoria*, al considerar que se diluye porque se identifica en forma indistinta a múltiples fuentes: a los principios generales del Derecho; a los usos del comercio internacional; a la equidad; y a las reglas de Derecho apropiadas. El carácter fragmentario e insuficiente de sus normas impide dar respuestas a todas las pretensiones planteadas.

Rigaux [230] arguye la falta de rigor y motivación de la *lex mercatoria*, al considerar que las normas que la integran carecen de suficiente rigor al no haber normativa expresa anterior que regule el desarrollo del litigio; y a su parecer carecen de motivación porque las partes han declinado la autonomía de la voluntad, al delegarla a los árbitros.

J. M. Vulliemin [231] reclama la Imprevisibilidad y Generalización como principales objeciones, dado que a su juicio, la *lex mercatoria* adolece de una excesiva generalidad, que provoca la consecuente imprevisibilidad y atenta contra la seguridad jurídica. A su entender la imprecisión de los principios generales del derecho resultan de difícil predicción al momento de contratar, lo que conlleva a que sean conocidos *ex post facto*.

---

[228]   Kassis A. Theorie Generale des Usages du Commerce, LGJD, París 1984, pág. 271, citado por Feldsein, Op. Cit. Pág. 178.

[229]   Lagarde, Paul, *Aproach critique de la Lex Mercatoria* 1982, pág. 125, citado por Feldsein, Op. Cit. Pág. 178.

[230]   Rigaux, F. "Le Droit Comparé Comme Science Apliquée", en Revue de Droit International et Droit Comparé, 1978, pág. 73. citado por Feldsein, Op. Cit. Pág. 180.

[231]   Vulliemin, J.M. "Jurisprudencia suiza en materia de arbitraje comercial internacional" RCEA, 1986, pág. 261 y 262 citado por Feldsein, Op. Cit. Pág. 181. Curiosamente esta autora argentina cita a Vulliemin incorrectamente como "Villiemil J.M." y sostiene que afirma lo señalado entre comillas. Esta obra también es citada pero con el nombre correcto por Chillon, Medina José María y MERINO Merchan, José Fernando. *Tratado de Arbitraje Privado Interno e Internacional*, Editorial Civitas, Madrid, 1991, pág. 954.

J. M. Vulliemin además reprocha a la *lex mercatoria* su *imprevisibilidad* e *inoperatividad*, al estimar que la excesiva generalización de sus principios conlleva el riesgo de la imprevisibilidad y sostiene que:

> *"...lo más importante respecto de la utilidad o beneficios del arbitraje comercial es la previsibilidad del resultado, ya que las partes buscan la certidumbre jurídica, máxime cuando el asunto es complejo..."* [232]

Destaca el autor que los contratantes, al ignorar las reglas legales, no tienen a su alcance la predictibilidad exigida por los hombres de negocios.

En el mismo sentido, Leonel Pereznieto considera a este respecto que:

> *"...el concepto de "lex mercatoria" provoca mas dudas y preguntas que respuestas. Es por eso que probablemente la mayoría de los abogados y árbitros mexicanos ven cualquier referencia a la "lex mercatoria" con mucha desconfianza."* [233]

Feldstein [234] destaca como paradoja de la *lex mercatoria* su falta de genuina universalidad, aduciendo que su pretensión de transnacionalidad y universalidad se ve frustrada al estar sujeta forzosamente a elaborar estatutos jurídicos diferentes, congruentes y conformes con los ordenamientos nacionales dentro de cuya jurisdicción opera la norma; y por lo tanto, su universalidad en realidad depende del grado de extraterritorialidad y apertura de cada sistema jurídico en concreto.

Ravassa [235] alerta sobre la legitimidad relativa y no obstante ser uno de sus defensores, critica a la *lex mercatoria* partiendo del hecho mismo de su formación, y reconoce que al tener origen en potentes asociaciones de grandes empresarios y oficinas de costosos abogados, es más probable que los resultados favorezcan indebidamente a la parte fuerte de los negocios comerciales, que a

---

[232] Idem.
[233] Pereznieto, Leonel. Graham, James. Tratado de Arbitraje Comercial Internacional Mexicano, Editorial Limusa, México, 2009, pág. 247.
[234] Feldstein, Op. Cit. Pág. 183.
[235] Ravassa, Op. Cit. Pág. 158.

la débil, lo que representa el reto de intentar corregir en cada caso concreto los desequilibrios que se pudiesen presentar.

Tal vez las dos objeciones más relevantes y que requieren de un análisis muy especial, son la negación de su dimensión normativa y la carencia de autonomía efectiva, que en el fondo constituyen la materia prima de la antítesis del planteamiento formulado en esta obra.

José María Chillon, y José Fernando Merino [236] exponen con cierto recelo las ideas de los juristas que sostienen que la *lex mercatoria* no constituye propiamente un ordenamiento jurídico, con lo que finalmente niegan su dimensión normativa, pues afirman que la *lex mercatoria*, carece de los elementos que concurren en la definición de un ordenamiento jurídico, al menos consideran que no están suficientemente identificados y desarrollados para que pueda calificarse como tal.

Los aspectos que estiman como requisitos *sine qua non* para la identificación de un ordenamiento jurídico, son: a).- normas de conducta observadas por sus destinatarios; b).- normas de decisión aplicadas por el juez; y c).- mecanismos de coerción que aseguren la efectividad del sistema.

En el mismo sentido Francois Rigaux [237] cuestiona las cualidades propias del ordenamiento jurídico citadas en el párrafo precedente y afirma que las reglas materiales de la *lex mercatoria* no son suficientes para calificarla como ordenamiento jurídico, por más interesante que sea.

Otros autores como Ph. Kahn[238] por su parte, exponen la carencia de autonomía efectiva de esta realidad jurídica, por la necesaria subordinación de la *lex mercatoria* a las legislaciones positivas de derecho interno de los estados. Esto es, según esta corriente, la existencia misma de la *lex mercatoria* tuvo como

---

[236]   Chillon, Medina José María y MERINO Merchan, José Fernando. *Tratado de Arbitraje Privado Interno e Internacional*, Editorial Civitas, Madrid, 1991, pág. 957.

[237]   Rigaux, Francois. *Souveraineté des Etats et arbitraje transnational* en: Etudes offertes a Berthold Goldman, Litec Droit, París, 1987, pág. 261 y 262. Citado por Cadena Afanador, Walter René. "*La nueva Lex Mercatoria, la transnacionalización del Derecho*", Universidad Libre, Bogotá Colombia, 2004, pág. 62.

[238]   Ph. Kahn, *Droit International Economiqué*, citado por Chillon, Medina y Merino Merchan. Op. Cit. Pág. 955.

génesis la tolerancia de los Estados. La eclosión de la *lex mercatoria* entonces, es resultado de la actividad estatal que pretende superar.

El punto de inflexión en esta corriente radica pues, en que si hubiere conflicto entre los ordenamientos jurídicos nacionales o los internacionales, los primeros prevalecen. Esto lo justifican basándose en la jerarquía de los valores en conflicto, dado que para estos pensadores la *lex mercatoria* basaría su ratio iuris en intereses fundamentalmente económicos, mientras que la legislación interna o nacional, está comúnmente basada en valores e intereses superiores.

7.3 Nuestra respuesta a los detractores de la lex mercatoria.

La crítica de Bockstiegel evidentemente se funda en el tipo de sistema jurídico de su autor, conforme al cual el derecho consuetudinario debe ser reconocido y autorizado por el derecho para tener vigencia, es decir, solo la costumbre *secundam legem* tiene valor legal. Es el sistema ultra positivista Kelseniano - Alemán lo que justifica la postura del autor, pero la hace inaplicable a nuestro sistema jurídico abierto [239] o a los demás sistemas democráticos modernos.

Las críticas de Mann nos parecen irrelevantes, pues constituyen meras apreciaciones subjetivas de sus exponentes y en el mejor de los casos el fondo de sus objeciones ha sido superado por la experiencia jurídica internacional, pues hoy en día es de explorado derecho que el arbitraje ha sido aceptado en todo el mundo como un medio alterno de solución de controversias como una figura heterocompositiva ajustada a los derechos fundamentales de audiencia, legalidad, seguridad jurídica y debido proceso, y sólo los países totalitarios con un territorialismo absoluto excluyen en sus normas de conflicto la aplicabilidad de un derecho extranjero.

A nuestro juicio Kassis expone opiniones subjetivas más que inconveniencias, contra las cuales es imposible debatir científicamente, dado que sería imposible encontrar una premisa verdadera. La experiencia nos ha demostrado que en la actualidad existen instrumentos internacionales elaborados con suma coherencia y rigor científico, que impiden considerar con seriedad estas objeciones.

---

[239]   Supra 1.2, donde hacemos el análisis de los sistemas jurídicos cerrados.

Contrariamente a lo argumentado por Rigaux, nosotros estimamos que la *lex mercatoria* se encuentra fundada en un enorme cimiento de rigor científico, sin que exista la necesidad de ninguna norma positiva anterior para darle sustento, dado que como vimos en el capítulo segundo, el derecho es anterior al Estado y la norma jurídica no es necesariamente escrita, como falsamente se ha intentado establecer por los jueces y funcionarios judiciales que son tan renuentes a reconocer la existencia de Derecho fuera de los textos escritos de las leyes positivas.

En nuestra opinión, J. M. Vulliemin y Paul Lagarde pasan por alto dos temas fundamentales.

Primero que la evolución del Derecho Mercantil Uniforme del Comercio Internacional ha caminado por el sendero de la seguridad jurídica, de manera que los actuales instrumentos internacionales han sido identificados y compilados por instituciones gubernamentales y no gubernamentales internacionales de forma tan seria, profunda y con rigor científico, que no existe ninguna razón para tal generalización o imprevisibilidad.

Al contrario, en la actualidad es posible identificar plenamente las fuentes de la *lex mercatoria* y para muestra tenemos el catálogo de instrumentos citados en el capítulo precedente de esta obra, al cual remitimos en obvio de ociosas repeticiones, lo que pone de relieve que las objeciones planteadas por estos autores han sido superadas con la evolución del derecho uniforme el comercio internacional, cuya sistematización no permite encontrar las lagunas o defectos antes referidos.

Segundo, que la posible incertidumbre o inseguridad jurídica real no deriva de la norma, sino de la aplicación de la *lex mercatoria* la cual depende del intérprete. Así, no es un problema de derecho sino de la capacidad fáctica real de los encargados de aplicarla. Es un tema de preparación profesional, no de defecto en el sistema jurídico.

Por supuesto que los comerciantes son quienes con mayor profundidad están inmersos en su contenido, dado que es un derecho de clase, de forma que no es correcto que los comerciantes conozcan la norma *ex post facto*, siendo precisamente los comerciantes quienes eligen la norma de conflicto y de fondo que estiman más adecuada para resolver sus diferencias, así como las reglas de procedimiento, en respeto al principio de autonomía de la voluntad.

El mismo Paul Lagarde ha sostenido que:

"...¿Cuantas veces los operadores del comercio internacional y sus consejeros no se sienten llamados a liberarse del corsé de las legislaciones nacionales para someterse a normas mejor adaptadas que se darían ellos mismos "espontáneamente?..." [240]

Como podrá observarse, el propio detractor expone la existencia de la principal justificación para la eclosión de la antiquísima *lex mercatoria* y que en mayor o menor medida explica la realidad que hoy presenta esta normatividad.

Por su importancia, entraremos al estudio de las objeciones a la dimensión normativa de la *lex mercatoria* en un capítulo por separado, que abordamos a continuación.

7.4 La dimensión normativa de la lex mercatoria.

La mayoría de los detractores de la *lex mercatoria* sostienen la negativa de la dimensión normativa y lo hacen de forma indirecta, sin llamarla de esta manera, sino afirmando que no merece el calificativo de "ordenamiento jurídico".

Existe un error fundamental en esta consideración, derivado de la excesiva terquedad de los juristas modernos hacia la codificación, de forma que no ven derecho en ningún otro lado que no sea en los textos codificados emitidos por el legislador y que forman las normas de derecho positivo.

Esto los ha llevado a orientar su criterio sobre la dimensión normativa de la *lex mercatoria* usando como balanza, o parámetro de certeza, precisamente el derecho positivo legislado de forma escrita, es decir, queriendo asimilarla a los ordenamientos jurídicos escritos o codificados, de forma que al no encontrar en su elaboración formal y en su estructura los elementos de los ordenamientos jurídicos, desdeñan su juridicidad y niegan su dimensión normativa.

---

[240] Lagarde, Paul, citado por Chillon, Medina José María y MERINO Merchan, José Fernando. Op. Cit. pág. 955.

Lo anterior encuentra eco en las ideas de Mantilla Serrano, cuando afirma que:

> *"...Un orden jurídico autónomo exige un sistema coherente de normas jurídicas elaboradas y promulgadas por una autoridad con poder para hacerlo, cuya aplicación se haga eficaz a través de sanciones impuestas por dicha autoridad y cuyo imperio se extiende sobre una colectividad humana relativamente homogénea"* [241]

La coerción deriva del imperio de la decisión del tribunal resolutor, no de la regla o principio en sí misma considerada de forma aislada del sistema de justicia de un Estado.

Algunos autores, como Jorge Alberto Silva [242] han llamado a esta realidad jurídica bajo la denominación de *Ius Mercatorum*, cuya noción *ius* implícitamente está reconociendo la dimensión normativa de la *lex mercatoria*.

Cual sería entonces la posición o naturaleza de la *lex mercatoria* en el universo jurídico? ¿la *lex mercatoria* goza de los atributos de las normas jurídicas?, estas interrogantes pueden resumirse en una pregunta más concreta: ¿la *lex mercatoria* tiene una dimensión normativa, o sólo goza de las dimensiones fáctica y axiológica?

Para contestar esta pregunta, basta echar un vistazo a los siguientes capítulos, donde exponemos algunas de las expresiones más reconocidas de la *lex mercatoria*, como los INCOTERMS, y los Principios Unidroit, que en la práctica comercial internacional han dilucidado con meridiana claridad esta cuestión y han probado la eficacia y las bondades de la *lex mercatoria*.

Así como los principios fundamentales del derecho no requieren del Reconocimiento del Estado para su existencia en el mundo jurídico, la *lex mercatoria* tampoco lo requiere.

---

[241]   Mantilla Serrano, Fernando. *Ius Mercatorum* fuente del derecho internacional. En: El arbitraje en los conflictos económicos internacionales, Cámara de Comercio de Bogotá, Bogotá, 1995, pág. 70-71. Citado por Cadena Afanador, Walter René, Op. Cit. Pág. 63.

[242]   Silva, Jorge Alberto. *Arbitraje Comercial Internacional en México*, Pereznieto editores, México, 1994, pág. 32.

Para aceptar esta idea debemos dejar de pensar con el acartonado ultra positivismo que ha permeado el derecho decimonónico hasta carcomer sus huesos, contagiando el universo jurídico y sus instituciones hasta nuestros días. Debemos dejar de lado aquella idea de que el Derecho sólo existe en los códigos.

En este trabajo hemos expuesto de forma muy detallada las causas teleológicas y las justificaciones tanto axiológicas como fácticas y normativas de la existencia del Derecho fuera del Estado Moderno. El Derecho ha existido antes del nacimiento del Estado y seguirá existiendo el Derecho aun cuando el Estado deje de existir.

Por las mismas razones expuestas a lo largo y ancho de este trabajo, que justifican la existencia del Derecho basado en los principios fundamentales, con o sin la anuencia del Estado, por estas mismas razones, la *lex mercatoria* tampoco tiene como requisito *sine qua non* el reconocimiento estatal para su existencia.

Para ello solo es menester justificar su existencia basada en los principios supremos del Derecho, particularmente, de los principio supremos del Derecho Mercantil, lo que jamás se va a desvirtuar por los pretendidos intereses económicos que están en juego, pues la *lex mercatoria* si bien nace dentro del universo del comercio, su existencia misma obedece a la necesidad de que los comerciantes regulen sus relaciones jurídicas con instrumentos modernos que la legislación positiva estatal no es capaz de brindar, por lo que no es verdad lo afirmado por los detractores de esta institución, especialmente por Kahn que según vimos, niega la autonomía efectiva de la *lex mercatoria* por considerar que está basada en el mero interés económico, pues según hemos podido apreciar en este apartado, contrariamente a lo afirmado por sus detractores, la *lex mercatoria* se nutre del *principio supremo* del Derecho: *la equidad.*

Derivado de este principio supremo de *Aequitas,* la *lex mercatoria* nutre su existencia con los principios que emanan de aquel, como la buena fe y la lealtad negocial, la autonomía de la voluntad, el equilibrio contractual, la libertad de contratación y los demás principios ya analizados en el capítulo quinto[243] y que son abordados con mayor amplitud en el capítulo octavo[244].

---

[243] *Supra* 5.2
[244] *Infra* 8.2

Una vez superado el argumento de que la *lex mercatoria* carece de dimensión normativa por el sólo hecho de no derivar del Estado, queda claro que tampoco depende enteramente del consentimiento o tolerancia del mismo para su existencia, pues si la *lex mercatoria* justifica su contenido axiológico en consonancia con el principio supremo *aequitas*, resulta incontrovertible que la propia existencia de la *lex mercatoria* entonces tendrá un *efecto de irradiación* de los Derechos Fundamentales que la nutren y también gozarán del *principio de ubicuación* que les son propios, conforme a lo analizado en el capítulo cuarto. [245]

Es decir, la esencia valorativa contenida en el derecho fundamental que da coherencia a la *lex mercatoria* se preserva con total independencia de que la norma secundaria lo contemple o lo ignore, esto es, se genera un Principio que se encuentra ahora presente de forma inmanente en el sistema jurídico, asegurando la aplicación del principio fundamental contenido en la *lex mercatoria* bajo cualquier circunstancia, lo que doctrinalmente se traduce en la omnipresencia del derecho fundamental y por ende de la *lex mercatoria* en todo el sistema jurídico, de forma que se convierte en un *derecho ubicuo*, y es a este efecto al que llamamos el *principio de ubicuación* que ya fue analizado con detenimiento en el capítulo cuarto, pero ahora aplicado a la *lex mercatoria*.

Lo anterior nos permite concluir que la *lex mercatoria* si tiene una dimensión normativa totalmente autónoma del derecho interno de cada Estado donde pretenda aplicarse, sin que sea relevante que el Estado la tolere o la repudie, con tal que su contenido sea congruente con los principios fundamentales del Derecho Mercantil y se beneficie por lo tanto de las prerrogativas que le son inherentes, esto es su *efecto de irradiación* y su *principio de ubicuación*.

Ahora solo nos falta abordar como se da la autonomía de la *lex mercatoria* cuando existe antinomia entre ésta y el derecho interno de los Estados donde pretenda aplicarse.

Para ello es necesario recordar que la *lex mercatoria* no es un conjunto de *reglas* sino de *principios*, por lo que no son aplicables los métodos de solución de conflicto entre reglas y normas analizados en el capítulo cuarto, sino los métodos de solución en caso de colisión de principios y normas.

---

[245] *Supra* 4.6

Por ello debemos de partir por reconocer, que no estamos ante la presencia de un conflicto de normas y reglas, y aquí es donde se equivocan los detractores de la teoría de la *lex mercatoria*, pues ellos (aunque sin decirlo con su correcta denominación jurídica) suponen incorrectamente la aplicabilidad del principio lógico de contradicción, que se da cuando una norma permite lo que la otra prohíbe, y entonces estamos ante la presencia de un conflicto de normas, en la que por el principio lógico de contradicción, no podemos aceptar que ambas normas sean válidas, pues una cosa no puede ser y no ser al mismo tiempo y en el mismo sentido.

Los dos juicios contradictorios contenidos en las normas en conflicto, no pueden ser a un mismo tiempo verdaderos. Al instante nace la aplicabilidad del principio de contradicción de lo lógico jurídico analizado en el capítulo tercero[246], conforme al cual dos normas se oponen contradictoriamente cuando teniendo ámbitos iguales de validez material, espacial y temporal, una permite y la otra prohíbe a los mismos sujetos la misma conducta. Y considerando que dos juicios contradictorios no pueden ser a un mismo tiempo falsos, uno necesariamente debe ser verdadero.

Entonces a los detractores de la *lex mercatoria* se les hiso fácil elegir como norma suprema a la legislación estatal y *a priori* expulsar del sistema a la norma contenida en la *lex mercatoria*; gran error.

Lo incorrecto del argumento anterior radica, como ya lo subrayamos, en que la *lex mercatoria* es un conjunto de *principios* y no de *reglas*, por lo que no es dable hablar de un conflicto de normas positivas, sino de una colisión entre reglas y principios, cuyo tratamiento es totalmente diferente, según apreciamos en el capítulo cuarto.

Las normas en aparente conflicto contienen diversos valores, al igual que los principios contenidos en la *lex mercatoria*, de forma que los intereses que ellos representan no pueden calificarse de contradictorios, hablamos más bien de una colisión de principios.

---

[246] *Supra* 3.5

Los principios por regla general no gozan *per se* de una primacía o jerarquía frente a los demás principios, salvo los que en este trabajo calificamos de principios fundamentales.

Así las cosas, la colisión entre la *lex mercatoria* y el derecho interno de cada Estado no puede *a priori* inclinarse a favor de ninguno de los dos, sino que como estudiamos en el capítulo cuarto[247], es menester realizar un juicio de valor sobre el contenido axiológico de cada norma en colisión y si bien por regla general debemos privilegiar la aplicación del derecho interno, esta regla no siempre opera, pues en el caso de que la *lex mercatoria* descanse su contenido en un principio fundamental, o bien, el contenido del derecho interno pueda calificarse de extremadamente injusto, deberá privilegiarse la *lex mercatoria* por encima de aquél.

7.5 Los INCOTERMS 2010.

Según analizamos en el capítulo anterior,[248] la Cámara Internacional de Comercio ha contribuido de forma constitutiva y trascendental a la formación del Derecho Mercantil Uniforme, mediante ese instrumento emitido originalmente en 1936, que crea los mundialmente conocidos INCOTERMS.

Dejamos expuesto en aquel apartado, que desde 1936 la ICC Cámara Internacional de Comercio creó los *International Commercial Terms*, INCOTERMS por sus siglas en Ingles, o Términos Internacionales de Comercio; y desde entonces ha hecho revisiones en los años de 1945, 1953, 1967, 1976, 1980, 1990, 2000 y 2010 [249].

Hemos visto que los INCOTERMS recopilan las distintas opciones de contratación que pueden adoptar las partes de un contrato de compraventa internacional de mercaderías, para definir las obligaciones y responsabilidades de las partes y modifican sustancialmente diversas disposiciones tanto de derecho interno como internacional sobre el momento en que se transfieren

---

[247]   *Supra* 4.5

[248]   *Supra* 6.4

[249]   La versión actual de los INCOTERMS 2010 está en vigor desde el 1ro de enero del 2011.

los riesgos de las mercancías del vendedor al comprador, basándose en la autonomía de la voluntad de los contratantes.

La existencia misma de los INCOTERMS hace que hoy en día sea muy difícil negar la eclosión de la moderna *lex mercatoria*, pues la práctica comercial internacional recurrente demuestra la necesidad de la existencia del derecho de clase que representan los INCOTERMS, para la celebración o ajuste de los contratos de compra venta internacional de mercaderías, fungiendo como uno de los instrumentos más modernos y reconocidos del Derecho Mercantil Uniforme, y son parte fundamental de la *lex mercatoria*.

Los INCOTERMS recogen con tanta precisión la *ratio iuris* de las sanas prácticas comerciales internacionales, que en la práctica han tenido una amplia aceptación generalizada en los negocios internacionales, aceptación que en Teoría del Derecho deriva en la obligatoriedad de las normas, como hemos visto anteriormente.

Los INCOTERMS, al igual que la mayor parte de la *lex mercatoria*, tienen la virtud de ser disposiciones normativas consuetudinarias de naturaleza privada, cuya coercibilidad deriva del *imperium* del Estado, que en mayor o menor medida despliega su jurisdicción por medio de la decisión de los árbitros o jueces encargados de aplicarlos, en este caso bajo la premisa de que para ser invocados, requieren de la autonomía de la voluntad de los contratantes para sujetarse a las mismas, por lo que su contribución a la conformación de la moderna *lex mercatoria* resulta incontrovertible.

Estas disposiciones, no obstante ser de naturaleza privada, han tenido una enorme aceptación de forma generalizada en todos los rincones del planeta, de forma que se han globalizado y han influenciado para siempre y de forma determinante el comercio internacional.

Los INCOTERMS, como podrá observarse de su contenido, mantienen una estructura principalista, pues constituyen principios y no reglas, del desarrollo del comercio en el ámbito del Derecho Mercantil Internacional.

Entonces dichos INCOTERMS constituyen una prueba fehaciente de la relevancia de los *principios del Derecho*, y de la creciente tendencia del derecho moderno a recurrir a éstos en contraposición al cada vez más marcado rechazo a recurrir a las *reglas* rígidas escritas de los derechos internos.

Los INCOTERMS se erigen triunfantes como un sistema más civilizado de auto-regulación y constituye uno de los pilares del moderno derecho mercantil hacia la existencia de un derecho uniforme y uno de los primeros cimientos para la construcción de la nueva *lex mercatoria* materia de estudio.

CAPÍTULO OCTAVO

LOS PRINCIPIOS DEL DERECHO MERCANTIL INTERNACIONAL. LOS PRINCIPIOS UNIDROIT.

8.1 Introducción. 8.2 La naturaleza de Los Principios Unidroit sobre los Contratos Comerciales Internacionales 2010. 8.3 Alcance de los Principios Unidroit. 8.4 Generalidad y mercantilidad internacional en los Principios Unidroit 2010. 8.5.- La autonomía de la voluntad en la aplicabilidad de los Principios Unidroit. 8.6.- Los Principios Undroit 2010 como lex mercatoria. 8.7.- Aplicabilidad de los Principios Unidroit 2010 cuando las partes no han elegido el derecho aplicable al contrato. 8.8.- Los Principios Unidroit 2010 como instrumento interpretativo o complementario del Derecho Uniforme. 8.9.- Aplicabilidad de los Principios Unidroit en el Derecho Interno.

8.1 Introducción.

El estudio de este tema tan complejo bien podría incluir otros instrumentos internacionales, como los *Principios Sobre Derecho Contractual Europeo*, las Conferencias de Derecho Internacional Privado o los demás instrumentos relacionados en el capítulo sexto [250]; sin embargo, dada la necesad de acotar el análisis de la investigación al punto toral propuesto desde el inicio, consideramos conveniente centrarnos exclusivamente en los Principios Unidroit, ello por supuesto, no sin antes hacer esta aclaración.

Desde la fundación de la UNIDROIT en 1926 al amparo de la extinta Sociedad de Naciones, este organismo internacional que ya fue objeto de estudio

---

[250] *Vid. supra* 6.2

en el capítulo sexto[251], ha generado una enorme cantidad de instrumentos internacionales, siendo el más destacado de entre todos, el acertadamente denominado *Principios Unidroit sobre los Contratos Comerciales Internacionales* cuya primera versión se logró en el año 1994.

Estos principios son el resultado de años de intensas investigaciones y debates por parte de prestigiosos juristas de los cinco continentes.[252]

La concepción de este instrumento internacional se remonta a Roma, con la celebración del 40 aniversario de la fundación de la Unidroit, en 1968, cuando por primera vez surgió la incipiente idea de crear un cuerpo normativo para los contratos comerciales internacionales de aplicabilidad universal.

Pero hasta 1971 el Consejo de Dirección de la UNIDROIT decidió comenzar con los trabajos de los "Principios Unidroit sobre los Contratos Comerciales Internacionales", encargando la realización de los estudios preliminares a un comité piloto dirigido por los profesores *René David, Clive M. Schmitthoff y Tudor Popescu*, quienes representaron los sistemas de tradición jurídico romanista, de *common law* y de los países socialistas, respectivamente.

Sin embargo el grupo de trabajo especial para la redacción de los diferentes capítulos se constituyó oficialmente hasta 1980, fecha en la que se integró un grupo más plural conformado por representantes de los principales sistemas jurídicos del mundo.

> *"… la mayor parte de ellos son profesores de universidad, algunos magistrados y funcionarios de alto rango, que participaban todos en calidad personal…"*[253]

---

[251]   *Vid. supra* 6.6

[252]   Instituto Internacional para la Unificación del Derecho Privado UNIDROIT. *Principios Unidroit sobre los contratos comerciales internacionales 2004*, Instituto de Investigaciones Jurídicas, Centro Mexicano de Derecho Uniforme, México 2007, pág. Xiii.

[253]   Instituto Internacional para la Unificación del Derecho Privado UNIDROIT. *Principios Unidroit sobre los contratos comerciales internacionales 2004*, Instituto de Investigaciones Jurídicas, Centro Mexicano de Derecho Uniforme, México 2007, pág. xiv.

De entre los destacados juristas que participaron en el proyecto encontramos orgullosamente al Mexicano José María Abascal Zamora, profesor emérito de la Universidad Panamericana.

Este afamado grupo de trabajo se encargó de redactar los proyectos de los diferentes capítulos, que fueron enviados a un gran número de expertos a nivel mundial, así como a los corresponsales de UNIDROIT en todo el mundo. Por lo tanto, este documento congloba el sentir, la experiencia, las costumbres, las necesidades y los principios de todo el conocimiento jurídico moderno de nuestra civilización.

Las labores finalizaron en el año de 1994, cuya segunda versión en español se publicó en el año 2001, con traducción de Alejandro Garro.[254]

En el año 2004 se publicó la primera revisión de estos principios y en el año 2010 se publicó una segunda revisión, bajo la dirección de *Michael Joachim Bonell*[255], que se encuentra vigente en la actualidad.

La versión 2010 de los principios consta de 211 artículos, en oposición de los 120 de la edición de 1994 y los 185 de la edición 2004, añadiendo un capítulo 11 para regular la pluralidad de deudores y de acreedores, donde se incluye la solidaridad, las acciones de regreso y las excepciones sobre las obligaciones solidarias. [256]

A nuestro entender, los Principios Unidroit comenzaron como un ambicioso proyecto para unificar el Derecho Mercantil Internacional, pero a la postre han logrado mucho más que eso, pues como veremos en el desarrollo de este capítulo, el comercio internacional de forma sostenida ha recurrido cada vez

---

[254] Oviedo Alban, Jorge. *Aplicación de los principios UNIDROIT a los contratos comerciales internacionales*. Pontificia Universidad Javeriana, Santiago de Cali, Revista Criterio Jurídico, número 3, ISSN 1657-3978, págs 7-33, Bogotá, Colombia, 2003, pág. 11.

[255] Profesor emérito de Derecho comparado de la Universidad de Roma I *La Sapienza*, Director del Instituto de Derecho Comparado de Roma e integrante del Consejo de Consultores de la CISG y la UNIDROIT.

[256] Instituto Internacional para la Unificación del Derecho Internacional Privado UNIDROIT. *Unidroit Principles of International Comercial Contracts 2010*, Versión en Inglés publicada por el *International Institute for the Unification of Private Law*, ISBN: 88-86449-19-4, Roma 2010, pág. VII.

más a este instrumento jurídico para la solución de casos concretos; a través de los años se ha intensificado su uso y se ha recurrido a su texto por los Tribunales Arbitrales Internacionales de forma tan recurrente que se han consagrado como uno de los instrumentos más valiosos para regular el derecho de fondo en las relaciones comerciales internacionales.

Máxime que el texto de este instrumento va más allá del CISG, que como sabemos, está circunscrito únicamente a los contratos de compraventa internacional de mercaderías. En este aspecto, los *Principios Unidroit* abordan una cantidad indefinida e infinita de relaciones jurídicas internacionales, de forma que los árbitros han encontrado que este instrumento no sólo es complementario del CISG, sino que tiene un espectro de influencia mucho mayor, logrando con ello su finalidad de convertirse en una auténtica y moderna *lex mercatoria*.

Los *Principios Unidroit* ofrecen entonces, un sistema de reglas especialmente concebidas en función de las exigencias del comercio internacional y, al menos en intención, están preparados para adaptarse a todos los sistemas jurídicos del globo.

8.2 La naturaleza de Los Principios Unidroit sobre los Contratos Comerciales Internacionales 2010.

Conviene recordar como vimos anteriormente, que no todos los mecanismos tradicionales de unificación del Derecho Mercantil Internacional han asumido la forma de instrumentos vinculantes a través de actos legislativos supranacionales bajo el concepto de *tratados*, sino que existen otros instrumentos.

Este es el caso de los "Principios Unidroit sobre los Contratos Comerciales Internacionales" que constituye una alternativa no tradicional a la problemática de la unificación del Derecho Mercantil Internacional, mediante sistemas no legislativos de armonización del Derecho, basados en los Principios Generales del Derecho y en mayor o menor medida, en la *Lex Mercatoria*.

Es innegable la influencia que ejercen en estos principios las viejas realidades jurídicas al estilo del *mos gallicus* [257] vigorizadas con nuevos argumentos

---

[257]   *Vid. supra* 2.3

al amparo de las *costumbres del Derecho Internacional* que van más allá de la positivización de las normas escritas, y propugnan la elaboración de un *restatement*[258] internacional de los Principios Generales del Derecho de los contratos, aplicados al ámbito de las relaciones comerciales internacionales.

Según analizamos en el capítulo sexto, tanto las Leyes modelo, las guías legislativas sobre prácticas comerciales, los *INCOTERMS*, y en la cúspide de la pirámide, los "Principios Unidroit sobre los Contratos Comerciales Internacionales" constituyen la base del moderno Derecho Mercantil Uniforme y de la *Lex Mercatoria*, siendo de entre todos estos instrumentos, los "Principios Unidroit sobre los Contratos Comerciales Internacionales" la *opera prima* de los Principios del Derecho en materia Comercial Internacional.

Estos principios han tenido diversas revisiones a partir de su publicación original en 1994, pues se han revisado en 2004 y 2010, siendo ésta última la versión vigente a la fecha y la cual es materia de análisis en este trabajo.

La naturaleza jurídica de los "Principios Unidroit sobre los Contratos Comerciales Internacionales" sigue siendo objeto de discusiones, pues ciertamente no son una fuente legislativa como Derecho escrito interno; no son Derecho codificado vigente; no son sancionados por las autoridades nacionales de los Estados, pues evidentemente no pasan por un proceso legislativo, ni interno, ni internacional, lo que lleva a algunos tratadistas, como Jorge Oviedo Albán[259], a negarle su dimensión normativa, afirmando que no son Derecho, y los reducen a un carácter eminentemente potestativo.

---

[258]   El término *restatement* usado evoca la figura del *restatement of the law* anglosajon que constituye una revisión o reestructuración de su derecho en forma de recopilación y sistematización del *common law* americano, mediante compilaciones de textos legales de ramas específicas del Derecho hechas por doctrinarios expertos juristas reconocidos en dicho sistema jurídico, muy al estilo de un moderno Digesto. Tiene tanta aceptación que los Jueces americanos recurren constantemente a dicho *restatement* en sus sentencias.

[259]   Oviedo Alban, Jorge. Los Principios *UNIDROIT para los contratos comerciales internacionales. Su importancia en la armonización y unificación del derecho privado*, Universitas número 100, Pontificia Universidad Javeriana, Bogotá Colombia, 2003, página 121.

No obstante, otros doctrinarios como María del Pilar Perales Viscasillas[260], sostienen lo contrario, afirmando su dimensión normativa, es decir, que son Derecho, pues la citada autora afirma que aunque algunos de los artículos de los Principios Unidroit reflejen costumbres internacionales, otros son reflejo de lo que conocemos como Principios Generales del Derecho.

Dicha autora pone de ejemplo las normas sobre incumplimiento esencial, en contraste con el principio de buena fe. El primero podría estimarse que no refleja los usos del tráfico general, sino acaso de algún sistema en particular, pero el segundo, el principio de buena fe, se trata efectivamente de una norma reflejo de un principio del Derecho y no una regla adoptada por consenso.

A nuestro entender, los Principios Unidroit 2010, precisamente en estos preceptos que recogen Principios Fundamentales del Derecho, son obligatorios *per se*; no obstante que aquellos más o menos consensuales requieran la necesaria sumisión de los contratantes para surgir a la vida jurídica y ser vinculantes en la contratación internacional.

Esta obligatoriedad se da tanto a nivel de contratación internacional, como también en muchos casos, para el Derecho interno, por lo que no debe soslayarse el papel que juegan en el concierto jurídico, de ahí su importancia y su trascendencia jurídica.

Nosotros compartimos el criterio de que los "Principios Unidroit sobre los Contratos Comerciales Internacionales" sí son Derecho, aún con las evidentes restricciones ya señaladas, en cuanto a los preceptos que no recogen principios universales del Derecho, sino acaso preceptos atinentes a determinado sistema jurídico que surgen del consenso.

Cuando su aplicabilidad surge a la vida jurídica, resulta innegable la dimensión normativa de los "Principios Unidroit sobre los Contratos Comerciales Internacionales", de tal suerte que los juristas mexicanos aún debemos aprender a dominar el ámbito de aplicación de los principios, ya que

---

[260] Perales Viscasillas, María del Pilar. *Hacia un nuevo concepto del contrato de compraventa: desde la Convención de Viena de 1980 sobre compraventa internacional de mercaderías hasta y después de la Directiva 1999/44/CE sobre garantías en la venta de bienes de consumo. Temas Actuales de Derecho Comercial.* Editora: Normas Legales, Madrid, 2004, pág. 153.

si lo hacemos de forma adecuada, éstos pueden y deben servir como sustento para fallos judiciales nacionales e internacionales, en la misma medida que los jueces americanos recurren al *restatement of the law.*

Al respecto, *Bonell* considera:

> "...*The UNIDROIT principles represent a totally new aproach to international trade law. First of all, on account of their scope which, contrary to that of all existing international conventions including CISG, is not restricted to a particular kind of transaction but covers the general part of contract law. Moreover, and more importantly, the UNIDROIT Principles – prepared by a private group of experts which, though acting under the auspices of a prestigious Institute such as UNIDROIT, lacked any legislative power – do not aim to unify domestic law by means of special legislation, but merely to "re-state" existing international contract law. Finally, the decisive criterion in their preparation was not just which rule had been adopted by the majority of countries ("common core approach"), but also which of the rules under consideration had the most persuasive value and/or appeared to be particularly well suited for cross-border transactions ("better rule approach")...* [261]*

Es decir, traducido al español, según *Bonell*:

> "... *Los principios de UNIDROIT representan una forma totalmente nueva de acercamiento al Derecho mercantil internacional. En primer lugar, debido a su alcance que, contrariamente a la de todos los convenios internacionales existentes, incluyendo la CISG* [262]*, no se limita a un tipo particular*

---

[261] Bonell, Michael Joachim. *The Unidroit Principles of International Commercial Contracts and the Harmonisation of International Sales Law*, artículo publicado en la revista *FLETCHER, I. – MISTELIS, L. – CREMONA, M. (Eds.), Foundations and Perspectives of International Trade Law*, 298-309. London, Sweet and Maxwell, 2001, pag. 304.

[262] CISG es el acrónimo Anglosajón de *Contract of International Sales of Goods*, y hace referencia a la Convención de Naciones Unidas sobre Compraventa Internacional de Mercaderías.

de transacción, sino que cubre la parte general del Derecho
contractual…"

"… Por otra parte, y aún más importante, los Principios
UNIDROIT -elaborados por un grupo privado de expertos que,
aunque actúan bajo los auspicios de un instituto prestigioso como
UNIDROIT, carecen de poder legislativo- no tienen por objeto
unificar el Derecho interno a través de una legislación especial,
sino que se limita a hacer un "re-state" ("re-establecimiento") del
Derecho Comercial Internacional…"

"… Por último, el criterio decisivo en su preparación no fue
solamente determinar que regla ha sido adoptada por la mayoría de
los países ("regla de enfoque medular generalizado"), sino también
cuál de las normas a estudio tuvo el atributo más persuasivo
y/o que parecía ser particularmente mejor adecuado para las
transacciones transfronterizas ("regla de mejor enfoque")…"[263]

Siendo que el autor de esta opinión, *Bonell*, es además el responsable
de la comisión redactora de los *Principios Unidroit 2010*, podemos rescatar
claramente la elocuente denominación de *re-statement*, atribuible a la naturaleza
de los citados principios, que se identifica en nuestro Derecho como una
moderna *lex mercatoria*.

A continuación abordamos los argumentos que nos llevan afirmar la
Dimensión Normativa de los *Principios Unidroit sobre los Contratos Comerciales*
Internacionales lo que nos hace concluir a su vez, que sí son Derecho.

Según hemos sostenido reiteradamente en este trabajo, es innegable que el
Derecho existe aún antes del Estado, pues su nacimiento es anterior al mismo,
y un ejemplo muy actual de ello son precisamente los *Principios Unidroit sobre*
los Contratos Comerciales Internacionales, que se erigen triunfantes en el mundo
jurídico sin requerir la sanción Estatal.

---

[263]   Traducción realizada por el autor de este trabajo de investigación.

Hemos dicho con cierto grado de certeza, que el Derecho hasta el *mos italicus* medieval no estaba totalmente centralizado o Estatizado[264], lejos de ser un Derecho de leyes, era más bien un Derecho de juristas.

Este Derecho de juristas tenía una vocación jurisprudencial, y las leyes no fueron para nada similares a lo que hoy entendemos como tales, pues desde sus orígenes más ancestrales, las leyes no encontraron la necesidad de describir el contenido del Derecho que recogían, pues lo daban por "supuesto".

Así, como ya analizamos en el capítulo segundo,[265] a guisa de ejemplo, ni la *lex XII tabularum* ni sus sucesoras se preocuparon por definir, verbigracia, la *mancipatio*, el *nexum* o la *nuncupare*,[266] sino a regular su efecto, pues daban por supuesto que tal tarea definitoria correspondía a los juristas, al campo del "Derecho" y no a la "Ley", haciendo hasta este punto, imposible confundir ambos conceptos.

Fue la *escuela de la exegesis* que vino con la codificación, la que encerró al Derecho en manos del poder del Estado de una forma absoluta, poniendo en peligro la existencia misma de nuestra ciencia, de forma que el Estado por conducto de su órgano legislativo y siguiendo el *dogma de la legalidad*, adquirió el enorme poder de incorporar en una ley cualquier realidad que quisiere, fuere o no *Derecho*, con la apariencia de serlo.

Con este modelo se confundió el contenido con el continente, el contenido es el Derecho; su continente: la ley. La ley debería contener al *Derecho*, ley y Derecho debería ser lo mismo, pero no siempre sucede así.

En consecuencia, el *modelo codificador* y la *escuela de la exegesis* potencialmente tuvieron en sus manos la facultad de darle la apariencia de Derecho a una disposición aunque sea totalmente ajena a los *mores maiorum* o a cualquier Derecho fundamental o principio fundamental del Derecho, que al incorporarla al marco normativo positivo, da la apariencia de ser Derecho, a

---

[264] Peces-Barba Martínez, Gregorio. *Tránsito a la modernidad y derechos fundamentales*, editorial Mezquita, Madrid, 1982, pag. 9.

[265] *Vid. supra* 2.2.7

[266] Guzman Brito, Alejandro. *Historia de la Interpretación de las normas en el derecho Romano*, Suprema Corte de Justicia de la Nación, México, 2011, pag. 4.

pesar de no serlo, como lo vimos en el capítulo primero al analizar el caso de los *guardianes del muro.* [267]

Antes del modelo codificador ningún jurista tenía problemas para identificar lo que es el Derecho; la interrogante sobre "que es el Derecho" se podía responder simplemente echando una mirada a los *mores maiorum*, a los principios del Derecho, a estas máximas de la lógica y la experiencia ancestrales que no era difícil encontrar en los textos de Derecho, hoy histórico; pero que con la codificación se diluyeron como si fueran leyendas, haciendo que el Derecho y la ley se confundan.

Hoy en día los *Principios Unidroit sobre los Contratos Comerciales Internacionales* han probado que aún existe ese Derecho intrínseco, inmanente al hombre, fuera del monopolio del Estado y nos demuestra que aún es posible reclamar esa terrible confusión entre Ley y Derecho.

Los Principios Unidroit sobre los Contratos Comerciales Internacionales son un instrumento que reivindica la esencia fundamental de lo que es el Derecho mismo, evocando nostálgicamente la concepción romana clásica de nuestra ciencia, hasta el punto de demostrar con máximas jurídicas de uso inveterado y experiencia milenaria, que el Derecho Mercantil puede y debe construirse al amparo de los principios sobre los que se cimienta la ciencia del Derecho, y no siempre sobre los caprichos del legislador.

Fue el iusnaturalismo racionalista[268] el que sentó las bases para el movimiento codificador, y dio nacimiento al positivismo jurídico que acabó por tratar de destruir toda noción iusnaturalista del Derecho.

Curiosamente ahora es precisamente ese positivismo jurídico el que con su radicalización extrema está dando pauta al surgimiento del nuevo orden jurídico que hoy estamos viviendo, verbigracia, con los "Principios Unidroit sobre los Contratos Comerciales Internacionales", que tratan orgullosamente de reivindicar el contenido axiológico del Derecho, proveyendo un profundo sentimiento de justicia que el Derecho Estatal codificado es incapaz de procurar.

---

[267]   *Vid supra* 1.3

[268]   *Vid supra* 2.3

Así como el hombre renacentista enfrentó un repudio a la sumisión escolástica medieval, que le imposibilitaba moverse libremente y sintió la necesidad de descubrir un sistema unitario, más o menos universal, cognoscible por la sola razón, exento del autoritarismo del sistema medieval.

Hoy en día el jurista moderno percibe y repudia casi instintivamente la incongruencia del Derecho Estatal frente a la injusticia que deriva de la aplicación irrestricta del Derecho positivo, cuyo contenido no en pocas ocasiones suele ser contrario a los valores que cimientan nuestra ciencia.

Estamos dando paso a una nueva generación de juristas, menos acartonados al uso irracional, zalamero, clientelar y dócil de los códigos; juristas que repudian con la frente en alto los aparatos legislativos que no cumplen con las aspiraciones y exigencias de *aequitas* que el pueblo reclama con dignidad.

Es en esta tierra fértil que surgen los Principios Unidroit sobre los Contratos Comerciales Internacionales como el más elaborado instrumento jurídico jamás creado, compilador de las *mores maiorum* en materia comercial internacional.

Es entonces en su carácter *principalista*, como reivindicador de las *mores maiorum*, de las máximas jurídicas de uso inveterado y atemporal, basadas en los más elementales principios de la lógica jurídica, la experiencia judicial y los valores supremos que nutren la ciencia jurídica, robustecidos y sistematizados bajo los principios de *common core approach* y *better rule approach* (regla de enfoque medular generalizado y regla de mejor enfoque), donde encuentra coherencia la dimensión normativa de los Principios Unidroit sobre los Contratos Comerciales Internacionales y por supuesto, su innegable carácter obligatorio.

8.3 Alcance de los Principios Unidroit

El objetivo de los Principios Unidroit según se declara en los mismos principios, es "...*establecer un conjunto equilibrado de reglas destinadas a ser utilizadas en todo el mundo, independientemente de las específicas tradiciones jurídicas y condiciones económicas y políticas de los países en que vengan aplicados...*[269]

Empero, tal objetivo es sumamente difícil de llevar a la *praxis* jurídica, si consideramos que bajo la premisa de la "Soberanía Nacional" existe una marcada renuencia de los Estados modernos a aceptar la existencia de cualquier noción de Derecho fuera del orden positivo estatal, fuera de las leyes, decretos y códigos promulgados por el órgano legislativo de cada nación y sancionados por la autoridad ejecutiva a la que empoderan.

Renuencia que se ha visto robustecida por la incipiente y prácticamente nula oposición justificada de los juristas posteriores a la escuela de la *exégesis*, que fue una constante hasta mediados del siglo XX, con el nacimiento de las corrientes que rescatan la dignificación de la dimensión axiológica del Derecho.

Esta innegable barrera no mermó el ánimo de los fundadores de los *Principios Unidroit*, al declarar en su propio preámbulo, tanto el propósito de los principios como su también pretendido alcance.

Salta a la vista la aceptación generalizada que han tenido estos Principios Unidroit a lo largo y ancho del globo, lo que se revela indiscutible al encontrar que este instrumento internacional se ha publicado en muy variados idiomas, pues si bien se redactó y aprobó originalmente en idioma inglés, posteriormente se tradujo al alemán, árabe, búlgaro, checo, chino, croata, eslovaco, español, francés, holandés, húngaro, italiano, japonés, portugués y ruso.[270] Actualmente se ha traducido a más de dos docenas de lenguajes. [271]

---

[269] Instituto Internacional para la Unificación del Derecho Privado UNIDROIT. *"Principios Unidroit sobre los contratos comerciales internacionales 2004"*, Instituto de Investigaciones Jurídicas, Centro Mexicano de Derecho Uniforme, México 2007, pág. xv.

[270] Rincón Cortés, Juan Manuel. *Los Principios del Unidroit, un Nuevo Acercamiento a los Contratos Comerciales Internacionales*, Universidad Panamericana, México, 1998, pág. 20.

[271] Bonell, Michael Joachim. *The Unidroit Principles of International Commercial Contracts and the Harmonisation of International Sales Law*, artículo publicado en la revista *FLETCHER, I. – MISTELIS, L. – CREMONA, M. (Eds.), Foundations and Perspectives of International Trade Law*, 298-309. *London, Sweet and Maxwell*, 2001, pág. 302.

Bonell[272] señala con gran tino, que precisamente gracias a que los *Principios Unidroit* no fueron concebidos como un instrumento vinculante, tuvieron la gracia de abordar materias que fueron o bien excluidas, o bien insuficientemente reguladas por la CISG, respecto del cual los Principios Unidroit resultan ser una norma contractual complementaria, ya se trate de contratos internacionales a los que les resulte aplicable la citada CISG, como de aquellos que resulten excluidos por aquella Convención de Naciones Unidas.

En la práctica comercial internacional, encontramos que uno de los ejemplos reales más relevantes en relación a la aplicabilidad de los *Principios Unidroit*, es el caso *ICC AWARD No. 7110* de la Cámara de Comercio Internacional[273], relativo a nueve contratos para el suministro de equipos celebrado entre una empresa Inglesa y una agencia del Gobierno de un país de Medio Oriente.

Ninguno de los contratos contenía una elección expresa de la ley aplicable a favor de una ley nacional determinada, pero contenían disposiciones relativas a la liquidación de acuerdo con *las leyes y normas del Derecho Natural.*

De acuerdo con el demandante de Medio Oriente, tales referencias expresaron la intención de las partes para hacer referencia a los principios generales del Derecho. En su contestación, la empresa Inglesa demandada objetó que la referencia a la "justicia natural" era una mera referencia a las normas procesales, tales como el debido proceso y juicio justo; por otra parte, bajo el argumento de que era el deudor de las prestaciones, reclamó una posición más relevante en la ejecución del contrato; y siendo que su establecimiento se encontraba en el Reino Unido, exigió que la ley interna Británica debía ser aplicada como la norma más estrechamente vinculada a los contratos, conforme al artículo 4 (2) de la Convención de Roma de 1980.

El Tribunal de Arbitraje Internacional[274], por mayoría, al interpretar la intención de las partes, llegó a la conclusión de que los contratantes habían

---

[272] Ídem, pag. 303.
[273] ICC Award 7110 de la Cámara de Comercio Internacional, consultado el 20 de junio del 2014 en la página web: http://www.unilex.info/case.cfm?pid=2&do=case &id=713&step=Abstract , traducción del inglés hecha por el autor de este trabajo de investigación.
[274] Tribunal de Arbitraje Internacional de la Cámara Internacional de Comercio, con sede en París, compuesto por cerca de 100 miembros de 90 países. Cabe aclarar

tomado una decisión negativa, es decir, revelaron la intención de excluir la aplicación de cualquier ley nacional específica y que sus contratos se sujetaron a los principios y normas generales del Derecho internacional, principios que aunque no han sido consagrados en una norma específica, ni aprobados en ningún ordenamiento interno nacional; están especialmente adaptados a las necesidades de las transacciones internacionales y disfrutan de una amplia aceptación internacional.

Según el Tribunal Arbitral Internacional "*…las reglas y principios que gozan de amplio consenso general internacional, … se reflejan principalmente en los Principios UNIDROIT…*"[275]

En consecuencia, el Tribunal Arbitral concluyó que:

> "*…sin perjuicio de tener en cuenta las disposiciones de los contratos y los usos comerciales pertinentes [...] los contratos se regirán por, y deberán interpretarse de conformidad con los PRINCIPIOS UNIDROIT para todos los puntos que caen dentro del ámbito de aplicación de tales principios; y para todos los demás temas, por los principios generales aplicables a las obligaciones contractuales internacionales que gocen de amplio consenso internacional, normas que serán consideradas vinculatorias para la decisión de todos los temas controvertidos en el presente arbitraje.*"[276]

En cuanto al argumento del demandado sobre que la referencia a que la "justicia natural" debe entenderse en términos del Derecho Inglés como una mera referencia a las normas de procedimiento; el Tribunal de Arbitraje señaló que semejante interpretación a la luz de la norma interna Inglesa, resulta inaceptable en el contexto del arbitraje comercial internacional, máxime que no resulta congruente con los elementos normativos de otros sistemas del *common law*, como el del Derecho Norteamericano.

---

que este Tribunal no resuelve las disputas, ni hace condena de daños, perjuicios o costas, pues esas funciones son reservadas a los tribunales arbitrales nombrados de conformidad con las reglas de Arbitraje de la ICC.

[275]   ICC Award 7110 Idem.

[276]   ICC Award 7110, ídem.

Además, el Tribunal Arbitral declaró que la aplicabilidad de los Principios Unidroit como la norma que rige los contratos en disputa, habría estado justificada, incluso prescindiendo de la interpretación de la intención implícita de las partes. De hecho, los *Principios Unidroit* deberían ser considerados como "la ley más apropiada", según los artículos 13 y 17 de la versión de 1998 de las Reglas de Arbitraje de la ICC.

En contraste con esta decisión, encontramos la resolución del caso ICC AWARD NÚMERO 7375,[277] donde un comprador de Medio Oriente (Actor) y una Empresa de Estados Unidos (Demandado) firmaron un contrato para el suministro de bienes, en el que las partes tampoco se sujetaron a ninguna cláusula de elección de la ley aplicable.

La agencia gubernamental Actora reclamó daños y perjuicios en relación con un retraso en la entrega de las mercancías; por su parte la empresa Americana demandada alegó que la reclamación era extemporánea al existir prescripción, invocando para justificarlo la aplicación de la ley de Maryland, dado que a su entender, era la ley del lugar donde las obligaciones contractuales tenían su aspecto más significativo, por ser el lugar de la fabricación de los bienes.

El Gobierno actor se basó en su propia legislación interna en virtud del cual la acción no era extemporánea, y subsidiariamente invoca la aplicación de los principios generales del Derecho.

En la investigación de la intención de las partes, el Tribunal Arbitral Internacional determinó que la falta de una cláusula de elección de ley en el contrato demostró que ninguna de las partes estaba dispuesta a aceptar el Derecho interno del otro, por lo tanto nuevamente se pronunció a favor de considerar a los Principios Unidroit como la norma aplicable, pues dichos Principios mantendrían plenamente el equilibrio entre las partes y responderían a las expectativas razonables derivadas del contrato.

El ICC entonces consideró que los Principios Unidroit han ganado una amplia aceptación internacional y el consenso en la comunidad internacional de

---

[277] ICC Award 7375, de la Cámara de Comercio Internacional, consultado el 23 de junio del 2014 en la página web: http://www.unilex.info/case.cfm?pid=1&do=case&id=625&step=Abstract.

negocios, incluyendo las nociones generales que forman parte de la *lex mercatoria*, por lo que a su juicio los Principios Unidroit pueden ser considerados para reflejar los principios y normas generalmente aceptadas y los usos comerciales internacionales.

En opinión del Tribunal de Arbitraje Internacional, los Principios de UNIDROIT contienen en esencia una reafirmación de lo que llamó *Principes Directeurs* (directivas principales o principios fundamentales) que han gozado de la aceptación universal y que están en el corazón de las nociones fundamentales que reiteradamente se aplican en la práctica arbitral.[278]

No obstante el Tribunal Arbitral Internacional se apartó de la consideración de aplicación absoluta e irrestricta de los Principios, pues señaló que los Principios Unidroit aún no han resistido una prueba de escrutinio detallado en todos sus aspectos, por lo que algunas de sus disposiciones individuales podrían no reflejar el consenso internacional.

En tal virtud, el Tribunal Arbitral generó el precedente de aplicar los Principios Unidroit únicamente en la medida en que en realidad reflejan los principios y normas generalmente aceptados por la comunidad internacional, lo que ha quedado patentado en diferentes disputas internacionales, como es el caso del ICC Award 7365, entre una corporación norteamericana y la Fuerza Aérea Iraní[279]; y el diverso caso ICC Award 8261, entre una empresa italiana y una agencia gubernamental de Medio Oriente.[280]

En ambos casos las partes no pactaron ninguna cláusula de elección de ley aplicable, y por lo tanto ambos habían insistido en la aplicación de su propia legislación nacional, lo que de forma uniforme fue resuelto por el Tribunal de Arbitraje, declarando la aplicabilidad de los Principios Unidroit, y reivindicando con ello su alcance legal como fuente suprema de la *lex mercatoria.*

---

[278]   ICC AWARD número 7375 ídem.

[279]   ICC AWARD número 7365, de la Cámara de Comercio Internacional, consultado el 23 de junio del 2014 en la página web: http://www.unilex.info/case.cfm?pid=1&do=case&id=653&step=Abstract

[280]   ICC AWARD número 8261 de la Cámara de Comercio Internacional, consultado el 23 de junio del 2014 en la página web: http://www.unilex.info/case.cfm?pid=2&do=case&id=624&step=Abstract

8.4 Generalidad y mercantilidad internacional en los Principios Unidroit 2010.

El primer enunciado del preámbulo determina el carácter internacional y mercantil de los principios, pues señala lo siguiente:

"...Estos Principios establecen reglas generales aplicables a los contratos mercantiles internacionales..."[281]

De este enunciado destaca, en primer término, su carácter principalista, al constituir *reglas* de carácter general, lo que evoca su intrínseca vinculación con los Principios Generales del Derecho y por supuesto, define su naturaleza como *Lex Mercatoria*, dado que su principal finalidad es evitar la ambigüedad que se ha criticado tanto a ésta, mediante la definición o recopilación más o menos con pretensión de universalidad de todas esas máximas de uso inveterado y atemporal que nutren la experiencia jurídica milenaria recogida en los *Principios del Derecho*.

Este aspecto resulta ser el de mayor relevancia para la determinación del ámbito de aplicación de los *Principios Unidroit 2010*, dado que por el sólo hecho de constituir propiamente *principios*, le resultan aplicables todos los elementos estudiados en los capítulos tercero y cuarto, con las salvedades anotadas con anterioridad.

Esto es, los *Principios Unidroit 2010* son normas jurídicas, pues como a cualquier otro *principio del Derecho*, le son aplicables todas las características propias de aquellas, con todas las consecuencias inherentes a esta categorización, incluyendo por supuesto, su carácter imperativo, y como justificamos en su momento[282], al ser normas, una vez determinada su aplicabilidad al caso concreto, el árbitro quedará vinculado a dichos principios como un imperativo categórico.

Además, también podemos válidamente afirmar que son normas de una categoría distinta de las normas jurídicas que nacen del *modelo codificador*

---

[281]   "Principios Unidroit sobre los Contratos Comerciales Internacionales" 2010.
[282]   *Vid supra* 4.3

analizado en el capítulo segund, no obstante que en su forma se presentan como si se tratase de un código.[283]

En segundo término, destaca su internacionalidad, pues parte de la base de su carácter internacional y su ámbito de aplicación nace originalmente, si bien no de forma total, a destinar sus esfuerzos al ordenamiento y sistematización del comercio internacional.

La internacionalidad del contrato se puede definir principalmente por el hecho de que el contrato se celebre entre partes que tengan sus establecimientos o residencia habitual en Estados diferentes, lo que se deduce del principio general plasmado en el artículo primero de la CISG, Convención de Naciones Unidas sobre los Contratos de Compraventa Internacional de Mercaderías, que dispone:

> "Art. 1.- La presente Convención se aplicará a los contratos de compraventa de mercaderías entre partes que tengan sus establecimientos en Estados diferentes:
> a) cuando esos Estados sean Estados Contratantes; o
> b) cuando las normas de Derecho internacional privado prevean la aplicación de la ley de un Estado Contratante.
> 2) No se tendrá en cuenta el hecho de que las partes tengan sus establecimientos en Estados diferentes cuando ello no resulte del contrato, ni de los tratos entre ellas, ni de información revelada por las partes en cualquier momento antes de la celebración del contrato o en el momento de su celebración.
> 3) A los efectos de determinar la aplicación de la presente Convención, no se tendrán en cuenta ni la nacionalidad de las partes ni el carácter civil o comercial de las partes o del contrato."[284]

Igualmente, conforme a los principios generales del Derecho Internacional Privado[285], la internacionalidad del contrato puede existir cuando el contrato

---

[283]   *Vid supra* 4.2

[284]   Convención de Naciones Unidas sobre los Contratos de Compraventa Internacional de Mercaderías.

[285]   El Artículo 1 de la Convención Interamericana sobre Derecho Aplicable a los Contratos Internacionales y el artículo 1 de la Convención Interamericana sobre

ofrezca vínculos estrechos con más de un Estado (tesis del elemento extranjero puro) [286], o bien, porque produce efectos conectados con otros países o afecta los intereses del comercio internacional (tesis del efecto internacional) [287].

Curiosamente los *Principios Unidroit* no definen la internacionalidad del contrato, pero la *UNIDROIT* se ha pronunciado sobre este hecho en los comentarios a los preámbulos, afirmando que "...*la internacionalidad del contrato debe interpretarse en el sentido más amplio posible, de forma que únicamente queden excluidas de esta definición, aquellas relaciones contractuales que carezcan de todo elemento de internacionalidad, porque todos los elementos trascendentes del contrato tengan puntos de conexión con una sola nación...*".[288]

Por otro lado, define su ámbito de aplicación a la mercantilidad del contrato, mercantilidad que según expone al misma *UNIDROIT* en los comentarios que hace a los preámbulos de los principios, no está orientada a la clásica distinción entre lo civil y lo mercantil, y más bien el propósito es excluir del ámbito de los Principios, las llamadas "operaciones de consumo".[289]

La UNIDROIT da por sentado que el concepto de "Mercantiles" debe ser entendido en su sentido más amplio, de forma que abarquen el mayor número de operaciones económicas posible.

Normas Generales de Derecho Internacional Privado, en este aspecto son uniformes con tres convenciones internacionales, dos derivadas de conferencias de La Haya: el Convenio de la Haya sobre la Ley Aplicable a las Compraventas Internacionales de Bienes Muebles Corporales del 15 de junio de 1955; el Convenio de la Haya sobre la Ley Aplicable a los Contratos de Compraventa Internacional de Mercaderías del 22 de diciembre de 1986 y la Convención sobre la Ley Aplicable a las Obligaciones Contractuales de Roma de 1980.

[286]   Perezieto Castro, Leonel. Silva Silva, Jorge Alberto. Derecho Internacional Privado, parte especial. Editorial Oxford, México 2000, pág.276.

[287]   Idem, pág. 277.

[288]   Instituto Internacional para la Unificación del Derecho Privado UNIDROIT. *Principios Unidroit sobre los contratos comerciales internacionales 2004*, Instituto de Investigaciones Jurídicas, Centro Mexicano de Derecho Uniforme, México 2007, pág. 2.

[289]   Ídem.

Tal afirmación es además acorde al principio emanado del artículo 2 de la Convención de Naciones Unidas sobre los Contratos de Compraventa Internacional de Mercaderías, que dispone:

> "Art. 2.- La presente Convención no se aplicará a las compraventas:
> a) de mercaderías compradas para uso personal, familiar o doméstico, salvo que el vendedor, en cualquier momento antes de la celebración del contrato o en el momento de su celebración, no hubiera tenido ni debiera haber tenido conocimiento de que las mercaderías se compraban para ese uso;..."

8.5 La autonomía de la voluntad en la aplicabilidad de los Principios Unidroit.

Desde sus cimientos, los *Principios Unidroit 2010* se sustentan en el principio de autonomía de voluntad, reconociendo por consecuencia la posibilidad de las partes de elegir expresamente la aplicabilidad de los citados Principios como rectores del contrato.

Tal principio se resume en los preámbulos de los principios al señalar:

> "...Estos Principios deberán aplicarse cuando las partes hayan acordado que su contrato se rija por ellos..."[290]

Este principio tiene dos aspectos, uno positivo y otro negativo. Desde el punto de vista positivo implica la posibilidad de las partes de pactar libremente un contrato y determinar su contenido, incluyendo por supuesto, la elección del Derecho aplicable, lo que es reiterado en el artículo 1ro de los citados principios, al declarar que:

> "...Art.1.- Las partes son libres para celebrar un contrato y para determinar su contenido..."[291]

---

[290]   Principios Unidroit sobre los Contratos Comerciales Internacionales 2010.
[291]   Ídem.

Desde el punto de vista negativo, esta facultad de elección implica el Derecho de las partes de excluir expresamente la aplicación del Derecho interno de las naciones involucradas, inclusive de aquel que conforme a los principios generales del Derecho internacional tuviere mayor puntos de contacto con el contrato o su ejecución, o incluso de aquel que conforme al Derecho nacional de las naciones involucradas, fuere aplicable al contrato.

Tal prevención es acorde con el principio de libertad de contratación recogido de manera uniforme por el Derecho Internacional, como es el caso del artículo 7 del Convenio de la Haya sobre la Ley Aplicable a los Contratos de Compraventa Internacional de Mercaderías[292], que dispone:

> "...Artículo 7.- 1. El contrato de compraventa se regirá por la ley elegida por las partes. El acuerdo de las partes sobre esta elección deberá ser expreso o resultar claramente de las estipulaciones del contrato y del comportamiento de las partes, considerados en su conjunto. Dicha elección podrá limitarse a una parte del contrato..."
>
> "...2. En cualquier momento las partes podrán acordar que el contrato quede sometido en todo o en parte a una ley distinta de aquella por la que se regía anteriormente, haya sido o no ésta elegida por las partes. El cambio de la ley aplicable que acuerden las partes una vez concertado el contrato no obstará a la validez formal de éste ni a los Derechos de terceros..."[293]

Precepto esencialmente idéntico al artículo 7 de la Convención Interamericana sobre Derecho Aplicable a los Contratos Internacionales, que dispone:

> "...Artículo 7.- El contrato se rige por el derecho elegido por las partes. El acuerdo de las partes sobre esta elección debe ser expreso o, en caso de ausencia de acuerdo expreso, debe desprenderse en forma evidente de la conducta de las partes y de las cláusulas contractuales, consideradas en su conjunto.

---

[292]   Este convenio no fue suscrito por México, no obstante, el mismo principio es recogido en el artículo 1 de la CISG, del cual sí forma parte.

[293]   Convenio de la Haya sobre la Ley Aplicable a los Contratos de Compraventa Internacional de Mercaderías de 22 de diciembre de 1986.

Dicha elección podrá referirse a la totalidad del contrato o a una parte del mismo.

La selección de un determinado foro por las partes no entraña necesariamente la elección del derecho aplicable..." [294]

Circunstancia que puede presentarse tanto en Derecho Internacional como en contratos donde se involucre exclusivamente el Derecho interno de una sola nación, pues en teoría no existe ningún impedimento para que las partes elijan la aplicabilidad de los principios Unidroit 2010, aun cuando el contrato no tenga ningún elemento de internacionalidad, circunstancia que se reitera en el preámbulo de los propios principios, cuando señala que "...Estos Principios pueden ser utilizados para interpretar o complementar el derecho nacional..."[295]

En cuanto a México, nuestro Código de Comercio vigente no respeta el principio general del Derecho Internacional de libertad de elección del Derecho aplicable a los contratos, al señalar en su artículo 1 que:

"...Artículo 1o.- Los actos comerciales **sólo** se regirán por lo dispuesto **en este Código** y las demás leyes mercantiles aplicables..."[296]

Lo que reitera en el artículo 14 al establecer un principio de territorialidad y disponer que:

"...Artículo 14.- Los extranjeros comerciantes, en **todos** los actos de comercio en que intervengan, **se sujetarán a este Código** y demás leyes **del país**..."[297]

Circunstancia que es contraria al principio de Derecho conflictual plasmado en el artículo 13 del Código Civil Federal de México de 1928, mismo que a diferencia del Código de Comercio, sí permite la elección del Derecho aplicable. Tal precepto dispone:

---

[294] Convención Interamericana sobre Derecho Aplicable a los Contratos Internacionales, suscrita en México, D.F., el 17 de marzo de 1994, en la Quinta Conferencia Especializada Interamericana sobre Derecho Internacional Privado.

[295] Principios Unidroit sobre los Contratos Comerciales Internacionales 2010

[296] Artículo 1 del Código de Comercio de México de 1989.

[297] Artículo 14 del Código de Comercio de México de 1989.

"... Artículo 13.- La determinación del derecho aplicable se hará conforme a las siguientes reglas:

V. Salvo lo previsto en las fracciones anteriores, los efectos jurídicos de los actos y contratos se regirán por el derecho del lugar en donde deban ejecutarse, **a menos de que las partes hubieran designado válidamente la aplicabilidad de otro derecho...**"[298]

No obstante, desde el momento en que México se adhirió a la CISG, y la misma fue ratificada por el Senado Mexicano[299], se convirtió en Ley Suprema de la Unión a la luz del artículo 133 de la Constitución Mexicana, lo que hizo perder vigencia a los artículos 1 y 14 del Código de Comercio de 1889, desde el punto de vista del Derecho positivo, dado que tales preceptos son contrarios a los artículos 1 y 6 de la citada CISG, ya comentados anteriormente[300], que permiten la aplicación extraterritorial en México del Derecho extranjero y del Derecho internacional en esta materia.

En el mismo sentido, la aplicabilidad del Derecho elegido por las partes a los contratos celebrados en México, resulta del artículo 7 de la Convención Interamericana sobre Derecho Aplicable a los Contratos Internacionales, antes transcrito, pues ese texto internacional también está vigente en nuestra nación.[301]

Ahora bien, desde el punto de vista negativo, al decir de Luis Fernández de la Gándara[302], también implica la posibilidad de que la legislación declarada aplicable sea excluida sólo parcialmente, o se establezcan excepciones a su regulación, de lo que surge la libertad de limitar también la aplicación del

---

[298] Artículo 13 del Código Civil Federal de 1928.

[299] México se adhirió a la CISG o Convención de Naciones Unidas sobre los Contratos de Compraventa Internacional de Mercaderías de 1980 el 29 de diciembre de 1987 y entró en vigor en nuestro país el 1 de enero de 1989.

[300] *Vid. supra* 8.4.

[301] Curiosamente este tratado internacional fue celebrado en México el 17 de marzo de 1994.

[302] Fernandez de la Gandara, Luis. Calvo Caravaca, Alfonso Luis. Derecho Mercantil Internacional, Editorial Tecnos, Madrid, 1995, pág. 568.

Derecho interno, o incluso derogarla en su totalidad, con las salvedades que abordaremos más adelante[303].

8.6 Los Principios Undroit 2010 como lex mercatoria.

Según referimos al analizar los alcances legales de los Principios Unidroit, la mayor virtud lograda por este instrumento internacional, es que han ganado una amplia aceptación internacional y el consenso en la comunidad internacional de negocios, lo que deriva del enunciado de su proemio en el que señala:

> "...Estos Principios pueden aplicarse cuando las partes hayan acordado que su contrato se rija por principios generales del derecho, la "*lex mercatoria*" o expresiones semejantes..." [304]

Los Principios Unidroit 2010 se han consolidado de forma tan contundente a nivel internacional, logrando sortear una de las mayores críticas que ha recibido la *lex mercatoria*, esto es, su extrema ambigüedad y su consecuente incertidumbre; de tal suerte que desde su promulgación en 1994, hoy es posible circunscribir las nociones generales que forman parte de la moderna *lex mercatoria* mediante la aplicación de este instrumento.

Tan es así, que según observamos en las sentencias arbitrales analizadas con anterioridad, el Tribunal Arbitral Internacional ha sido uniforme en determinar en la *praxis* internacional, que los Principios Unidroit pueden ser considerados para reflejar los principios y normas generalmente aceptados y los usos comerciales internacionales, dado que a su entender contienen en esencia una reafirmación de esas directivas principales o principios fundamentales a los que se les ha llamado *principes directeurs* que han gozado de la aceptación universal y que están en el corazón de las nociones fundamentales del derecho mercantil a nivel global.

Por lo tanto, a nuestro entender, los Principios Unidroit 2010 contienen en gran parte, esos principios fundamentales del derecho mercantil que son

---

[303]　*Vid. infra* 8.9.
[304]　Principios Unidroit sobre los Contratos Comerciales Internacionales 2010.

irradiados por el *principio de ubicuación* de los derechos fundamentales, analizados en su oportunidad.[305]

8.7 Aplicabilidad de los Principios Unidroit 2010 cuando las partes no han elegido el derecho aplicable al contrato.

Uno de los aspectos más controversiales de los Principios Unidroit 2010, es su aplicación en los casos en que las partes han guardado silencio, al ser omisas en señalar el derecho aplicable al contrato.

Al respecto los Principios Unidroit 2010 declaran en su preámbulo:

> "...Estos Principios pueden aplicarse cuando las partes no han escogido el derecho aplicable al contrato..."[306]

En primer término, ante el silencio de las partes en elegir el derecho aplicable al contrato o si su elección resultara ineficaz, el derecho internacional recurre a reglas tendientes a buscar la aplicabilidad del derecho interno de uno de los estados involucrados en el tráfico internacional en cada caso individual, de tal suerte que el tribunal deberá analizar qué derecho nacional será aplicable al contrato.

Para ello, en primer lugar deberá seguirse la tesis del elemento extranjero puro[307], conforme al cual el contrato se regirá por el derecho del Estado con el cual tenga los vínculos más estrechos. Para determinar cuál es este derecho, el Tribunal tomará en cuenta todos los elementos objetivos y subjetivos que se desprendan del contrato.

También tomará en cuenta los principios generales del derecho comercial internacional aceptados por organismos internacionales, como es el caso, precisamente de los *Principios Unidroit 2010.*

---

[305] *Vid. supra* 4.6

[306] Principios Unidroit sobre los Contratos Comerciales Internacionales 2010.

[307] Plasmado en el artículo 9 de la Convención Interamericana sobre Derecho Aplicable a los Contratos Internacionales.

No obstante, si una parte del contrato fuera separable del resto del contrato y tuviese una conexión más estrecha con otro Estado, podrá aplicarse, a título excepcional, la ley de este otro Estado a esta parte del contrato.

El Tribunal deberá aplicar las normas, las costumbres y los principios del derecho comercial internacional, así como los usos y prácticas comerciales de general aceptación con la finalidad de realizar las exigencias impuestas por la justicia y la equidad en la solución del caso concreto.[308]

No obstante, el Tribunal aplicará necesariamente las disposiciones del derecho del foro cuando tengan carácter imperativo, y a su entera discreción, cuando lo considere pertinente, podrá aplicar las disposiciones imperativas del derecho de otro Estado con el cual el contrato tenga vínculos estrechos.[309]

Los *Principios Unidroit 2010* pueden aplicarse entonces incluso ante la ausencia de elección del Derecho aplicable al contrato, dado que en este supuesto, el mismo debe ser determinado en base a las reglas pertinentes del derecho internacional privado señaladas anteriormente, reglas que como vimos son sumamente flexibles.

En efecto, son tan flexibles que permiten al tribunal arbitral aplicar *las reglas de derecho que estime apropiadas*, a la luz del artículo 21 de las Reglas de Arbitraje de la Cámara de Comercio Internacional 2012. Tal precepto dispone:

> "… Art. 21.- Normas jurídicas aplicables al fondo.
> 1 Las partes podrán acordar libremente las normas jurídicas que el tribunal arbitral deberá aplicar al fondo de la controversia. A falta de acuerdo de las partes, el tribunal arbitral aplicará las normas jurídicas que considere apropiadas.
> 2 El tribunal arbitral deberá tener en cuenta las estipulaciones del contrato celebrado entre las partes, si lo hubiere, y cualesquiera usos comerciales pertinentes.

---

[308] Artículo 10 de la Convención Interamericana sobre Derecho Aplicable a los Contratos Internacionales.

[309] Artículo 11 de la Convención Interamericana sobre Derecho Aplicable a los Contratos Internacionales.

3 El tribunal arbitral tendrá los poderes de amigable componedor o decidirá ex aequo et bono únicamente si las partes, de común acuerdo, le han otorgado tales poderes…"[310]

Según el propio UNIDROIT:

"…Por lo general los tribunales de arbitraje suelen aplicar un derecho nacional determinado como derecho aplicable al contrato, pero excepcionalmente pueden recurrir a un derecho a-nacional o supranacional, como los Principios…"[311]

Esto es, de acuerdo a las circunstancias de cada contrato, el tribunal arbitral podría inferir del silencio de las partes la intención de excluir la aplicación del derecho nacional de los contratantes, ya por la posible incompatibilidad de ambos al caso concreto, ya por el contacto que tenga con varios derechos internos, ninguno de los cuales prevalezca en la intención de las partes, o por su eventual desequilibrio, haciendo insuficiente o injustificable la aplicación del derecho nacional del país de uno sólo de los contratantes, con exclusión de todos los demás.

8.8 Los Principios Unidroit 2010 como instrumento interpretativo o complementario del Derecho Uniforme.

Según se declara expresamente en el preámbulo de los Principios Unidroit 2010, éstos pueden aplicarse concurrentemente con otros instrumentos internacionales, particularmente son aplicables conjuntamente con el CISG, pues así lo declaran al señalar que:

"…Estos Principios pueden ser utilizados para interpretar o complementar instrumentos internacionales de derecho uniforme…" [312]

[310] Reglas de Arbitraje de la Cámara de Comercio Internacional 2012.
[311] Instituto Internacional para la Unificación del Derecho Privado UNIDROIT. Op. Cit. pág. 5.
[312] Principios Unidroit sobre los Contratos Comerciales Internacionales 2010.

A este respecto, *Bonell*[313] sostiene que los Principios Unidroit sirven a un propósito relevante para los fines del artículo 7 del CISG. Este autor advierte la existencia de opiniones doctrinales divergentes a este respecto, pues por un lado, existen estudiosos que niegan categóricamente la aplicabilidad de los Principios Unidroit al haber sido creados con posterioridad al CISG. Por otro lado, pone de relieve la opinión más entusiasta, que justifica el uso de los Principios Unidroit basándose en su carácter de principios generales.

Al decir de *Bonell*, la respuesta correcta se encuentra en el punto medio entre ambas posturas, advirtiendo que sólo en las directrices principales generalmente aceptadas de los Principios Unidroit en el contexto del comercio internacional, puede justificarse la aplicabilidad de éstos respecto de aquellos tratados internacionales contraídos con anterioridad.

A nuestro entender y partiendo de la base de que los *Principios Unidroit 2010* han ganado una amplia aceptación internacional y el consenso en la comunidad internacional de negocios, han sido considerados como reflejo de los principios y normas generalmente aceptados en materia de comercio internacional; por lo que nosotros sostenemos que su contenido "principalista" sirve como *norma marco* para interpretar y en su defecto, para suplir las lagunas y deficiencias de otros instrumentos internacionales.

Razonamiento aplicable a la CISG, a pesar de ser creados después de ésta, pues como toda *norma marco*, su aplicabilidad deriva de su naturaleza intrínseca y no de su vigencia formal.

8.9 *Aplicabilidad de los Principios Unidroit en el Derecho Interno.*

Los principios Unidroit pueden tener influencia en el derecho interno nacional, desde tres puntos de vista, primero como instrumento rector del contrato, segundo como instrumento interpretativo o complementario, y en última instancia como ley modelo.

---

[313]   Bonell, *Op. Cit.* pág. 348.

El primer supuesto se encuentra previsto en el caso en que los principios sean asumidos expresamente por las partes, que según analizamos con anterioridad puede referirse a instrumentos exclusivamente nacionales.[314]

El segundo y tercer supuesto emana de la declaración realizada en el proemio de los principios, según los cuales:

> "...Estos Principios pueden ser utilizados para interpretar o complementar el derecho nacional...."; y
> "...Estos Principios pueden servir como modelo para los legisladores nacionales e internacionales...."[315]

Recordemos que de acuerdo con el Estatuto Orgánico de UNIDROIT, este organismo tiene por objeto estudiar los medios de armonizar y coordinar el derecho privado entre los estados o entre grupos de estados y preparar gradualmente la adopción por parte de los distintos estados de una legislación de derecho privado uniforme.[316]

En tal virtud y considerando el carácter de *directriz principal* o *lex mercatoria* de los Principios Unidroit, es justificable que éste sea aplicable al derecho interno de todas las naciones, con independencia de que las partes hayan o no asumido contractualmente su aplicabilidad, para servir como medio de interpretación e incluso para complementar el derecho interno de cada nación.

Este puede ser tal vez el aspecto más controvertible de los Principios Unidroit 2010, dado que la aplicación de dichos principios puede resultar antagónica con ciertos principios generales del Derecho internacional y por supuesto, con disposiciones fundamentales del Derecho interno de cada nación.

Es en este aspecto que debemos poner de relieve los elementos a considerar y que deben imperar al respecto, para determinar claramente en qué casos resultan inaplicables los *Principios Unidroit 2010* para los propósitos declarados en esta parte de su preámbulo.

---

[314] *Vid. supra* 8.5
[315] Principios Unidroit sobre los Contratos Comerciales Internacionales 2010.
[316] Artículo primero del Estatuto Orgánico de UNIDROIT de 15 de marzo de 1940, aprobado en México desde el 6 de mayo de 1940.

En esencia, para determinar la aplicabilidad o inaplicabilidad de los *Principios Unidroit 2010* debemos analizar qué sucederá si los citados principios prevén instituciones esenciales para su adecuada aplicación y éstas no estén contempladas en la legislación del Estado donde pretendan ejecutarse, y deberemos tomar en cuenta si el Estado de que se trata, tiene o no instituciones o procedimientos análogos.

Igualmente deberemos analizar qué sucederá cuando determinadas disposiciones de los *Principios Unidroit 2010* pretendan ejecutarse en el territorio de una nación que la considerare manifiestamente contraria a los principios de su orden público interno.

En el mismo tenor, deberemos plantearnos la postura que deberá tomar el Tribunal Arbitral o convencional, cuando la aplicación de los *Principios Unidroit 2010* pretenda hacerse de forma artificiosa para evadir los principios fundamentales del Derecho interno de la nación donde pretenda aplicarse.

Por la importancia que representa en el análisis de dichos tópicos, específicamente en lo tocante al tema propuesto en este trabajo de investigación, es decir, en lo relativo a la colisión entre principios fundamentales del Derecho Mercantil, estos aspectos son abordados en el siguiente capítulo, donde hacemos una circunscripción de los elementos fundamentales que deben considerarse para excluir la aplicabilidad de los *Principios Unidroit 2010* específicamente en esta materia.

CAPÍTULO NOVENO

EL PAPEL DE LOS PRINCIPIOS DEL DERECHO MERCANTIL EN EL EQUILIBRIO CONTRACTUAL.

9.1 Los Principios fundamentales del Derecho Mercantil reconocidos por el Derecho Uniforme y la Lex Mercatoria. 9.2 Límites y alcances de la Libertad de Contratación en el concierto global. 9.3 El equilibrio contractual ante situaciones de excesiva onerosidad o hardship. 9.4 El restablecimiento del equilibrio contractual, frente al Derecho Positivo Nacional.

9.1 Los Principios fundamentales del Derecho Mercantil reconocidos por el Derecho Uniforme y la Lex Mercatoria.

Como dejamos ampliamente expuesto en el capítulo anterior, los instrumentos internacionales de Derecho Uniforme que constituyen la moderna *lex mercatoria*, como es el caso de los *Principios Unidroit 2010*, tienen la virtud de estar sustentados en algunos de los Principios Fundamentales del Derecho Mercantil analizados en el capítulo quinto, sin embargo, la comunidad internacional reiteradamente nos ha advertido y se ha pronunciado en el sentido de que no todas sus disposiciones se basan en aquellos Principios Fundamentales, y otras no han sido sometidas a rigurosos análisis de su aceptación o aplicabilidad generalizada a nivel global.

Corresponde ahora precisar esos preceptos de Derecho Uniforme que responden a la categorización de Principios Fundamentales del Derecho Mercantil.

En este contexto, debemos dejar claro que la labor del jurista resulta fundamental para la identificación de este tópico, si consideramos que es imposible que un documento formado por humanos sea perfecto, dado que la naturaleza humana no lo es. Aristóteles no enseño que en ningún orden de la realidad, nadie da lo que no tiene.

Evidentemente los Principios Unidroit 2010 no escapan de esta realidad, y por más que constituyan un valioso y enorme esfuerzo por sistematizar e identificar los principios emanados del Derecho Uniforme y la *lex mercatoria*, su regulación podría no ser acorde a todos los sistemas jurídicos del globo, advertencia que debemos tomar en cuenta al interpretar la aplicabilidad de los mismos, si queremos evitar caer en injusticias.

No obstante, si por ese solo hecho renunciamos a reconocer las virtudes de los Principios Unidroit 2010, pasaríamos por alto que en mayor medida, estos principios recogen el sentir armonizado de la mayor parte de los sistemas jurídicos del mundo.

Corresponde entonces a los juristas en cada caso concreto, tomar en consideración la perspectiva de cada relación jurídica, sus circunstancias, el tipo de sistema jurídico imperante, la nacionalidad de las partes, los derechos públicos subjetivos protegidos o tutelados, las normas de interés público y orden social declaradas y protegidas por el derecho interno de las naciones involucradas y demás particularidades que engloban la problemática, a efecto de no soslayar las soberanías implicadas y evitar caer en las injusticias que se pretenden corregir con el Derecho Uniforme.

Con ello se colmará el punto débil de esta teoría, pues estaremos cumpliendo con el fin último del Derecho Mercantil Uniforme: comprobar con rigor científico el análisis de la aceptación o aplicabilidad generalizada a nivel global de las disposiciones de la *lex mercatoria* que se pretendan elevar a la categoría de Principio Fundamental del Derecho Mercantil.

En los siguientes apartados aterrizaremos este análisis, en lo referente a la libertad de contratación, su evolución, los alcances de la autonomía de la voluntad, la trascendencia de la buena fe y lealtad negocial, en contraste con la equidad y el equilibrio contractual en situaciones de desequilibrio fundamental de la relación negocial, empleando precisamente un análisis riguroso de la aceptación o aplicabilidad generalizada de la teoría de la imprevisión en México, España y Argentina, y sus alcances legales.

9.2 Límites y alcances de la Libertad de Contratación en el concierto global.

Del Principio Supremo de Libertad emana el tercero de los principios fundamentales del Derecho Mercantil: el *principio de autonomía de la voluntad y libertad de contratación*, conforme al cual, las partes contratantes conservan la facultad de contraer los compromisos comerciales que estimen que mejor les convengan, y elegir tanto el Derecho de fondo aplicable como las normas de procedimiento para dirimir cualquier controversia.

Según analizamos en la el capítulo quinto, la autonomía de la voluntad tiene 3 diferentes expresiones.[317]

La primera de las 3 está plasmada en el artículo primero de los *Principios Unidroit 2010*, que dispone:

"...Las partes son libres para celebrar un contrato y para determinar su contenido...".[318]

La segunda expresión, que consiste en que conforme a la autonomía de la voluntad, las partes asuman y elijan libremente el derecho de fondo aplicable, se encuentra prevista en los preámbulos de los principios, en cuanto señalan que:

"... Estos Principios deberán aplicarse cuando las partes hayan acordado que su contrato se rija por ellos...".[319]

Esta autonomía de la voluntad, desde el punto de vista negativo, implica la posibilidad de excluir, derogar o modificar las disposiciones jurídicas que rijan los contratos mercantiles, puesto que al existir únicamente intereses privados en juego, las partes tienen la libertad de disponer casi totalmente de las disposiciones legislativas de Derecho interno, o de Derecho internacional que regulan las relaciones jurídicas mercantiles.

Los Principios Unidroit 2010 reconocen expresamente esta libertad de auto-regulación del derecho de fondo aplicable, en el artículo 1.5 que dispone:

---

[317] *Vid supra* 5.5
[318] Artículo 1.1 de los Principios Unidroit 2010.
[319] Preámbulo de los Principios Unidroit 2010.

> "… Las partes pueden excluir la aplicación de estos Principios,
> así como derogar o modificar el efecto de cualquiera de sus
> disposiciones, salvo que en ellos se disponga algo diferente…" [320]

Tanto el Derecho positivo Mexicano como la doctrina, reconocen uniformemente esta libertad de auto-regulación. A guisa de ejemplo, encontramos la Ley General de Sociedades Mercantiles, al disponer:

> "… Asimismo, las reglas permisivas contenidas en esta Ley
> no constituirán excepciones a la libertad contractual que
> prevalece en esta materia…" [321]

La tercera expresión consistente en que las partes están en libertad de pactar las normas de procedimiento aplicables, pudiendo realizar 3 conductas: renunciar ciertos derechos procesales; sólo restringir los derechos derivados de las leyes aplicables; o bien, declarar totalmente inaplicable el Derecho procesal positivo nacional o internacional y elegir libremente la forma en que deba llevarse el proceso.

Tal libertad de auto-regulación se encuentra prevista claramente en el Código de Comercio Mexicano, conforme al cual:

> "… El procedimiento mercantil **preferente** a todos es el
> que **libremente convengan las partes** con las limitaciones
> que se señalan en este libro, pudiendo ser un procedimiento
> convencional ante Tribunales o un procedimiento arbitral…"
> [322]

Lo que se reitera al señalar que:

> "… Los tribunales se sujetarán al procedimiento convencional
> que las partes hubieren pactado siempre que el mismo se hubiere

---

[320]   Artículo 1.5 de los Principios Unidroit 2010.

[321]   Artículo 8 de la Ley General de Sociedades Mercantiles de México. Esta disposición contenida en el segundo párrafo fue adicionado en decreto publicado el 13 de junio del 2014.

[322]   Artículo 1051 del Código de Comercio de México de 1889, vigente a la fecha de redacción de este trabajo de investigación.

formalizado en escritura pública, póliza ante corredor o ante el juez que conozca de la demanda en cualquier estado del juicio, y se respeten las formalidades esenciales del procedimiento..." [323]

Como podrá observarse, nuestro sistema jurídico mexicano reitera la adopción de los principios de libertad propios de un *sistema jurídico abierto* [324]. En efecto, a diferencia de lo que sucede en los procesos civiles, cuyo principio de orden público no permite la modificación de las normas del procedimiento por las partes [325], en el Derecho Mercantil sucede todo lo contrario, pues la libertad de auto-regulación de los comerciantes se lleva al extremo.

Nuestro Código de Comercio no sólo permite la modificación de las disposiciones adjetivas contenidas en el Código de Comercio, sino que fomenta su no aplicación, al disponer que el proceso mercantil pactado por las partes es "preferido" a las disposiciones jurídicas emanadas del Congreso de la Unión, con lo que le da a todas las disposiciones contenidas en el libro quinto el carácter de normas supletorias, que sólo se aplican cuando las partes no pacten las normas de procedimiento aplicables a sus relaciones de negocios, con algunas excepciones. [326]

Resulta incontrovertible que esta libertad de contratación no puede soslayar el principio de supremo de *aqueitas* y por lo tanto, no debe vulnerar el *principio de tutela judicial efectiva*, de forma que las normas elegidas por las partes solo serán vinculantes en cuanto respeten este supremo principio fundamental del Derecho Mercantil, lo que expresamente se reconoce, al establecer que los tribunales sólo se sujetarán a estos procedimientos convencionales cuando respeten las formalidades esenciales del procedimiento.

En ese sentido se pronuncia el artículo 1.4 de los Principios Unidroit 2010, al señalar que dichos principios no restringen la aplicación de normas de carácter imperativo que resulten aplicables conforme a las normas pertinentes del Derecho Internacional Privado.

---

[323] Idem artículo 1052.

[324] *Vid supra* 1.3

[325] El Código Federal de Procedimientos Civiles de México le da a sus normas el carácter de irrenunciables, lo que se desprende de sus artículos 3, 85 y 267.

[326] Con excepción de las disposiciones que el mismo código declara irrenunciables.

En contraste, el Código de Comercio Español[327], al no contener normas procesales mercantiles sino solo sustantivas, es omisa a este respecto, pero la Ley de Enjuiciamiento Civil Española, en la que descansa toda la regulación de los juicios mercantiles en aquél país, no reconoce de forma alguna la libertad de auto-regulación procesal, y por el contrario, niega la aplicabilidad de cualquier otra norma que no sea dicha legislación, al señalar:

> "... En los procesos civiles, los tribunales y quienes ante ellos acudan e intervengan deberán actuar con arreglo a lo dispuesto en esta Ley..." [328]

Y continúa señalando:

> " Con las solas excepciones que puedan prever los Tratados y Convenios internacionales, los procesos civiles que se sigan en el territorio nacional se regirán únicamente por las normas procesales españolas..." [329]

Por su parte el Código de Comercio Argentino[330] tampoco contiene disposiciones adjetivas, dejando también esta labor al Código Procesal Civil y Comercial Argentino, mismo que no contiene ninguna norma relativa al derecho de las partes a disponer del proceso y se limita a permitir únicamente la libre auto-regulación de las normas de procedimiento en el caso de los compromisos arbitrales y la renuncia de recursos en dichos compromisos.[331]

9.3 El equilibrio contractual ante situaciones de excesiva onerosidad o hardship.

El principio de equilibro contractual resulta ser otra expresión del supremo principio de *aequitas*, conforme al cual, en esencia, se somete a un juicio de

---

[327] Código de Comercio de España de 1885, también vigente.
[328] Artículo 1 de la Ley de Enjuiciamiento Civil Española de 2000, vigente.
[329] Idem artículo 3.
[330] Código de Comercio de Argentina de 1889, vigente.
[331] Artículo 741 del Código Procesal Civil y Comercial de la Nación de Argentina de 1981.

checks and balances[332], la posible contradicción entre el ejercicio irrestricto de la libertad de contratación como expresión del Derecho Fundamental a la libertad; y el ejercicio absoluto de la igualdad como expresión del Derecho Fundamental a la equidad; buscando el punto razonable entre éstos.

Recordemos que la colisión de dos principios (como en este caso, libertad contra igualdad), nunca implica expulsar uno de ellos del sistema, al ser los dos válidos; a diferencia del conflicto de normas, en el que uno necesariamente es inválido y por consecuencia, expulsado del sistema.

Al ser los dos válidos, usualmente uno se aplica en perjuicio del otro, según el interés cuya protección se considere superior, siendo posible y razonable, aplicar parcialmente ambos hasta el punto de colisión, a efecto de evitar que las partes contratantes ejerzan demasiado poder en la relación comercial, lo que se conoce en la doctrina anglosajona como *checks and balances*.

De este juicio de valor, se busca que los convenios o contratos derivados de operaciones comerciales, mantengan un equilibrio natural entre los provechos y gravámenes asumidos por los contratantes.

Como analizamos en el capítulo quinto[333], en Derecho Mercantil prácticamente ninguna relación comercial se basa en la igualdad pura entre los contratantes, pues por definición los comerciantes pretenden obtener un lucro, mismo que suele ser desigual, al tener diferentes impactos en el patrimonio de ambos, afectado de forma distinta sus relaciones comerciales.

Usualmente el más poderoso tiene implícito un riesgo menor y una expectativa de ganancia mayor; en cambio el menos poderoso asume mayores riesgos y aun así su mejor escenario será esperar un lucro menor. Esta desigualdad puede ser asumida y consentida por los contratantes y con plena conciencia de ello, celebrar operaciones mercantiles en un perfecto balance de fuerzas previamente aceptado, que debe mantenerse y respetarse. Es decir, existe equilibrio contractual, más no igualdad material.

---

[332] *Checks and balances* es una expresión anglosajona que denota un sistema en el que las diferentes partes de una organización tienen poderes que afectan y controlan las otras partes para que ninguna pueda llegar a ser demasiado poderosa o para evitar que cualquiera de ellas ejerza demasiado poder.

[333] *Vid supra* 5.3

No obstante, según hemos afirmado en este trabajo, en toda relación de naturaleza mercantil, las obligaciones que asumen las partes en ejercicio de su autonomía de la voluntad, siempre deben tomarse con pleno conocimiento de las consecuencias de sus interacciones y asumiendo la responsabilidad propia de su consentimiento.

Pero esta libertad de contratación se entiende dada bajo el principio de equidad contractual, esto es, las obligaciones deben mantener el balance natural del lucro asumido y esperado que corresponde propiamente a la operación mercantil.

Según hemos analizado también con anterioridad, este principio no tiene como objetivo que los negocios mercantiles siempre generen el lucro esperado, sino que prevalezcan las condiciones para que esto sea contingente, pues en caso de dejar de existir, generan una excesiva onerosidad a una de las partes, lo que rompe el equilibrio contractual natural que rige en el fondo del mismo.

Los comerciantes por definición, asumen el riesgo que entre el capital aportado y el trabajo realizado, con relación al provecho esperado, no se logre una adecuada compensación. Sin embargo, este riesgo puede verse alterado sustancialmente por acciones u omisiones sobrevenidas, distintas a las propias de la vida económica del mercado, imprevisibles o insuperables, ajena a las partes.

En estos supuestos se destruyen las razones o motivos determinantes de la voluntad de uno o ambos de los contratantes, rompiendo con ello el equilibrio contractual natural del acto de comercio.

Esto es lo que la doctrina comercial internacional denomina *hardship* o excesiva onerosidad sobrevenida, misma que no debe confundirse con la excesiva desproporción como causa de nulidad de un contrato.[334]

La doctrina es más o menos uniforme en afirmar que el principio fundamental que debe regir el cumplimiento de un contrato, es a priori como regla general, el principio de *pacta sunt servanda* [335].

---

[334] Pino, Augusto. *La Excesiva Onerosidad de la Prestación*, Editorial Bosch, Barcelona, 1959, pag. 23.

[335] Bribiesca Badillo, María Cecilia. *Pacta Sunt Servanda vs Rebus Sic Stantibus*, Universidad Panamericana, México, 1997, página 67.

Esto es, debe reconocerse que todo pacto en vigor obliga a las partes en la forma y términos acordados, y debe ser cumplido por ellas de buena fe, no obstante que cambien las circunstancias que dieron origen al contrato, en respeto al principio fundamental del Derecho Mercantil de autonomía de la voluntad, como una expresión del supremo principio de libertad de contratación.

El problema nace cuando se afirma que este cambio de circunstancias ha provocado una excesiva desproporción en las prestaciones asumidas por una de las partes, de manera que el equilibrio natural del contrato es alterado de modo fundamental por el acontecimiento de ciertos eventos que no pudieron ser razonablemente tenidos en cuenta por la parte en desventaja, en cuyo caso la doctrina internacional se ha replanteado si la aplicación de la regla general de *pacta sunt servanda* resuelve satisfactoriamente y de manera justa los casos denominados *hardship*.

Se ha criticado la teoría de la imprevisión denominada *rebus sic stantibus* inspirada en el Digesto, apoyada por los glosadores y asumida por el Derecho Canónico, pues es claro que su aplicación irresponsable en el *mos italicus* derivó en muchas de las críticas que a la postre llevaron al ocaso de esta corriente del pensamiento jurídico, con la consecuente incertidumbre, ambigüedad y falta de certeza jurídica que fue tan criticada y que dio nacimiento a la postre a la corriente contraria del *mos gallicus*.[336]

Los tribunales eclesiásticos medievales a menudo se fundaron en la teoría de la imprevisión también llamada *rebus sic stantibus* para argumentar que la ejecución de un contrato que entrañase una injusticia, es un hecho contrario a la moral cristiana.[337]

Dejando de lado las implicaciones religiosas, y centrándonos en la teoría del Derecho, cualquier jurista con mediana preparación, hoy en día podría destacar los aspectos de equidad que nutren la teoría de la imprevisión, aspectos que han hecho que la doctrina internacional se replantee si en verdad estamos aplicando la solución más equitativa a este tema.

---

[336]   *Vid supra* 2.3
[337]   Campero Pardo, José Manuel. *La Clausula Rebus Sic Stantibus*, Universidad Panamericana, México, 1985, pág. 5.

Los principios Unidroit 2010 tienen la virtud de encontrar el punto de equilibrio entre estas dos teorías antagónicas, pues por un lado, prescribe la *pacta sunt servanda* como regla general para todos los contratos, y por otro lado reconoce la posibilidad de aplicar excepciones a este principio, al disponer:

> "...Cuando el cumplimiento de un contrato llega a ser más oneroso para una de las partes, esa parte permanece obligada, no obstante, a cumplir sus obligaciones salvo lo previsto en las siguientes disposiciones sobre *excesiva onerosidad* (*hardship*)..."[338]

Esto significa que por regla general, el cambio de circunstancias no es causa en sí mismo para que las partes puedan excusarse del cumplimiento de las obligaciones pactadas en un contrato, lo que doctrinalmente se traduce en la formula *pacta sunt servanda*.

No obstante este mismo precepto, con justicia salomónica da lugar a una excepción a esta regla general, que es precisamente el caso del *hardship* o excesiva onerosidad derivada de la teoría de la imprevisión. Así, los *Principios Undroit 2010* continúan preceptuando:

> "...Hay *excesiva onerosidad* (*Hardship*) cuando el equilibrio del contrato es alterado de modo fundamental por el acontecimiento de ciertos eventos, bien porque el costo de la prestación a cargo de una de las partes se ha incrementado, o porque el valor de la prestación que una parte recibe ha disminuido, y:
> (a) dichos eventos acontecen o llegan a ser conocidos por la parte en desventaja después de la celebración del contrato;
> (b) los eventos no pudieron ser razonablemente tenidos en cuenta por la parte en desventaja en el momento de celebrarse el contrato;
> (c) los eventos escapan al control de la parte en desventaja; y
> (d) el riesgo de tales eventos no fue asumido por la parte en desventaja...."[339]

---

[338]   Artículo 6.2.1 de los Principios Unidroit 2010.
[339]   Artículo 6.2.2 de los Principios Unidroit 2010.

Como podrá observarse, los *Principios Undroit 2010* tienen el afortunado logró de conceptualizar en primer lugar al equilibrio del contrato como un aspecto fundamental de su cumplimiento, de tal forma que el parámetro que emplea para determinar una situación de *hardship*, es el hecho de que este equilibrio contractual sea alterado, no de cualquier forma, sino de manera esencial, fundamental.

Esta alteración fundamental también debe tener por causa el acontecimiento de eventos derivados:

1).- Del incremento en el costo de la prestación a cargo de una de las partes; o bien,
2).- De la disminución del valor de la prestación que la otra parte recibe.

Además, para que exista *hardship* dichos eventos deben ser supervenientes, imprevisibles, insuperables y ajenos a los riesgos asumidos por los contratantes.

Deben además acontecer o llegar a ser conocidos por la parte en desventaja después de la celebración del contrato, y sin que pudieran ser razonablemente tenidos en cuenta en el momento de celebrarse el contrato, escapando al control de dicha parte; y siempre que el riesgo de tales eventos no haya sido asumido por ésta.

Según disponen los *Principios Undroit 2010*, en los casos de *excesiva onerosidad* o *hardship*, la parte en desventaja no podrá reclamar la nulidad del contrato, en cambio, puede reclamar la renegociación de los términos del contrato, en cuanto a restablecer su equilibrio fundamental.

Empero, tal reclamo deberá formularse sin demora injustificada, con indicación de los fundamentos en los que se basa, y sin que autorice por sí mismo a la parte en desventaja para suspender el cumplimiento del contrato.

En caso de no llegarse a un acuerdo dentro de un tiempo prudencial, cualquiera de las partes puede acudir a un tribunal, el cual si determina que se presentó verdaderamente una situación de excesiva onerosidad o *hardship*, podrá resolver el contrato; o bien, adaptarlo con miras a restablecer su equilibrio.[340]

---

[340] Artículo 6.2.3 de los Principios Unidroit 2010.

Como se ve, los elementos del *hardship* son ciertamente más complejos que los elementos tomados en cuenta por la tradicional teoría de la imprevisión, lo que hace de suyo, que el *hardship* sea una expresión evolucionada del principio *rebus sic stantibus* y por supuesto, jurídicamente perfeccionado.

Decimos perfeccionado, pues la teoría del *hardship* tiene todos los beneficios que nutren la ratio iuris de la *rebus sic stantibus*, pero sin ninguna de sus deficiencias, pues colma con extrema pericia las exigencias de seguridad jurídica propias de la vida jurídica moderna, y evita las ambigüedades y extrema subjetividad propias de la teoría de la imprevisión de la escolástica medieval.

Como podrá observarse, la nueva *lex mercatoria* subyacente en los *Principios Unidroit 2010* no es en lo absoluto subjetiva ni relativa, y lejos de generar inseguridad jurídica, brinda mayor precisión en los conceptos jurídicos y en las consecuencias de derecho, que el texto legislativo de muchos países, que como México, so pretexto de privilegiar la autonomía de la voluntad, aún no reconocen en Derecho positivo las bondades de la teoría del *hardship* contenida en los *Principios Undroit 2010*.

La corriente inglesa, detractora de este criterio, ha privilegiado la autonomía de la voluntad y la libertad de contratación por encima de la equidad contractual, sosteniendo que ninguna relación comercial debe regirse por el deber de actuar de buena fe y lealtad negocial, pues a su entender, tal deber es inherentemente repugnante a la posición de partes adversarias envueltas en negociaciones, que tienen el derecho a buscar su propio interés, siempre que no hagan falsas representaciones.

Al respecto, *De Traseignes*, argumenta:

"...Desde la perspectiva de la sociedad de mercado, negar a los contratantes la capacidad para engendrar por sí mismos maduramente derechos y obligaciones correlativas en lo que no está prohibido por la ley con el argumento de que las decisiones adoptadas al momento de celebrar el contrato atentan ahora contra la equidad y la buena fe, es deformar el cuerpo social y hacer imposible la predicción y el cálculo que son condiciones *sine qua non* del ejercicio de la libertad y de la garantía de eficiencia de las acciones dentro de este medio social…"[341]

Por el contrario, los *Principios Unidroit 2010* privilegian la equidad contractual por encima de la autonomía de la voluntad, lo que genera una libertad de contratación que no es absoluta, al menos en lo que a este punto respecta, al descartar esta pretensión de la corriente detractora de la aplicación de los principios de buena fe y lealtad negocial en el Derecho Mercantil, privilegiando las condiciones para un sano equilibrio contractual, al disponer lo siguiente:

"Las partes deben actuar con buena fe y lealtad negocial en el comercio internacional. Las partes no pueden excluir ni limitar este deber".[342]

Lo que se reitera en los mismos principios al regular el comportamiento contradictorio de los contratantes, *venire contra factum proprium* señalando que una parte no puede actuar en contradicción a un entendimiento que ella ha suscitado en su contraparte y conforme al cual esta última ha actuado razonablemente en consecuencia y en su desventaja.[343]

9.4 El restablecimiento del equilibrio contractual, frente al Derecho Positivo Nacional.

Los derechos internos nacionales suelen ser renuentes en reconocer la necesidad de mantener un sano equilibrio contractual fundamental entre los comerciantes, lo que obviamente conduce a la omisión de establecer mecanismos para lograr el restablecimiento del equilibrio contractual en situaciones tales como la excesiva onerosidad sobrevenida y otras circunstancias que afectan notablemente los principios fundamentales rectores del Derecho Mercantil.

---

[341] Traseignes, Fernando de, "Desacralizando la buena fe en el Derecho", varios autores, nota 2 página 43, citado por Mario Ramírez Necochea. La buena fe en los contratos negociales. Anuario Mexicano de Derecho Internacional, Instituto de Investigaciones Jurídicas de la UNAM, consultado en la página web: http://biblio.juridicas.unam.mx/estrev/derint/cont/6/cmt/cmt22.htm, el 20 de agosto del 2014.

[342] Artículo 1.7 Principios Unidroit 2010.

[343] Ídem, artículo 1.8.

Esto se explica en virtud de la influencia que ejerce la cosmovisión "garantista" de los sistemas jurídicos cerrados, en el resto de los sistemas jurídicos del mundo, en cuanto a que se suele circunscribir el efecto de los Derechos Humanos a relaciones de supra a subordinación, sólo como derechos públicos subjetivos que el gobernado puede ejercer frente al poder público; dejando de reconocer el impacto que estos Derechos Humanos tienen en las relaciones privadas, que nutre la moderna teoría de los Derechos Fundamentales.

Así, encontramos que en el Sistema Jurídico Mexicano, de forma general se desconoce la influencia de los Derechos Fundamentales en las relaciones jurídicas de naturaleza privada.

Un ejemplo palpable lo encontramos precisamente en la dicotomía entre los artículos 1796 y 1949 del Código Civil Federal, de aplicación supletoria al Derecho Mercantil, en términos de los artículos 2 y 81 del Código de Comercio, conforme a los cuales, una vez perfeccionado un contrato, obliga a los contratantes al cumplimiento de lo expresamente pactado, pero también a las consecuencias que, según su naturaleza, son conforme a la buena fe, al uso o a la ley; no obstante, la consecuencia inexcusable del incumplimiento a las obligaciones sinalagmáticas recíprocas, es el cumplimiento forzoso o la resolución de la obligación, con el resarcimiento de daños y perjuicios.

En el mismo tenor encontramos que el Derecho Español privilegia el honrar el cumplimiento del contrato como ley entre las partes, sin dar lugar al equilibrio contractual, al señalar en el artículo 1091 del Código Civil Español [344], que "...Las obligaciones que nacen de los contratos tienen fuerza de ley entre las partes contratantes y deben cumplirse al tenor de los mismos...".

Por lo tanto, se ha pronunciado la jurisprudencia española [345] en el sentido de que impera el principio *pacta sunt servanda* que obliga a las partes al cumplimiento de lo expresamente pactado y a todas las consecuencias que sean conformes a la buena fe, al uso y a la ley, a la luz del artículo 1258 del mismo Código, por lo que necesariamente el incumplimiento contractual,

---

[344]   Código Civil Español de 1889, vigente a la fecha
[345]   Tribunal Supremo de España, recurso 804/2006, resolución 366/2010 de fecha 15 de junio del 2010, visible en la página web: http://www.poderjudicial.es/search/doA ction?action=contentpdf&databasematch=TS&reference=5733460&optimize=201 00923&publicinterface=true consultada el 11 de septiembre del 2014.

debe traer como consecuencia la correspondiente indemnización de daños y perjuicios.

En el mismo sentido se ha pronunciado reiteradamente la jurisprudencia mexicana, encontrando exactamente aplicable la siguiente tesis de jurisprudencia:

> *"CONTRATOS. LOS LEGALMENTE CELEBRADOS DEBEN SER FIELMENTE CUMPLIDOS, NO OBSTANTE QUE SOBREVENGAN ACONTECIMIENTOS FUTUROS IMPREVISIBLES QUE PUDIERAN ALTERAR EL CUMPLIMIENTO DE LA OBLIGACIÓN, DE ACUERDO A LAS CONDICIONES QUE PRIVABAN AL CONCERTARSE AQUÉLLA. De acuerdo al contenido de los artículos 1796 y 1797 del Código Civil para el Distrito Federal, que vienen a complementar el sistema de eficacia de los contratos a partir de su perfeccionamiento no adoptan la teoría de la imprevisión o cláusula rebus sic stantibus derivada de los acontecimientos imprevistos que pudieran modificar las condiciones originales en que se estableció un contrato sino, en todo caso, el sistema seguido en el Código Civil referido adopta en forma genérica la tesis pacta sunt servanda, lo que significa que debe estarse a lo pactado entre las partes, es decir, que los contratos legalmente celebrados deben ser fielmente cumplidos, no obstante que sobrevengan acontecimientos futuros imprevisibles que pudieran alterar el cumplimiento de la obligación de acuerdo a las condiciones que privaban al concertarse aquélla, sin que corresponda al juzgador modificar las condiciones de los contratos."*
>
> *"Amparo directo 246/98. Martha Irene Bustos González. 12 de noviembre de 1998. Unanimidad de votos. Ponente: Carlos Arellano Hobelsberger. Secretario: José David Cisneros Alcaraz.*
> *Amparo directo 1284/98. Industrias Cormen, S.A. de C.V. 11 de diciembre de 1998. Unanimidad de votos. Ponente: Carlos Arellano Hobelsberger. Secretario: José David Cisneros Alcaraz.*
> *Amparo directo 29/2001. Gustavo Parrilla Corzas. 22 de junio de 2001. Unanimidad de votos. Ponente: Patricio González-Loyola Pérez. Secretario: Enrique Villanueva Chávez.*
> *Amparo directo 427/2001. Dachi, S.A. de C.V. 22 de junio de 2001. Unanimidad de votos. Ponente: Carlos Arellano Hobelsberger. Secretario: Dante Adrián Camarillo Palafox.*

Amparo directo 2/2002. Restaurante Villa Reforma, S.A. de C.V.
y otros. 25 de marzo de 2002. Unanimidad de votos. Ponente:
Patricio González-Loyola Pérez. Secretario: Enrique Villanueva
Chávez." [346]

Cabe aclarar que esta tesis de jurisprudencia solo fue obligatoria para el circuito en la cual se emitió, y corresponde a la novena época, ya superada por el nuevo paradigma constitucional que se vive en México en materia constitucional con la reforma al artículo primero constitucional [347] que dio lugar a la décima época.

En contraste, el Código Civil Argentino en su artículo 1.198 [348] establece que "*...los contratos deben celebrarse, interpretarse y ejecutarse de buena fe y de acuerdo con lo que verosímilmente las partes entendieron o pudieron entender, obrando con cuidado y previsión...*", por lo tanto, a diferencia de lo que sucede en México y España, en los contratos bilaterales conmutativos y en los unilaterales onerosos y conmutativos de ejecución diferida o continuada, si la prestación a cargo de una de las partes se torna excesivamente onerosa, por acontecimientos extraordinarios e imprevisibles, la parte perjudicada podrá demandar la resolución del contrato.

En Argentina por lo tanto, el mismo principio se aplica a los contratos aleatorios cuando la excesiva onerosidad se produzca por causas extrañas al riesgo propio del contrato.

No obstante, de forma salomónica señala este precepto que no procederá la resolución si el perjudicado hubiese obrado con culpa o estuviese en mora, y en todo caso, la otra parte podrá impedir la resolución ofreciendo mejorar equitativamente los efectos del contrato, lo que en última instancia llevará a restablecer el equilibrio del contrato.

---

[346]   Tesis I.8o.C.J/14, registro 186972 Novena Época, Semanario Judicial de la Federación y su Gaceta Tomo XV, Mayo de 2002 Página: 951. OCTAVO TRIBUNAL COLEGIADO EN MATERIA CIVIL DEL PRIMER CIRCUITO.

[347]   De fecha 10 de junio del 2011, por medio de la cual se introdujo el nuevo paradigma de protección constitucional de los derechos humanos referida en el capítulo primero.

[348]   Código Civil argentino reformado por ley 17.711 que entró en vigor el 1 de julio de 1968.

En contraste con la legislación federal, en México encontramos algunos estados que sí contemplan el equilibrio contractual y permiten restablecer o recuperar dicho equilibrio ante acontecimientos extraordinarios de carácter Nacional, imprevisibles y que generen excesiva onerosidad a una de las partes. No obstante, estas disposiciones lamentablemente no son supletorias al Derecho Mercantil. Tal es el caso de Aguascalientes, Chihuahua, Guerrero, Jalisco y Veracruz entre otros, destacando la reforma de 2010 al artículo 1796 del Código Civil del Distrito Federal, que introdujo los artículos 1796 bis y 1796 Ter.

Lo anterior nos permite concluir que el Derecho Uniforme, la *lex mercatoria* y por supuesto los *Principios Unidroit 2010* juegan un papel medular para sustentar la aplicabilidad de los *principios fundamentales del Derecho Mercantil*, incluso en contra de las prescripciones de los sistemas jurídicos cerrados que lo rechacen, al ser una expresión de los más elementales Derechos Fundamentales derivados de las relaciones jurídicas propias de los negocios y contempladas en el Derecho Mercantil, que pueden ser invocados por las partes de un contrato, a la luz de los instrumentos de Derecho Uniforme, por el *principio de ubicuación* y *efecto de irradiación* de los Derechos Fundamentales inmanentes en estos principios.

Ello atendiendo al razonamiento justificado en el capítulo cuarto [349] relativo al hecho de que al ser individualizados los Derechos Fundamentales por los juristas que los estudian, sistematizan y aplican en el foro, mediante la *dialéctica de los principios* [350], una vez reconocido el Derecho Fundamental por el jurista, su efecto de *irradiación* le permite elaborar un procedimiento general de aplicación de este principio para cualquier relación jurídica y respecto a cualquier norma del sistema jurídico, de forma tal que la esencia valorativa contenida en el Derecho Fundamental se preserva con total independencia de que la norma primaria o secundaria lo contemple o lo ignore.

En tal virtud y considerando el carácter de Directriz Principal del Derecho Uniforme contenido en la *lex mercatoria* verbigracia, de los *Principios Unidroit 2010*, es justificable que éste sea aplicable al Derecho interno de

---

[349] *Vid supra* 4.5

[350] La *dialéctica de los Principios* es una teoría propuesta y expuesta en este trabajo, en el capítulo quinto (cfr. *supra* 5.5)

todas las naciones, con independencia de que las partes hayan o no asumido contractualmente su aplicabilidad, para servir como medio de interpretación e incluso para complementar el *Derecho nacional*.

Este puede ser tal vez el aspecto más controvertible de los *Principios Unidroit 2010*, dado que la aplicación de dichos principios puede resultar antagónica con disposiciones fundamentales del Derecho interno de cada nación, es decir, con la norma suprema, la *grundnorm*[351] Kelseniana[352] referida en el capítulo primero[353], o "regla de reconocimiento" de Hart[354], que determina la validez de las demás normas del sistema, las cuales están subordinadas a dicha regla de reconocimiento, que en todo caso sirve para determinar qué normas pertenecen a dicho sistema jurídico, de acuerdo a un criterio de identificación.

Es en este aspecto que debemos poner de relieve los elementos a considerar y que deben imperar al respecto, para determinar claramente en qué casos resultan inaplicables los *Principios Unidroit 2010* para los propósitos declarados.

Aplicando en lo conducente el principio declarado en el artículo 3 de la Convención interamericana sobre normas generales de Derecho Internacional Privado, los *Principios Unidroit 2010* no serán aplicables cuando prevean instituciones esenciales para su adecuada aplicación y éstas no estén contempladas en la legislación del Estado donde pretendan ejecutarse, siempre que no tenga instituciones o procedimientos análogos.

Considerando el Principio Fundamental del Derecho plasmado en el artículo 5 de la Convención interamericana sobre normas generales de Derecho Internacional Privado, podemos afirmar que los *Principios Unidroit 2010* no podrán ser aplicados cuando sus disposiciones pretendan ejecutarse

---

[351]   Para Kelsen la *grundnorm* o norma fundamental es la norma primaria o básica de la que dependen todos los ordenamientos jurídicos de un sistema, y por esta *grundnorm* se presume el deber de todos los gobernados de obedecer a sus gobernantes.

[352]   Kelsen, Hans. Justicia y Derecho Natural, publicado dentro de Crítica al Derecho Natural, Traducción de Elías Díaz, Editorial Taurus Ediciones S.A. Madrid 1966, pag 162.

[353]   *Vid supra* 1.2, analizada al estudiar los sistemas jurídicos cerrados.

[354]   H.L.A. Hart. *El concepto de Derecho* (The concept of law), traducción de Genaro R. Carrio, Editora Nacional, Segunda edición, México, 1961, pag. 125.

en el territorio de una nación que la considerare manifiestamente contraria a los principios de su orden público interno.

Al amparo del Principio Fundamental del Derecho plasmado en el artículo 6 de la Convención interamericana sobre normas generales de Derecho Internacional Privado, podemos concluir también que los Principios Unidroit 2010 no son aplicables cuando artificiosamente se hayan evadido los principios fundamentales del Derecho interno de la nación donde pretenda aplicarse.

Bonell, por su parte, afirma que sería irresponsable considerar a priori la aplicabilidad de cualquier disposición de los Principios Unidroit sobre las normas de Derecho interno, sin hacer un profundo análisis de cada institución.

Pone de ejemplo las reglas del capítulo 3 de los Principios Unidroit 1994, relacionadas con los casos de *hardship* relacionados en el capítulo 6.2.3 del mismo instrumento, señalando que:

> "...*the rules relating to validity ... or the courts intervention in cases of hardship (...) will only be applied to the extent that they do not run counter to the corresponding provisions of the applicable domestic law*"... [355]

Lo que significa:

> "...las normas relativas a la validez ... o la intervención de los tribunales en caso de *hardship* (...) sólo se aplicarán en la medida en que no se opongan a las disposiciones correspondientes de la legislación nacional aplicable..." [356]

En cambio, considera que la situación es distinta si las partes someten su decisión a arbitraje, y continúa señalando que:

> "...*The situation is different if the parties agree to submit their disputes arising from the contract to arbitration. Arbitrators are not necessarily bound to base their decision on a particular*

---

[355]   Bonell. *Op. Cit.* Pág. 353.
[356]   Traducción realizada por el autor de este trabajo de investigación.

domestic law. Hence they may well apply the Unidroit Principles not merely as terms incorporated in the contract, but as "rules of law" governing the contract together with CISG irrespective of whether or not they are consistent with the particular domestic law otherwise applicable..." [357]

"...La situación es diferente si las partes acuerdan someter a arbitraje sus litigios derivados del contrato. Los árbitros no están necesariamente obligados a basar su decisión en una ley nacional particular. Por lo tanto es muy posible que apliquen los Principios Unidroit no sólo como términos incorporados en el contrato, sino como *normas de Derecho* que gobiernan el contrato junto con la CISG, independientemente de si son o no son acordes con el Derecho interno que otrora hubiera sido aplicable..."[358]

Lo anterior pone de relieve la dicotomía entre la respuesta correcta a este planteamiento cuando se pretende aplicar la norma ante un Tribunal Arbitral, o cuando se pretende aplicar por un Tribunal ordinario.

En el primer caso resulta incuestionable que, como lo afirma el propio *Bonell*, el Tribunal Arbitral no se encuentra circunscrito a aplicar el Derecho interno de forma necesaria o absoluta, y puede invocar los *Principios Unidroit 2010* cuando se presenten las circunstancias para ello, ya debidamente analizadas en el capítulo anterior.[359]

El verdadero planteamiento deviene de confrontar la colisión entre el principio de equilibrio contractual y las normas de Derecho interno mexicanas y españolas, aplicadas por un Tribunal Ordinario, y no por un Tribunal Arbitral, pues nosotros nos apartamos de la opinión de *Bonell*, según exponemos a continuación.

En efecto, desde el punto de vista estrictamente doctrinal y legislativo, los sistemas jurídicos Mexicano y Español, parten de la base de que las normas

---

[357]   Bonell. *Op. Cit.* Pág. 353.
[358]   Traducción realizada por el autor de este trabajo de investigación.
[359]   *Vid supra* 8.3

contractuales son exclusivamente Derecho privado que solamente afecta intereses particulares, por lo que evidentemente las prescripciones descritas en este apartado, relativas al cumplimiento o ejecución forzoso de los contratos, entendidos como ley entre las partes, privilegian la autonomía de la voluntad de forma a priori, sin considerar estas disposiciones como de orden público o interés social.

Esto provoca que los sistemas jurídicos Español y Mexicano pasen por alto la necesidad de confrontar las disposiciones jurídicas privadas con los principios fundamentales del Derecho Mercantil, como una expresión de los Derechos Fundamentales, es decir, que no obstante ser Derecho privado, su contenido no debe soslayar los más elementales principios fundamentales del Derecho, tales como el Principio Fundamental de Equilibrio Contractual.

Según nuestro entender, la interrogante se dirime precisamente por el *efecto de irradiación* de los Derechos Fundamentales y atendiendo a su *principio de ubicuación*.

Esto es, al ser individualizados los Derechos Fundamentales por los juristas que los estudian, sistematizan y aplican en el foro, mediante la *dialéctica de los principios*, una vez reconocido el Derecho Fundamental por el jurista, su efecto de irradiación le permite elaborar un procedimiento general de aplicación de este principio para cualquier relación jurídica y respecto a cualquier norma del sistema jurídico, de forma tal que la esencia valorativa contenida en el Derecho Fundamental se preserva con total independencia de que la norma primaria o secundaria lo contemple o lo ignore.

Se genera entonces un Principio Fundamental del Derecho que se encuentra ahora presente de forma inmanente en el sistema jurídico, asegurando la aplicación de su *ratio iuris* de forma ubicua, omnipresente.

Por lo tanto, cualquier regla positiva del sistema que entre en colisión con un Principio Fundamental del Derecho Mercantil, como es el caso, el Principio de Equilibrio Contractual, necesariamente deberá considerarse como antijurídica, como *no Derecho* y la consecuencia será que deba ser expulsada del mismo, o bien, interpretada conforme al principio *pro homen* de forma que se hagan congruentes con el sistema de Derechos Fundamentales, en la mayor protección de los Derechos Humanos posible.

No es óbice para lo anterior, que la norma suprema de cada Nación, en este caso las Constituciones de México y España, reconozca o no el Principio Fundamental del Derecho de que se trate en cada caso concreto, incluyendo el pretendido Principio Fundamental de Equilibrio Contractual, pues estos principios tienen una pretensión de validez universal y son inmanentes a todos los sistemas jurídicos.

En cambio, si esta colisión afecta únicamente intereses particulares, esto es, si la colisión no afecta los Principios Fundamentales del Derecho Mercantil, entonces debería privilegiarse la norma positiva por encima del principio del Derecho en cuestión, en atención a otro principio Fundamental del Derecho, el Principio de Seguridad Jurídica, lo que no acontece en el caso concreto a estudio.

En tal virtud, a nuestro entender, no obstante que ni el Derecho Mexicano ni el Español reconozcan la exigencia de mantener un sano equilibrio contractual entre las partes, el Principio Fundamental del Derecho reconocido en el artículo 6.2.2 de los *Principios Unidroit 2010* si es aplicable al Derecho interno, y su invocación es plenamente justificada jurídicamente por ser principios que implícitamente y de forma inmanente, forman parte de ambos mismos sistemas jurídicos.

Ahora bien, este análisis sólo responde a la mitad de las interrogantes, pues el hecho de que concluyamos que sí es aplicable el contenido del principio fundamental del derecho consagrado en los *Principios Unidroit 2010* sólo es el primer paso, dado que no podemos soslayar el hecho de que las normas de derecho interno que estatuyen tanto en España como en México la *pacta sunt servanda*, también se encuentran orientadas por un Principio Fundamental del Derecho Mercantil, particularmente, del *principio de autonomía de la voluntad*, que es una expresión del supremo principio de *libertad de contratación*.

Entonces, nos encontramos ante la existencia de una colisión de principios, y no de un conflicto de reglas positivas.

Para que fuera un conflicto de reglas o normas positivas, deberíamos comenzar por afirmar que la disposición jurídica contenida en los *Principios Unidroit 2010* es una norma positiva, no obstante, según hemos concluido con anterioridad, no se trata de reglas, sino de principios.

Esta distinción resulta fundamental para determinar la solución a este planteamiento, dado que si se tratase de un conflicto de reglas, una de las dos tendría que ser inválida al no estar acorde a la norma suprema o *grundnorm* y debería ser expulsada del sistema jurídico.

En cambio, si se trata de una colisión de principios, ninguno de los dos excluye al otro, y ninguno se expulsa del sistema, sino que es menester diluir esta colisión mediante un procedimiento de *checks and balances*, para determinar cuál de los dos principios debe privilegiarse sobre el otro en cada caso concreto.

Recordemos que el criterio de identificación de los principios no puede ser el *test* de origen al que Dworkin llama *test de pedigree* al estilo *Hart*, es decir, no se pueden someter los principios a la figura de la valides o invalides de las normas conforme a una pirámide de jerarquías que debe atender a la norma fundamental o "regla de reconocimiento" sino que los principios hacen referencia a la justicia y la equidad a la cual Dworkin denomina *fairness* y mientras las normas se aplican o no se aplican, los principios por el contrario, dan razones para decidir en un sentido determinado.

Su contenido material, su peso específico, es el que indica cuando se debe de aplicar tal principio en un caso concreto.

Siguiendo esta regla y una vez determinado que el *hardship* no se encuentra en contradicción con ninguna norma de orden público o interés social del Estado Mexicano ni del Reino de España, cada tribunal deberá determinar si el peso específico del Principio de autonomía de la voluntad es mayor o menor que el peso específico del Principio de equilibrio contractual, para determinar los alcances de uno y otro en cada caso concreto.

A manera de estructurar los fundamentos de este análisis de *checks and balances*, exponemos a continuación nuestro criterio al respecto.

A nuestro entender, debe subsistir la regla general de que en principio todo contrato debe subsistir en sus términos, de manera que se respete en la mayor medida posible la autonomía de la voluntad de las partes, no obstante que cambien las circunstancias que fueron originalmente pactadas y no obstante que este cambio de circunstancias haga más oneroso el cumplimiento del contrato para una de las partes.

Ello en virtud de que como sostiene la corriente anglosajona, la posición de los contratantes como partes adversarias envueltas en negociaciones, les genera el derecho a buscar su propio interés, siempre que no hagan falsas representaciones, y ello supone el riesgo natural en cada operación negocial, de que el capital y el trabajo invertido no logren su adecuada compensación, riesgo que debe suponerse inherente a todos los negocios mercantiles, y al cual los comerciantes no pueden escapar ni aducir ignorancia como peritos en comercio.

Esto significa, que por regla general, el mayor peso específico se encuentra en la autonomía de la voluntad; pero insistimos, esto es aplicable únicamente como regla general, que admite excepciones, mas no como regla invariable o universal.

Así, deberá privilegiarse el principio de autonomía de la voluntad sobre el principio de equilibrio contractual, a menos que este desequilibrio sea fundamental, que genere una excesiva onerosidad en los provechos o gravámenes de una de las partes contratantes, de forma que altere el equilibrio natural del contrato de manera fundamental, pues en este supuesto, nosotros consideramos que el mayor peso específico recae en el equilibrio contractual, y no en la autonomía de la voluntad, en cuyo caso la regla general ya no será aplicable y deberá someterse el contrato a un estudio más profundo.

Este razonamiento evoca el análisis que en derechos humanos se realizó con la corriente que concluyó que la injusticia extrema no es derecho, analizada en el capítulo primero[360]. Así, siguiendo esta misma línea argumentativa y conforme al *efecto de irradiación* y *principio de ubicuación* de los derechos fundamentales, aquella teoría encuentra sustento en materia mercantil, pero ahora, en lo referente al desequilibrio fundamental de un contrato.

Por lo tanto, la fórmula propuesta en los *Principios Unidroit 2010* nos parece por demás completa y suficiente para determinar el parámetro que sirva como balanza para estimar el momento en que el *principio de equilibrio contractual* tiene un peso específico mayor que el *principio de autonomía de la voluntad.*

---

[360]   *Cfr. supra* 1.3

Por ello, una vez que se haya comprobado que el equilibrio del contrato es alterado de modo fundamental por el acontecimiento de ciertos eventos, y que dichos eventos acontecen o llegan a ser conocidos por la parte en desventaja después de la celebración del contrato; que no pudieron ser razonablemente tenidos en cuenta en el momento de celebrarse el contrato; y que escapan de su control, así como que el riesgo de tales eventos no fue asumido por la parte en desventaja, entonces, se deberá privilegiar el equilibrio contractual y resolverse el caso en consecuencia a este principio.

De tal suerte que el tribunal arbitral o el tribunal común deberá pronunciarse ya ajustando las obligaciones con miras a restablecer el equilibrio del contrato mercantil, o bien, resolviéndolo.

No obstante que el derecho positivo mexicano y español parezcan desconocer los *principios fundamentales* del Derecho Mercantil, un análisis más acucioso del tema, debería llevar a nuestros tribunales a interrumpir o modificar la jurisprudencia vigente, para elaborar argumentaciones más complejas y ajustadas a la realidad jurídica del concierto internacional, que asuma con mucha mayor precisión y certeza este complejo problema de los *principios fundamentales* del Derecho Mercantil en la práctica comercial internacional.

Nosotros sostenemos conforme a lo analizado en el capítulo primero, que teniendo un sistema jurídico abierto, para esta modificación de jurisprudencia no es necesaria ninguna reforma legislativa, dado que la aplicación de lo analizado en este capítulo, es a nuestro entender obligatoria, ahora mismo.

No obstante, estimamos conveniente que se reformen los Códigos de Comercio de México y España, para incorporar las reglas descritas en la parte final del capítulo noveno; y en cuanto a la legislación de Argentina, sería recomendable ampliar la delimitación que gratamente hoy contiene.

Así las cosas, proponemos una reforma legislativa específicamente al Código de Comercio de México, a efecto de que en el artículo 81 se incorporen las reglas analizadas en este trabajo, relativas a determinar la teoría de la imprevisión y la solución a la colisión entre los *principios fundamentales* del Derecho Mercantil de *equilibrio contractual* y *libertad de contratación*.

Igual comentario merece el Código Civil Federal de México de 1928, el cual proponemos sea modificado en su artículo 1796 para los mismos efectos, reforma que debería hacerse extensiva a todos los códigos civiles de la República.

En una mayor proyección, consideramos que el *efecto de irradiación* y el *principio de ubicación* de los *derechos fundamentales*, debería ser reconocido en el texto de nuestra carta magna, como un principio rector de las *relaciones jurídicas de naturaleza privada*, lo que llevaría a nuestro país a una era jurídica en materia de *Derechos Humanos* de profunda civilización y corresponsabilidad privada en el ejercicio de los *derechos fundamentales*.

CONCLUSIONES

Ha llegado el momento de hacer una recapitulación de los aspectos más esenciales abordados en esta obra, donde exponemos la conclusión final a la que arribamos después de haber profundizado en los argumentos que nos llevan al punto que ahora sintetizamos.

1.- En primer lugar, hemos llegado a la conclusión de que existe una relación inmanente de los Derechos Humanos en todo el sistema jurídico, dado que estos no son sólo oponibles a las relaciones de supra a subordinación, sino por supuesto también, a las relaciones de particulares entre sí, comúnmente conocidas como relaciones de derecho privado.

El reconocimiento de la presencia de los Derechos Humanos a través de la teoría de los Derechos Fundamentales, sustenta el reconocimiento de un efecto de estos Derechos Humanos en aquellas relaciones de coordinación.

2.- Esta relación se impregna en el sistema jurídico en general, de tal forma que los principios inmanentes a los Derechos Humanos siguen rigiendo la mayor parte de las relaciones jurídicas, más allá de ellos, lo que denominamos en este trabajo *efecto de irradiación de los Derechos Humanos*.

Este efecto de irradiación genera la omnipresencia de los Derechos Fundamentales en todo el sistema jurídico, especialmente relevante en el derecho privado, de forma tal, que la autonomía de la voluntad y la libertad de contratación, no pueden entenderse ajenos a esta realidad.

Lo que denominamos en este trabajo como *principio de ubicación de los Derechos Fundamentales*, al existir ubicuos en todo el sistema jurídico, lo que es aplicable tanto a los sistemas jurídicos que en este trabajo denominamos *abiertos*, como a los que denominamos *cerrados*.

3.- En Derecho Mercantil, esto cobra particular relevancia, pues nuestro Derecho, no obstante ser Derecho Privado, no está ajeno a responder a los principios esenciales que sustentan la ciencia jurídica, a los que denominamos en este trabajo como *principios fundamentales del Derecho Mercantil*.

4.- Por su parte, el Derecho Uniforme, la *lex mercatoria* y por supuesto los *Principios Unidroit 2010* juegan un papel medular para sustentar la aplicabilidad de los *principios fundamentales del Derecho Mercantil*, incluso en contra de las prescripciones de los sistemas jurídicos cerrados, y por supuesto con mayor razón en los sistemas jurídicos abiertos.

5.- La libertad de contratación tendrá tanta vigencia en nuestro sistema jurídico entonces, como los demás principios fundamentales del Derecho mercantil, incluyendo por supuesto, el *equilibrio Contractual*, al ser una expresión de los más elementales Derechos Fundamentales derivados de las relaciones jurídicas propias de los negocios y contempladas en el Derecho Mercantil, que pueden ser invocados por las partes de un contrato, a la luz de los instrumentos de Derecho Uniforme, por el *principio de ubicuación* y *efecto de irradiación* de los Derechos Fundamentales inmanentes en estos principios.

6.- Ello atendiendo al hecho de que al ser individualizados los Derechos Fundamentales por los juristas que los estudian, sistematizan y aplican en el foro, mediante la *dialéctica de los principios* y una vez reconocido el Derecho Fundamental por el jurista, su efecto de irradiación le permite elaborar un procedimiento general de aplicación de este principio para cualquier relación jurídica y respecto a cualquier norma del sistema jurídico, de forma tal que la esencia valorativa contenida en el Derecho Fundamental se preserva, con total independencia de que la norma primaria o secundaria lo contemple o lo ignore.

7.- En tal virtud y considerando el carácter de *directriz principal* del Derecho Uniforme contenido en la *lex mercatoria*, verbigracia, de los *Principios Unidroit 2010*, es justificable que éste sea aplicable al Derecho interno de todas las naciones, con independencia de que las partes hayan o no asumido contractualmente su aplicabilidad, para servir como medio de interpretación e incluso para complementar el Derecho interno de cada nación.

8.- Por lo anterior, concluimos que, previamente a descartar que en cada caso concreto, no se haya vulnerado una norma de orden público interna de cada nación, u otra razón de peso para estimar incompatible un principio con el sistema jurídico abierto o cerrado con el que se confronta, podemos afirmar que el *principio fundamental* del Derecho Mercantil de que se trate, deberá considerarse parte de dicho sistema jurídico y como tal, respetarse, sea o no reconocido por la norma interna primaria o secundaria de cada nación.

9.- Nosotros sostenemos en consecuencia, que en el caso concreto, el principio de *equilibrio contractual* resulta ser un *principio fundamental* del Derecho Mercantil que forma parte del sistema jurídico tanto en España, como en México y en Argentina, aunque sólo en este último sea reconocido.

10.- Principio que por supuesto, se encuentra en colisión con el principio de autonomía de la voluntad o libertad de contratación, en el caso de que las circunstancias de un contrato sean modificadas de forma sustancial, de manera que altere el equilibrio fundamental de un contrato.

11.- Como en cualquier otro caso de colisión de principios, debe excluirse el método de solución de conflicto de normas, dado que ninguno de los principios debe ser expulsado del sistema, sino que ambos subsisten.

12.- Entonces la colisión de principios, entre la autonomía de la libertad y el equilibrio contractual, debe resolverse conforme al método de *checks and balances* mediante el análisis del mayor peso específico.

13.- En el caso del desequilibrio contractual, concluimos que por regla general ese desequilibrio no debe alterar el cumplimiento y obligatoriedad del contrato mercantil. Deberá entonces privilegiarse el principio de autonomía de la voluntad sobre el principio de equilibrio contractual.

14.- Ello, a menos que este desequilibrio sea fundamental, y genere una excesiva onerosidad en los provechos o gravámenes de una de las partes contratantes que altere el equilibrio natural del contrato de manera fundamental, pues en este supuesto, nosotros consideramos que el mayor peso específico recae en el equilibrio contractual, y no en la autonomía de la voluntad, en cuyo caso la regla general ya no será aplicable y deberá someterse el contrato a un estudio más profundo.

15.- Por ello, una vez que se haya comprobado que el equilibrio del contrato es alterado de modo fundamental por el acontecimiento de ciertos eventos, y que dichos eventos acontecen o llegan a ser conocidos por la parte en desventaja después de la celebración del contrato; que no pudieron ser razonablemente tenidos en cuenta en el momento de celebrarse el contrato; y que escapan de su control, así como que el riesgo de tales eventos no fue asumido por la parte en desventaja, entonces, se deberá privilegiar el equilibrio contractual y resolverse el caso en consecuencia a este principio.

16.- La anterior propuesta disiente del sentir mayoritario de la jurisprudencia Española y Mexicana, pero está acorde a la práctica Argentina sobre el tema del desequilibrio contractual, por lo que nosotros consideramos que los Tribunales de México y España no han acertado en la solución más adecuada a esta problemática y dichos Tribunales deben comenzar a tomar en serio el Derecho que emana de los Principios y dejar de depender tanto del Derecho que emana de las Normas.

17.- En innegable la codependencia que tienen los Jueces a los códigos, lo que los ha alejado del sentido común del Derecho, y les ha puesto una venda que les impide reconocer el Derecho que tienen ante sí, desconociendo las *mores maiorum* milenarias derivadas de la razón inveterada de la lógica y la experiencia, emanadas de la finalidad primigenia del Derecho: *La justicia.*

18.- Un análisis más acucioso del tema, llevará a nuestros tribunales a interrumpir o modificar la jurisprudencia vigente, para elaborar argumentaciones más complejas y ajustadas a la realidad jurídica del concierto internacional, que asuma con mucha mayor precisión y certeza este complejo problema de los *principios fundamentales* del Derecho Mercantil en la práctica comercial internacional.

19.- Para esta modificación de jurisprudencia no es necesaria ninguna reforma legislativa, como se ha justificado en este trabajo; no obstante, estimamos conveniente que se reformen los Códigos de Comercio de México y España, para incorporar las reglas descritas en la parte final del capítulo noveno; y en cuanto a la legislación de Argentina, sería recomendable ampliar la delimitación que actualmente contiene.

Para finalizar, queremos recordar las palabras de Gustav Radbruch analizadas al principio de esta obra, con las que el autor pasó a la historia por su famosa *formula Radbruch,* al sostener atinadamente que:

"… En un enfrentamiento entre seguridad jurídica y justicia, surgido entre una ley impugnable por su contenido, pero de carácter positivo, y un derecho justo, pero no acuñado en forma de ley, hay un conflicto de la justicia consigo misma, esto es entre justicia aparente y justicia real."

"El conflicto entre justicia y la seguridad jurídica debió resolverse con la primacía del derecho positivo sancionado por el poder, aun cuando por su contenido sea injusto o inconveniente, a no ser que la contradicción de la ley positiva con la justicia alcance una medida tan insoportable, que deba considerarse como "falso derecho" y ceder el paso a la justicia…" [361]

Las conclusiones anteriores demuestran nuestra teoría de los *principios fundamentales del Derecho Mercantil*.

Sirva todo este trabajo de investigación, como una invitación a los estudiantes, profesores, abogados postulantes, legisladores y tribunales, para reflexionar sobre la importancia de reivindicar el fin último del Derecho.

Si estuviera Hugo Grocio aquí, nos diría que *la enfermedad común del género humano radica en las zalamerías de los aduladores que se hallan cobijados bajo la protección de aquellos que han nacido en la cúspide del rango social, quienes usualmente son los que crean las leyes y por su posición, suelen medir el derecho por su voluntad, y ésta por la utilidad.*

Dejemos de una vez por todas de lado esa codependencia que constriñe a los Jueces con las leyes escritas, que no nos permiten cumplir como sociedad, con el máximo mandato fundamental de la ciencia jurídica, en nuestra búsqueda de una cultura armónica y pacífica: La justicia.

---

[361] Radbruch, Gustav. *Relativismo y Derecho*, Editorial Temis, Bogotá, 1999, pag. 35.

ABREVIATURAS EMPLEADAS

CIDIP Conferencia Interamericana Especializada de Derecho Internacional Privado.

CNUDMI Comisión de las Naciones Unidas para el Derecho Mercantil Internacional.

FMI Fondo Monetario Internacional.

ICC *International Chamber of Commerce World Business Organization.*

IMCO Organización Consultiva Marítima Intergubernamental.

INCOTERMS *International Commercial Terms, Términos Internacionales de Comercio.*

LUCI Ley Uniforme sobre Compraventa Internacional de Mercaderías.

LUF Ley Uniforme sobre la Formación del Contrato de Compraventa Internacional de Mercaderías.

OEA Organización de Estados Americanos.

OMC Organización Mundial del Comercio.

OMI Organización Marítima Internacional.

OMPI Organización Mundial de Propiedad Intelectual.

ONU Organización de las Naciones Unidas.

ONUDI Organización de Naciones Unidas para el Desarrollo Industrial.

UNCITRAL *United Nations Commission for International Trade Law.*

UNESCO Organización de Naciones Unidas para la Educación, la Ciencia y la Cultura.

UNIDROIT Institut International Pour L'Unification Du Droit Prive Instituto Internacional para la Unificación del Derecho Privado.

BIBLIOGRAFIA

1. Alexy, Robert. *Derecho y razón práctica*, Biblioteca de Etica, Filosofía del derecho y política, México 2002.

2. Alexy, Robert. *Derechos Fundamentales, ponderación y racionalidad*, Edición y traducción de Rubén Sanchez Gil, artículo publicado dentro de la Revista Iberoamericana de Derecho Procesal Constitucional número 11, enero junio de 2009, México 2009.

3. Alexy, Robert. *El concepto y la validez del Derecho*, (título original en alemán, *Der Begriff un Geltung des Rechts*) Editorial Gedisa, Barcelona, 2004.

4. Alexy, Robert. *Sistema jurídico, principios jurídicos y razón práctica*, (Traducción de Manuel Atienza) texto de la ponencia presentada por el autor en las IV Jornadas Internacionales de Lógica e Informática Jurídicas, celebradas en San Sebastián en septiembre de 1988, Doxa, Alicante, 1998.

5. Alexy, Robert. *Tres escritos sobre los derechos fundamentales y la teoría de los principios*, presentación y traducción de Carlos Bernal Pulido, Serie de Teoría Jurídica y Filosofía del Derecho, Universidad Externado de Colombia, 2003.

6. Alvarado Planas, Javier; Montes Salguero, Jorge; Pérez Marcos, Regina Ma y del Mar Sanchez, Ma. Dolores. *Temas de Historia del Derecho y de las Instituciones*. Universidad Nacional de Educación a Distancia, Segunda Edición, Madrid, 1999.

7. Alvarez, Mario I. *Introducción al Derecho*, Editorial McGrawHill, México, 1995

8. Andaluz, Horacio. *Positivismo jurídico y Derecho Internacional*, Plural Editores, La Paz, Bolivia, 2005, pág. 20

9.   Aquino, Santo Tomas de. *Comentario a la Etica a Nicómaco de Aristóteles,* Traducción Ana Malla, Ediciones Universidad de Navarra SA, primera edición, Pamplona, 2000

10.   Arangio Ruiz, Vicente. *Historia del derecho romano,* traducción de la segunda edición italiana por Francisco de Pelsmaeker e Ivañez, Reus, Madrid, 1974.

11.   Atienza, Manuel. *Entrevista a Robert Alexy,* Doxa, Cuadernos de Filosofía del Derecho, Universidad de Alicante, 1989.

12.   Bacon, Francis. *Ensayos sobre moral y política,* UNAM, México, 1974.

13.   Bernal, Beatriz y Ledezma, José de Jesús. *Historia del Derecho Romano y de los derechos neoromanistas,* Porrúa, México, 1999, pag. 82.

14.   Bermudez, Agustin. *En torno a los modos y actos de iniciación del proceso en nuestro derecho histórico,* Universidad de Alicante, Publicado en las Actas de la II Jornada de Historia del Derecho, Publicaciones de la Universidad de Jaen, Andalucía, 1997.

15.   Bribiesca Badillo, María Cecilia. *Pacta Sunt Servanda vs Rebus Sic Stantibus,* Universidad Panamericana, México, 1997, página 67.

16.   Böckstiegel, Karl-Heinz. *Arbitraje comercial internacional: su relación con la jurisdicción de los tribunales estatales,* Primeras Jornadas Argentino – Alemanas de Derecho Comparado, Buenos Aires, 1979,

17.   Bobbio, Norberto. *Algunos argumentos contra el derecho natural,* publicado dentro de *Crítica al Derecho Natural,* Traducción de Elías Díaz, Editorial Taurus Ediciones S.A. Madrid 1966.

18.   Bobbio, Norberto. *Teoría General de la Política,* Editorial Trotta, España, 1999.

19.   Bonell, Michael Joachim. *The Unidroit Principles of International Commercial Contracts and the Harmonisation of International Sales Law,* artículo publicado en la revista *FLETCHER, I. – MISTELIS, L. – CREMONA, M. (Eds.), Foundations and Perspectives of International Trade Law, 298-309. London, Sweet and Maxwell, 2001.*

20. Cabanellas, Guillermo. *Repertorio jurídico de Principios Generales del Derecho, locuciones, máximas y aforismos, latinos y castellanos*, Editorial Heliasta, Buenos Aires, 1992.

21. Cadena, Afanador. *La nueva Lex Mercatoria. Un caso pionero en la globalización del Derecho*, revista Papel Político, número 13, Pontificia Universidad Javeriana, Bogotá, 2010.

22. Cadena Afanador, Walter Rene. *La Nueva Lex Mercatoria, la Transnacionalización del Derecho*, Centro de Investigaciones Sociojurídicas, Universidad Libre de Colombia, Bogotá, 2004.

23. Campero Pardo, José Manuel. *La Clausula Rebus Sic Stantibus*, Universidad Panamericana, México, 1985.

24. Caroní, Pio. Lecciones Catalanas sobre la Historia de la Codificación, Editorial Marcial Pons. Madrid, 1996.

25. Centro Mexicano de Derecho Uniforme, Instituto de Investigaciones Jurídicas. *Principios Unidroit sobre los contratos comerciales internacionales 2004*, Unidroit, México, 2007.

26. Charmont, J. *la renaissance du droit naturel*, Editorial Duchemin, 2ª edición, Paris, 1927.

27. Chillon, Medina José María y MERINO Merchan, José Fernando. *Tratado de Arbitraje Privado Interno e Internacional*, Editorial Civitas, Madrid, 1991.

28. Comisión de Naciones Unidas para el Derecho Mercantil Internacional. *UNCITRAL*, Naciones Unidas, Nueva York, 1986.

29. Contreras Vaca, Francisco José. Derecho Internacional Privado, parte especial, Editorial Oxford, México, 2006.

30. Costa, Emilio. *Historia del Derecho Romano Público y Privado*, traducción del italiano por Manuel Raventos y Noguer, Editorial Reus, Madrid, 1930.

31. Cotta, Sergio. Justificación y Obligatoriedad de las Normas, título original: *Giustificazione e Obbligatorieta delle Norme*, traducción de Antonio Fernandez Galiano, Editorial Ceura, Madrid, 1987.

32. Del Vecchio, Giorgio. *Filosofía del Derecho*, Bosch, Barcelona, 1974, pág. 120.

33. Diccionario de la Real Academia de la Lengua Española. Versión digital incorporada en los Diccionarios Microsoft Encarta, *Microsoft Corporation*, 1998.

34. Dworkin, Ronald. *Los derechos en serio*, Editorial Planeta Agostini, Barcelona, España, 1993.

35. Dworkin, Ronald. *¿es el derecho un sistema de reglas?*, Instituto de Investigaciones Filosóficas, UNAM, México, 1977.

36. Enciclopedia Jurídica Omeba, Driskill, Buenos Aires, 1982.

37. Enciclopedia Jurídica Mexicana, Instituto de Investigaciones Jurídicas, UNAM, Editorial Porrúa, México, 2002.

38. Espitia Garzón, Fabio. *Historia del Derecho romano*, Universidad Externado de Colombia, Colombia, 2004.

39. Feldstein de Cárdenas, Sara L., *Contratos Internacionales*, Abeledo-Perrot, Buenos Aires, 1995.

40. Fernandez Barreiro, Javier Patricio. *Historia del Derecho Romano y su Recepción Europea*, Centro de Estudios Ramón Areces, Madrid, 1997.

41. Fernandez de la Gandara, Luis. Calvo Caravaca, Alfonso Luis. *Derecho Mercantil Internacional*, Editorial Tecnos, Madrid, 1995.

42. Figueroa Pla, Uldaricio. *Organismos Internacionales*, Editorial Jurídica de Chile, Santiago de Chile, 1991.

43. Fuenteseca, Pablo. *Lecciones de historia del derecho romano*, Universidad Autónoma de Madrid, Madrid, 1978

44. Gallardo Guzman, Luis Angel. *Notas para la Historia de la Codificación en México*, Universidad Panamericana, México, 1988.

45. García Arias, Luis. Estudios de Historia y Doctrina del Derecho Internacional. Instituto de Estudios Políticos, Madrid, 1964.

46. García Maynes, Eduardo. *Lógica jurídica*, Fondo de Cultura Económica, México, 1951, pág. 27.

47. Geny, Francois. *Método de interpretación y fuentes del derecho privado positivo*, Reus, Madrid, 1925.

48. Goldman, Berthold. *La lex mercatoria dans les contracts et les Arbitrages Internationaux: Realité et Perspectives*, Journal Clunet, 1979, nro. 106.

49. Gonzalez Diaz Lombardo, Francisco Xavier. *Compendio de Historia del Derecho y del Estado*. Editorial Limusa, México, 1979.

50. Gonzalez Pedrero, Enrique. *País de un solo hombre: el México de Santa Anna*, Fondo de Cultura Económica, México 1993.

51. Grossi, Paolo. *El orden jurídico medieval*, traducción de francisco Tomás y Clara Alvarez, editorial Marcel Pons, Madrid, 1996.

52. Grossi, Paolo, *Prima lezione di Diritto*, traducción de Clara Alvarez Alonso, editorial Marcial Pons, Madrid, 2006.

53. Grocio, Hugo. *Mare liberum*, (Leiden, 1610) traducción de V. Blanco Garcia y L. Garcia Arias, editorial Civitas, Madrid, 1979.

54. Guzman Brito, Alejandro. *Historia de la Interpretación de las normas en el Derecho Romano*, Suprema Corte de Justicia de la Nación, México, 2011

55. Guzman Brito, Alejandro. *Mos Italicus y Mos Gallicus*, Universidad Católica de Valparaíso, Universidad de Santiago de Chile, consultada en la pagina http://historiantigua.cl/wp-content/uploads/2011/12/20-guzman-brito-alejandro-mos-italicus-y-mos-gallicus-121.pdf

56. Hart, Herbert Lionel Adolphus (H.L.A.). *El concepto de derecho*, (The concept of law), traducción de Genaro R. Carrio, Editora Nacional, Segunda edición, México, 1961

57. Hervada Javier. *Escritos de derecho natural*, Ediciones Universidad de Navarra SA, primera edición, Pamplona, 1986.

58. Hervada, Javier. *Historia de la Ciencia del Derecho Natural*, Ediciones Universidad de Navarra SA, segunda edición, Pamplona, 1991.

59. Illescas Ortiz, Rafael. Perales Viscasillas, Pilar. *Derecho Mercantil Internacional El Derecho Uniforme*, Editorial Centro de Estudios Ramón Areces, Universidad Carlos III, Madrid, 2003.

238 ALBERTO MENDEZ LLACA

60. Instituto de Investigaciones Jurídicas. *Estudios sobre Lex mercatoria*, obra conjunta coordinada por Jorge A. Silva, UNAM, 2006.

61. Instituto Internacional para la Unificación del Derecho Privado UNIDROIT. *Principios Unidroit sobre los contratos comerciales internacionales 2004*, Instituto de Investigaciones Jurídicas, Centro Mexicano de Derecho Uniforme, México 2007.

62. Instituto Internacional para la Unificación del Derecho Internacional Privado UNIDROIT. *Unidroit Principles of International Comercial Contracts 2010*, Versión en Inglés publicada por el *International Institute for the Unification of Private Law*, ISBN: 88-86449-19-4, Roma 2010.

63. Investigación conjunta *Principios y Reglas* realizada por la Universidad de Pisa, Italia y la Escuela Libre de Derecho de México, 2009 y 2010.

64. Jaramillo Vargas, Jorge. *Ambito de Aplicación y Disposiciones Generales de la Convención de Viena sobre Compraventa Internacional de Mercaderías: Aplicación en el Derecho Colombiano*, Revista e-Mercatoria, Volumen 1, número 2, Universidad Externado de Colombia, Bogotá 2002.

65. Justo, Alberto M. *Perspectivas de un programa de derecho comparado*, Editorial El Ateneo, Buenos Aires.

66. Kaufmann, Erich. *Die Gleinchheit bor dem Gestz* (1927) citado por Grossi, Paolo, *Prima lezione di Diritto*, traducción de Clara Alvarez Alonso, editorial Marcial Pons, Madrid, 2006.

67. Kelsen, Hans. *Justicia y Derecho Natural*, publicado dentro de *Crítica al Derecho Natural*, Traducción de Elías Díaz, Editorial Taurus Ediciones S.A. Madrid 1966.

68. Kelsen, Hans. *Teoría pura del derecho*, Editorial Porrúa, México, 1997.

69. Klug, Ulrich. *Lógica Jurídica*, Temis, Bogotá, 1990.

70. Leibniz, Gottfried Wilhelm, Freiherr von. *Escritos de filosofía jurídica y política*, Biblioteca Nueva, Madrid, 2001.

71. Mans Piugarnau, Jaime M. *Lógica para juristas*, Bosch, Barcelona, 1978

72. Mans Puigarnau, Jaime. *Los principios generales del derecho, repertorio de reglas, máximas y aforismos jurídicos con la jurisprudencia del Tribunal Supremo de Justicia*, Barcelona, Bosch, 1957.

73. Montesquieu, Charles Louis de Secondat, Señor de la Brède y Barón de. *Del espíritu de las Leyes*, Grupo Editorial Exodo, México, 2009.

74. Noguera Alcalá, Humberto. *Teoría y Dogmática de los Derechos Fundamentales*, Instituto de Investigaciones Jurídicas, UNAM, México, 2003.

75. Occam, Guillermo de. *Tratado sobre los principios de la teología*, Aguilar, Buenos Aires, 1957.

76. Oviedo Alban, Jorge. *Aplicación de los principios UNIDROIT a los contratos comerciales internacionales*. Pontificia Universidad Javeriana, Santiago de Cali, Revista Criterio Jurídico, número 3, ISSN 1657-3978, Bogotá, Colombia, 2003.

77. Oviedo Alban, Jorge. *Los Principios UNIDROIT para los contratos comerciales internacionales. Su Importancia en la Armonización y Unificación del Derecho Privado*, Universitas número 100, Pontificia Universidad Javeriana, Bogotá Colombia, 2003.

78. Peces-Barba Martínez, Gregorio. *Derecho positivo de los derechos humanos*, editorial debate, Madrid, 1987.

79. Peces-Barba Martínez, Gregorio. *Tránsito a la modernidad y derechos fundamentales*, editorial Mezquita, Madrid, 1982.

80. Perales Viscasillas, María del Pilar. *Hacia un nuevo concepto del contrato de compraventa: desde la Convención de Viena de 1980 sobre compraventa internacional de mercaderías hasta y después de la Directiva 1999/44/CE sobre garantías en la venta de bienes de consumo. Temas Actuales de Derecho Comercial*. Editora: Normas Legales, Madrid, 2004.

81. Pereznieto Castro, Leonel. Graham, James. *Tratado de Arbitraje Comercial Internacional Mexicano*, Editorial Limusa, México, 2009.

82. Pereznieto Castro, Leonel. Silva Silva, Jorge Alberto. *Derecho Internacional Privado, parte especial*, Editorial Oxford, México, 2006.

83.   Pino, Augusto. *La Excesiva Onerosidad de la Prestación*, Editorial Bosch, Barcelona, 1959

84.   Platas Pacheco, María del Cármen. *Filosofía del Derecho, Lógica Jurídica*, Porrúa, México, 2008, pág. 5.

85.   Plutarco. *La vita di Solone*, editorial *Fondazione Lorenzo Valla*, traducción de Mario Manfredini y Luigi Piccirilli, Milan, 1977.

86.   Radbruch, Gustav. *Introducción a la Filosofía del Derecho*, Fondo de Cultura Económica, México, 1955.

87.   Radbruch, Gustav. *Relativismo y Derecho*, Editorial Temis, Bogotá, 1999.

88.   Ravassa Moreno, Gerardo José. *Derecho Mercantil Internacional, principios y normas*, Ediciones Doctrina y Ley LTDA, Bogotá, 2004

89.   Reale, Miguel. *Teoría Tridimensional del Derecho*, Editorial Tecnos, Madrid, 1997.

90.   Rehme, Paul. *Historia Universal del Derecho Mercantil*, Editorial Revista de Derecho Privado, Madrid, 1941.

91.   Reichheld, Frederick. *El efecto de la lealtad*, título original: *The loyalty effect*, Traducción de Margarita Cárdenas, Grupo Editorial Norma, Bogotá 1996.

92.   Rincón Cortés, Juan Manuel. *Los Principios del Unidroit, un Nuevo Acercamiento a los Contratos Comerciales Internacionales*, Universidad Panamericana, México, 1998.

93.   Rocco, Alfredo. *Principios de Derecho Mercantil*, Editora Nacional, México, 1927.

94.   Sainz Guerra, Juan. *La justicia y sus razones desde la recepción a la codificación del derecho*, Publicado en las Actas de la II Jornada de Historia del Derecho, Publicaciones de la Universidad de Jaen, Andalucía, 1997.

95.   Sanchez Vazquez, Rafael. *La Libertad e Igualdad jurídica como Principios Generales del Derecho*, Editorial Porrúa, México, 1995.

96.   Silva, Jorge Alberto. *Arbitraje Comercial Internacional en México*, Pereznieto editores, México, 1994.

97. Sola Cañizares, F de., *Catalogo de Centros de Derecho Comparado en el Mundo*, Comité Internacional de Derecho Comparado de la Asociación Internacional de Ciencias Jurídicas, traducción de Mario Falcón y M. Pares Maicas, Edición española por el Instituto de Derecho Comparado del Consejo Superior de Investigaciones Científicas de España, Barcelona, 1956, pág. 13.

98. Swiss Institute of Comparative Law. *The Unidroit Principles 2004. Their Impact on Contractual Practice, Jurisprudence and Codification*, Shulthess, Zürich, 2007.

99. Traseignes, Fernando de, *Desacralizando la buena fe en el derecho*, varios autores, nota 2 página 43, citado por Mario Ramírez Necochea. La buena fe en los contratos negociales. Anuario Mexicano de Derecho Internacional, Instituto de Investigaciones Jurídicas de la UNAM, consultado en la página web: http://biblio.juridicas.unam.mx/estrev/derint/cont/6/cmt/cmt22.htm, el 20 de agosto del 2014.

100. The American Law Institute. *Principles of Transnational Civil Procedure, Cambridge University Press*, New York, 2006.

101. Thibon, Gustave. *El equilibrio y la armonía*, Ediciones Rialp, Madrid, 1978.

102. Vigo, Rodolfo Luis. *Integración de la ley*, Editorial Astrea, Buenos Aires, 1978.

103. Villey, Michael. *Compendio de filosofía de derecho*, Editorial Eunsa, Pamplona, 1979-1981.

104. Wieacker, Franz. *El principio general de la buena fe*, Editorial Civitas, Madrid, 1977.

Información digital:

105. Página web de la Academia Interamericana de Derecho Comparado http://academiainteramericanalima.org

106. Página web de la Academia Internacional de Derecho Comparado http://www.iuscomparatum.org/AIDC

107. Página web de la Asociación Internacional de Ciencias Jurídicas: http:// aisj-ials.org/

108. Página web de la ICC Cámara Internacional de Comercio: http://www. iccwbo.org/

109. Página web de la ICC Cámara Internacional de Comercio relativa a la versión 2010 de los INCOTERMS: http://www.incoterms-2010.es/

110. Página web de la ICC Cámara Internacional de Comercio, sección mexicana: http://www.iccmex.mx/incoterms.php.

111. Página web de la Comisión de Naciones Unidas para el Derecho Mercantil Internacional http://www.uncitral.org/

112. Página web de la Conferencia de la Haya de Derecho Internacional Privado http://www.hcch.net/index_es.php.

113. Página web del Instituto para la Unificación del Derecho Internacional Privado http://www.unidroit.org/

114. Página web del Instituto Suizo de Derecho Comparado, http://www. isdc.ch/

115. Página web de la Conferencia de Naciones Unidas sobre Comercio y Desarrollo http://unctad.org/es/Paginas/Home.aspx

116. Página web de la Organización de Estados Americanos http://www.oas. org

117. Página web de la Organización de Naciones Unidas para la Educación, la Ciencia y la Cultura http://www.unesco.org/

118. Pagina web de la Organización Mundial de Propiedad Intelectual http:// www.wipo.int/portal/index.html.es

119. Página web de la Organización para el Desarrollo Industrial http://www. unido.org/

** La fecha de cada consulta digital fue documentada a lo largo del texto de cada capítulo del trabajo de investigación.

Disposiciones jurídicas

120. Acta de independencia del Imperio Mexicano de 28 de septiembre de 1821, Palacio Nacional, México.

121. Código Civil Español de 1889.

122. Código Civil Mexicano de 1928.

123. Código de Comercio de Argentina de 1889.

124. Código de Comercio de México de 1889.

125. Código de Comercio Español de 1885.

126. Constitución Política de los Estados Unidos Mexicanos.

127. Convención Interamericana sobre Derecho Aplicable a los Contratos Internacionales.

128. Convención Interamericana sobre Normas Generales de Derecho Internacional Privado.

129. Convención de Naciones Unidas sobre los Contratos de Compraventa Internacional de Mercaderías.

130. Convención sobre la Ley Aplicable a las Obligaciones Contractuales.

131. Convenio de la Haya sobre la Ley Aplicable a las Compraventas Internacionales de Bienes Muebles Corporales.

132. Convenio de la Haya sobre la Ley Aplicable a los Contratos de Compraventa Internacional de Mercaderías.

133. Declaración Francesa de los Derechos Humanos de 1789.

134. Declaración Universal de los Derechos Humanos.

135. Estatuto Orgánico de UNIDROIT de 15 de marzo de 1940.

136. Principios Unidroit sobre los Contratos Comerciales Internacionales 1994.

137. Principios Unidroit sobre los Contratos Comerciales Internacionales 2004.

138. Principios Unidroit sobre los Contratos Comerciales Internacionales 2010.

139. Reglas de Arbitraje de la Cámara de Comercio Internacional 2012.

Jurisprudencia internacional:

140. ICC Award 7110 de la Cámara de Comercio Internacional, consultado en la página web http://www.unilex.info/case.cfm?pid=2&do=case&id =713&step=Abstract

141. ICC AWARD 7365, de la Cámara de Comercio Internacional, consultado en la página web: http://www.unilex.info/case.cfm?pid=1& do=case&id=653&step=Abstract

142. ICC Award 7375, de la Cámara de Comercio Internacional, consultado en la página web: http://www.unilex.info/case.cfm?pid=1&do=case&id =625&step=Abstract

143. ICC AWARD 8261 de la Cámara de Comercio Internacional, consultado en la página web: http://www.unilex.info/case.cfm?pid=2&do=case&id =624&step=Abstract

144. Tribunal Supremo de España, recurso 804/2006, resolución 366/2010 de fecha 15 de junio del 2010, visible en la página web: http://www. poderjudicial.es/search/doAction?action=contentpdf&databasematch= TS&reference=5733460&optimize=20100923&publicinterface=true

*** La fecha de cada consulta digital fue documentada a lo largo del texto de cada capítulo del trabajo de investigación.

Printed in the United States
By Bookmasters